SOUVENIRS

D'UN

ÉTUDIANT

TOULOUSE EN 183...

PAR

M. L. de C.-L.

Quæquæ vidi, et quorum pars fui....

——❈——

TOULOUSE

IMPRIMERIE A. CHAUVIN ET FILS

3, RUE MIREPOIX, 3

——

1870

SOUVENIRS

D'UN

ÉTUDIANT

—

TOULOUSE EN 183...

SOUVENIRS

D'UN

ÉTUDIANT

TOULOUSE EN 183...

PAR

M. L. de C.-L.

Quæquæ vidi, et quorum pars... fui.

TOULOUSE

IMPRIMERIE A. CHAUVIN ET FILS

3, RUE MIREPOIX, 3

1870

UN GRAND D'ESPAGNE.

SOUVENIRS

D'UN

ÉTUDIANT

TOULOUSE EN 183...

UN GRAND D'ESPAGNE

Dans les premières années du règne de Louis-Philippe, l'indifférence en politique n'avait pas encore entièrement desséché les cœurs ; les partis existaient avec toute l'ardeur de leurs convictions, et quelquefois, hélas! avec leur intolérance et leurs haines. L'oubli et l'ingratitude étaient flétris, la fidélité louée, et les étudiants, se livrant sans réserve à l'exaltation de leurs opinions, en arboraient hautement la bannière. Ces manifestations, que la fougue du caractère méridional rendait quelquefois violentes, engendrèrent souvent à Toulouse des désordres, des rixes, des duels, des procès et des condamnations. Mais tous ces tristes résultats, au lieu de guérir le mal, ne faisaient que l'augmenter et donnaient, par la publicité, une bien plus grande importance aux faits qui les occasionnaient.

Alors se livrait, en Espagne, la grande lutte entre don Carlos et Christine ; le principe de la légitimité était engagé contre celui de l'usurpation, et les légitimistes français aidaient de leurs vœux, de leur argent et de leur appui les Carlistes de la Péninsule. Toulouse, plus que toute autre ville, les accueillit et les secourut ; elle servait de lieu de passage et de refuge aux soldats espagnols qui passaient souvent de Catalogne en Biscaye et réciproquement ; malgré la vigilance de la police française, ils exécutaient plus facilement ce voyage en passant par la France, qu'en traversant les montagnes dangereuses de la Navarre et de l'Aragon : ils trouvaient d'ailleurs à Toulouse des ordres, des secours, et quelques jours de repos, qui parfois leur étaient bien nécessaires.

Un comité de légitimistes français, en rapport avec S. M. don Carlos, était constitué à Toulouse, pour veiller à la sûreté, à l'entretien et au voyage des soldats et des officiers espagnols qui allaient d'une province à l'autre. A la tête de ce comité était un homme d'un dévouement admirable, et qui, pendant de longues années, sacrifia son temps, son repos et souvent sa fortune à la cause de la légitimité espagnole ; il était honoré et aimé à

Toulouse, et ses adversaires politiques eux-mêmes rendaient hommage à la noblessse de ses sentiments et de son caractère. On riait sans doute, quelquefois, de ce dévouement chevaleresque d'un autre âge, et le marquis d'H... passait, auprès de beaucoup de satisfaits du jour, pour une honnête dupe, et pour l'agent, au moins inutile, d'une dynastie à jamais tombée : mais c'était tout juste au moment où on riait le plus fort que des ministres, des généraux, des conseillers précieux de don Carlos traversaient Toulouse, à la barbe de la police, et allaient rejoindre, à Puycerda ou à Saint-Sébastien, les états-majors qui les attendaient.

J'étais fort mêlé à tous ces actes politiques : mon dévouement absolu, ma connaissance assez complète de la langue espagnole, et l'obscurité de ma position d'étudiant, qui me permettait de me mettre aux aguets sans paraître suspect, me rendirent quelquefois utile ; j'ai souvent aidé aux mystérieux passages, à la fuite de personnages importants, et fréquemment, quand mes camarades me croyaient endormi, j'escortais, soit en voiture, soit à cheval, le plus souvent à pied, d'illustres généraux ou d'humbles soldats, que je remettais entre les mains d'autres agents, qui se les transmettaient ainsi, de l'un à l'autre, jusqu'aux frontières d'Espagne. Je me tenais donc, de nuit et de jour, aux ordres du marquis d'H..., qui ne me ménageait guère, et je ne prenais jamais une chambre qu'il ne l'eût lui-même choisie, dans une maison dévouée ; c'est par lui que je fus placé chez l'excellente Mme Z..., qui a rendu tant de modestes services à la cause royaliste, et dont les opinions étaient si exaltées, que souvent elle accompagna elle-même, de nuit, des personnages importants, que notre présence eût peut-être compromis.

Aujourd'hui que la police, perfectionnée, saisit au moindre indice l'ombre d'un conspirateur, je me demande comment les nombreux limiers du commissariat toulousain, avertis, excités, engagés d'amour-propre, ont pu, si souvent, nous laisser passer en compagnie de gens que leur physionomie, leur langage, leur costume décelaient, et je finis par me persuader que la simplicité du moyen employé, c'est-à-dire l'intervention des étudiants, qui, alors, n'étaient guère surveillés, fut ce qui déjoua le mieux leur vigilance.

On a dit, je le sais, que la police toulousaine riait de toutes ces menées anodines et de tous ces innocents complots. Il n'en est rien.., et, certes, le désappointement qu'elle éprouva quand, à son nez, nous fîmes passer l'évêque de Cuba, Maroto, Elizondo, avant le traité de Vergara, Cruz-Mayor, le comte d'Espagne, la princesse de Beyra et le comte de Montemolin, en est une bonne preuve.

De nos jours, quand presque tous les rois sont tombés, que leur cause semble oubliée et que leurs sujets se rallient si vite aux vainqueurs, j'aime à me rappeler les nobles émotions que mes amis et moi nous éprouvions, lorsque nous étions chargés d'une de ces missions politiques, dont nous nous exagérions peut-être l'importance et les dangers, mais à laquelle nous eussions sacrifié, sans hésiter, notre vie, ou, tout au moins, notre liberté.

Un jour, le marquis d'H... me fit appeler dans son cabinet et me dit mystérieusement : « Mon ami, j'ai besoin de vous, de votre dévouement et de votre discrétion : ce n'est pas une expédition aventureuse de nuit que j'ai à vous ordonner, mais un acte de sang-froid, d'habileté et de prudence : le général Y... est chez moi, la police est prévenue, elle le guette. Violera-t-on mon domicile ? Je l'ignore. Mais, dans tous les cas, il faut empêcher sa prise, qui serait un malheur irréparable. Je n'ai pu m'adresser à mes agents ordinaires, qui sont trop suspects, j'ai pensé à vous et à votre ami B... Il vous faut héberger, surveiller, protéger le général, jusqu'à ce que des nouvelles, qui peuvent m'arriver d'un moment à l'autre de la Catalogne, me permettent de le diriger vers le point où ses services sont nécessaires. En attendant, la police se relâchera de sa surveillance, et je vous ferai connaître, alors, dans quelles mains vous devez remettre votre hôte. D'ici là, Mme Z..., chez qui vous logez, vous avertira si quelque danger se révèle... Vous allez donc recevoir dans votre appartement le général Y... ; tenez-lui compagnie quelques heures de la journée, égayez sa captivité, mais ne changez en rien votre manière de vivre. Vous avez deux chambres ; quand une visite surviendra dans la première, que le général passe dans la seconde; quand vous sortirez, selon vos habitudes, fermez votre porte à clé, et s'il le fallait, il existe dans la maison que vous habitez une cachette bien connue de Mme Z...; elle a servi de refuge à bien d'autres, et votre hôte pourrait s'y abriter... Ce soir, à huit heures, le général sera chez vous; il n'y arrivera ni par la porte, ni par la fenêtre, mais il y arrivera... Tenez-vous sur le belvédère, du haut duquel vous assourdissez quelquefois le quartier des sons de votre cor de chasse, et attendez... Quand vous aurez reçu le personnage important que je vous confie, et comme l'ami qui l'accompagnera ne pourra revenir aussitôt auprès de moi, donnez-m'en avis en sonnant un joyeux relancé. Si, par impossible, un contre-temps, une alerte, un accident arrivaient, sonnez un hallali... Nos maisons, quoique assez éloignées, en raison des rues où elles se trouvent situées, sont cependant assez voisines par derrière; j'entendrai votre avis... et je serai rassuré... ou je vous secourrai, en cas de malheur. »

Je courus aussitôt prévenir mon ami B... et, à huit heures moins un quart, pendant qu'il donnait un dernier coup de main à la toilette de notre appartement, je grimpai, ma trompe en bandoulière, au belvédère sur lequel j'allais quelquefois ravager les vases de réséda de Mme Z... ou faire pester tous les voisins par mes concerts cynégétiques. Le temps était magnifique, mais la nuit fort noire, et je ne distinguai, d'abord, rien autour de moi que les silhouettes confuses et fantastiques des cheminées voisines Enfin, huit heures sonnant à Saint-Etienne, et mes yeux s'étant un peu accoutumés à l'obscurité, je vis sortir prudemment, d'un loup de la maison la plus rapprochée, deux hommes, se soutenant l'un l'autre, et rampant mystérieusement vers moi; ils venaient, de toit en toit, de l'hôtel de M.., dans lequel habitait le marquis d'H..., et ils arrivèrent sans encombre jusqu'au poste où je les attendais; je leur tendis la main; un seul la saisit, c'était le général; l'autre, que je reconnus pour un agent hardi et dévoué du marquis, reprit aussitôt le chemin par lequel il était venu, en me faisant un signe de satisfaction et de prudence... J'embouchai aussitôt ma trompe, et je donnai le signal convenu, puis, me tournant courtoisement vers mon hôte: « Soyez le bienvenu, señor, » lui dis-je, « vous êtes chez des amis et chez des serviteurs, » et j'ajoutai, suivant l'usage espagnol, la phrase sacramentelle : *esta casa es suya*, et, lui offrant la main, je lui fis descendre, en silence, l'échelle rapide du belvédère. Nous fûmes bientôt arrivés dans notre appartement, où B..., par un luxe inusité chez nous, avait allumé deux bougies; aussitôt, saluant tous les deux le général, nous lui exprimâmes notre dévouement et le bonheur que nous éprouvions à pouvoir lui être utile. Il nous remercia en bon français, mais avec un accent bien franchement espagnol. Nous eûmes alors le temps de l'examiner à notre aise : c'était un homme approchant de la quarantaine, de taille moyenne, de tournure hardie ; il était très-brun, et, si j'ose m'exprimer ainsi, ses yeux étaient plus que noirs ; leur expression, loyale et courageuse, reflétait sur ses traits réguliers et énergiques un rayon de valeur chevaleresque. « *Amigos*, » nous dit-il, en nous tendant ses deux mains, « j'ai brisé bien des portes, j'ai escaladé nombre de fenêtres, mais jamais, je l'avoue, je n'étais entré chez personne par les toits : la singularité de l'aventure, la chaleur cordiale de votre accueil, feront que je n'oublierai pas la périlleuse entreprise de ce soir et l'originalité de l'événement qui nous réunit ; je ne vous fais pas d'excuse pour l'embarras que je vais vous occasionner, votre générosité et votre dévouement à notre roi don Carlos (*que Dios le de muchos años*), ne me le permettraient pas ; je vous dirai seulement que, depuis que je suis en France et que j'éprouve la généreuse assistance de ses habitants, je ne rencontrai jamais une étreinte plus franche que celle de vos mains, un sourire plus amical que celui de vos figures. Ne dérangez en rien, pour moi, vos occupations ou vos plaisirs ; faites comme si nous nous connaissions depuis longtemps : et comment, d'ailleurs, pourrions-nous procéder dans notre connaissance ainsi que le veulent les usages du monde ? demain peut-être je serai appelé pour être tué... Que j'aie au moins la consolation de savoir que je serai regretté

de vous comme par de vieux amis... » Ce langage
franc et sympathique nous charma ; nous nous trouvâmes à l'instant à l'aise avec notre hôte, et nous
lui offrîmes tout ce que notre modeste ménage avait
de plus confortable : il refusa la petite collation que
nous voulions lui servir ; mais il accepta avec empressement nos bons cigares de Tonneins, et, à
travers les tourbillons d'une fumée épaisse et odo-
rante, nous commençâmes une des plus charmantes soirées que j'aie passées de ma vie : il était bien
tard dans la nuit quand nous nous séparâmes.

Le général don Lorenzo Y... y LL... était le
type le plus accompli que j'aie rencontré : d'une
haute naissance, grand d'Espagne de deuxième
classe, chargé, quoique jeune encore, d'un com-
mandement supérieur et dangereux, il avait l'air
de ne se douter nullement de l'importance et du
relief que devaient lui donner sa position sociale,
son énorme fortune et le poste éminent qu'il avait
acquis par ses mérites et par son courage ;
tout en gardant une convenable dignité, il avait
une simplicité charmante, qui se traduisait en élans
de gaieté communicative, en caressantes taquine-
ries, en spirituelles boutades, en discussions para-
doxales, dans lesquelles, avec les manières, le ton
et le langage de la bonne compagnie, il effleurait
les sujets les plus hardis, soutenait les thèses les
plus bizarres, abordait les assertions les plus péril-
leuses, et finissait, en abandonnant brusquement
les hauteurs scabreuses où il s'était jeté, par une

conclusion spirituelle et inattendue, qui donnait toujours raison au bon goût, à la morale et à la vérité. Dès les premiers moments de notre connaissance, il se mit avec nous sur le pied d'une égalité parfaite et nous traita en camarades; il semblait se vivifier et se rajeunir au contact de notre joyeuse compagnie : « Mes amis, » nous disait-il souvent, avec la pompe un peu emphatique du style espagnol; « le souvenir de la charmante étape que je fais dans votre heureuse ville et au sein de votre cordiale hospitalité vivra dans mon cœur comme vit dans la mémoire du voyageur la pensée de la fraîche oasis qu'il a rencontrée en traversant le désert; si je survis aux hasards de la guerre et aux dangers de la vie aventureuse que je mène, j'aimerai toujours à me rappeler votre accueil amical, votre joie sympathique, l'affectueux dévouement que vous me témoignez; et les quelques jours passés au milieu des élans généreux de vos jeunes cœurs compteront parmi les plus heureux de ma vie; je vous quitterai bientôt, pour aller rejoindre les drapeaux de mon roi; je vais aller coucher sur la dure, dans les montagnes de la Catalogne, et combattre, hélas! contre des frères égarés; mais pendant mes longs bivouacs et dans les moments de repos que me laisseront les alertes de cette cruelle guerre, je tournerai souvent les yeux vers vous; pensez aussi à moi, et dites-vous quelquefois que, là-bas, est un cœur affectueux et reconnaissant qui ne vous oubliera jamais. »

Dix jours s'étaient écoulés avec une désespérante rapidité ; nous ne pouvions quitter notre hôte, qui, de son côté, paraissait si heureux en notre compagnie, qu'il n'eut pas une seule fois l'idée de se retirer dans l'appartement particulier qui lui avait été préparé. Malgré les ordres formels et la défense absolue du marquis d'H..., il était sorti quelquefois, le soir, avec nous, et avait pris part, avec une joie d'enfant, à nos divertissements et à nos plaisirs. La police était calme ; pas un agent ne nous avait regardé avec une attention plus marquée, pas un sergent de ville ne nous avait suivi. Le triste moment de la séparation allait donc arriver. Tous les jours, notre hôte recevait des communications importantes, des lettres pressantes, de mystérieux messages ; il était devenu plus sérieux, plus agité, et semblait attendre, à chaque instant, le signal du départ. Sur ces entrefaites, je fus mandé chez le marquis d'H...: «C'est vous,» me dit-il, «qui conduirez le général Y... à sa première étape vers la Catalogne, chez le comte de X... Tâchez de ne pas être pris. Quoique la police semble ne pas nous surveiller, je ne suis pas sans crainte ; nos bons amis les limiers font peut-être les morts pour mieux nous surprendre : la capture du général leur serait singulièrement agréable ; elle deviendrait fatale aux affaires de don Carlos. Ainsi, ouvrez l'œil et l'oreille : personne mieux que vous ne connaît la route qui mène chez le comte de X... Vous l'avez faite maintes fois et heureusement ; qu'il

en soit de même en cette circonstance essentielle.
Je ne puis, comme je le fais habituellement, confier le général aux conducteurs de diligences dont
nous avons acheté le dévouement. Imaginez un
mode de transport, une manière de voyager qui
trompe nos surveillants et vous fasse franchir, sans
danger, les vingt kilomètres que vous devez faire
ensemble. Je tremblerai tant que le général n'aura
pas dépassé Tarascon : une fois dans les montagnes de l'Ariége et entre les mains des contrebandiers il est sauvé. » Pendant que le marquis d'H...
parlait, une idée bien simple, et qui m'était suggé-
rée autant par mon dévouement à mon hôte que
par le désir de le quitter le plus tard possible, traversa lumineusement mon cerveau. « Monsieur le
marquis, » me hasardai-je à dire, « permettez-moi
de vous représenter les dangers que me semble re-
céler votre projet. La police connaît à merveille les
légitimistes dévoués dont les châteaux, échelonnés
sur la route d'Espagne, servent d'étapes aux défenseurs de don Carlos : elle est certaine, si elle se
méfie, de nous y surprendre quand elle le voudra.
Cette confiance fait peut-être sa sécurité actuelle ;
employons, pour la tromper, un moyen bien simple et qui réussira. Voulez-vous me confier le général Y...? je me charge de le remettre, le jour que
vous m'indiquerez, entre les mains du contreban-
dier Denj... Je n'ai besoin que d'un passeport pour
moi et mon domestique ; je pars, en boitant, pour
les eaux d'Ax, et j'y arrive suivi du général, en

livrée, qui me donne le bras en me soutenant. Dieu aidant, nous arriverons sans encombre, bien franchement installés dans le coupé de la diligence. Prévenez vos agents de l'Andorre qu'ils aient à nous attendre dans trois jours. »

Mon projet plut au marquis, et j'allai aussitôt enjoindre au général de couper ses moustaches et sa barbe, d'endosser ma modeste livrée, de garder un respectueux silence, et de me suivre avec les égards dus à ma nouvelle dignité. Nous partîmes le lendemain, moi fier comme un jeune homme qui voyage pour la première fois suivi de son domestique, le général attentionné et modeste, mais riant sous cape, et me lançant de temps à autre, en espagnol, de si désopilantes plaisanteries, qu'elles me faisaient perdre ma gravité. Notre voyage ne pouvait que s'effectuer heureusement ; j'avais pris tout le coupé, sous le prétexte d'étendre ma jambe malade; notre passeport était parfaitement en règle, et je prétextai mon état de souffrance pour ne pas dîner à table d'hôte. Nous n'eûmes donc aucune communication avec nos compagnons de voyage ou avec les employés, toujours très-curieux et très-bavards, des hôtels où nous nous arrêtâmes. Nous fîmes nos petits repas avec de succulentes provisions que l'ami B... avait entassées dans un vieux cabas, et au choix desquelles il avait apporté un soin digne d'une tendre mère de famille. Nous arrivâmes dans la nuit au but de notre voyage, et nous nous fîmes conduire dans la maison dévouée que nous avait indiquée le marquis d'H...

A peine fûmes-nous arrivés, que deux gigantesques Ariégeois, que j'avais vus quelquefois à Toulouse venir toucher le prix de la contrebande carliste qu'ils faisaient, se présentèrent à nous, en disant : «Tout est prêt; il faut partir à l'instant. Un convoi andorran va se mettre en marche ; les conducteurs nous sont dévoués ; dans quelques heures nous serons chez M. ZZ.., qui nous attend.» Le général ouvrit les bras pour me presser sur son cœur avant de nous séparer. Mais, au lieu de prendre congé de lui, je me tournai vers les contrebandiers : « Mes amis, » leur dis-je , « voulez-vous me permettre d'accompagner mon ami jusqu'en Espagne ? Je vous récompenserai , et M. le marquis ne sera pas fâché.» Ils hésitèrent d'abord, et puis finirent par consentir.

Nous nous mîmes en marche, et pendant que le convoi protecteur suivait la grand'route, nous, par des sentiers escarpés, nous longeâmes la vallée pour aller le rejoindre à l'entrée des gorges. Quoique la lune fût dans son plein , la nuit était obscure, et de gros nuages chassés par le vent roulaient l'un sur l'autre et couvraient le ciel. Ce n'étaient que par courts intervalles et par rapides éclaircies que nous pouvions admirer le sublime et fantastique tableau qu'offre la brèche gigantesque que traverse la route d'Espagne : à l'entrée de cette gorge étroite, dans laquelle le torrent et la route, enlacés

comme deux monstrueux serpents , se disputent
l'espace rétréci que d'immenses rochers semblent
à regret laisser entre eux, il n'existe plus de sentiers, nous dûmes suivre la grand'route et nous
mêler au convoi ; nous marchâmes chacun blotti
contre une mule ; les contrebandiers étaient à côté
de nous, prêts, en cas d'alerte, à franchir le torrent et à sauver le général. Il avait été convenu
qu'au premier signal de danger je ferais semblant
de fuir, et me laisserais prendre, ma capture pouvant donner à mon compagnon le temps de s'é-
chapper, et ne compromettant en rien les affaires
de Sa Majesté Catholique. Je n'eus même pas ce
facile dévouement à donner ; notre voyage s'effec-
tua sans le moindre incident , et nous pûmes à
notre aise enivrer notre âme de la vue du gran-
diose spectacle que les Pyrénées offrent dans cette
vallée pittoresque et sauvage, qui va d'Ax à Mérens. Nous marchions silencieusement , et nous
n'entendions dans cette solitude que le bruit du
torrent, le pas cadencé des mules du convoi , les
cris aigus des oiseaux de proie, et de temps à autre
quelques coups de fusils au sommet des montagnes,
tirés sans doute par des chasseurs intrépides , des
bergers attaqués, des contrebandiers en détresse
ou des douaniers vigilants. Nous nous détachions
de la caravane aux environs des villages que
nous contournions par des sentiers connus de nos
guides. Nous dépassâmes ainsi Mérens, l'Hos-
pitalet , et puis, franchissant la haute montagne,

nous arrivâmes essoufflés au col de Puymorin.

De sur ce port escarpé, nous aperçûmes un merveilleux panorama, et les nuages ayant un instant fait place à la clarté fantastique de la lune, la chaîne majestueuse des Pyrénées se déploya à nos yeux ; au loin s'étendaient, en se confondant dans un sauvage désordre, des pics couverts de neige, de monstrueux rochers, d'affreux précipices, de sombres vallées, de noires forêts, des torrents, de hautes cascades, et sur ce sublime tableau s'étendaient pour le rendre plus saisissant encore, la lumière douteuse et le silence mystérieux de la nuit.

Après un moment de repos sur le sommet escarpé, nous descendîmes dans les gorges obscures de Porté et de Porta, et une heure avant l'aube, nous étant détachés avec les contrebandiers du convoi andorran, qui continuait sa marche à travers la vallée de Keil, nous nous arrêtâmes dans une vieille demeure, non loin de la Tour de Carol, et nous fûmes reçus par une famille patriarcale dévouée, jusqu'à la mort, à don Carlos et à sa cause.

Après les premiers compliments d'une cordiale réception et un substantiel repas dont nous avions grand besoin, on nous conduisit dans une grange voisine, où, sur du foin bien odorant et bien mou, avaient été préparées nos couches. Nous avions fait trente kilomètres à pied dans les Pyrénées ; nous étions brisés autant par les émotions que par la fatigue. Aussi le général et moi, étendus en camarades l'un à côté de l'autre, nous nous endormîmes profondément, et il était déjà tard dans l'après-midi quand on vint nous réveiller. Les environs avaient été explorés, les douaniers suivis, les gendarmes surveillés; on ne se doutait pas de notre présence; nous pouvions sans crainte aller partager le souper de nos hôtes, et partir ensuite pour faire notre dernière et notre plus dangereuse étape.

Je n'oublierai jamais le tableau touchant que nous offrit la belle et noble famille qui nous avait accueillis; il faut se reporter aux temps bibliques pour retrouver autant de dignité, de vertu et d'honneur. Elle était composée d'un vieil aïeul, à la taille presque gigantesque, à l'aspect majestueux et sur la belle figure duquel, couronnée de cheveux blancs, se reflétait l'expression d'une mâle énergie et d'une innocence presque enfantine. Autour de lui étaient rangés, son fils, superbe vieillard, à l'air respectueux, au front intelligent, et huit petits-fils tous dans la fleur de l'âge et de la beauté, sur les traits desquels rayonnaient l'ardeur, la loyauté et le courage; leur mère, vénérable montagnarde, à l'aspect timide et doux, vaquait avec simplicité et distinction aux soins du ménage; quelques serviteurs, nés sans doute dans la famille, s'agitaient avec un empressement affectueux, et semblaient fiers et heureux d'être attachés à de pareils maîtres.

Tous ces honnêtes montagnards firent au général une réception cordiale et respectueuse; ils paraissaient singulièrement sensibles à l'honneur qu'ils avaient de recevoir un pareil personnage, et ils se confondaient en protestations de reconnaissance et de dévouement. J'étais l'agent et l'ami du marquis d'H... ; à ce titre, je fus bien reçu et choyé. Après une prière récitée par l'aïeul, nous nous mîmes à table, et aussitôt on nous servit un de ces festins patriarcaux, tels sans doute que ceux offerts par Rachel, Rebecca ou Lia, aux pasteurs de la terre de Chanaan. Quelque appétit que je ressentisse, je fus cependant effrayé par la profusion et l'énormité des mets que l'on déposa devant nous : izards, coqs de bruyère, lagopèdes, truites monstrueuses, se confondaient au milieu de moutons presque entiers et de succulents quartiers de veaux et de bœufs ; le laitage et les fruits eurent leur tour, et ils nous furent servis dans de grandes jattes de bois ou dans de gracieuses corbeilles ; les vins d'Espagne circulaient à chaque instant, et leur qualité supérieure indiquait assez que les contrebandiers passaient souvent par là. Le repas fut gai, bruyant et dura longtemps, suivant l'usage de la montagne ; de nombreux toast furent portés, et bien souvent nos verres se choquèrent avec énergie, quand l'aïeul, donnant le signal, buvait à don Carlos, à la princesse de Beyra, au comte de Montemolin, et à d'autres princes, dont il ne prononçait les noms chéris qu'avec un tremblement dans la voix et les yeux remplis de larmes. De temps en temps, pendant que nous étions à table, un fils de la maison s'était levé et allait s'assurer qu'aucun danger ne nous menaçait. La Providence veillait sur nous ; et comment n'aurait-elle pas béni et protégé les hôtes de cette vénérable famille ? La nuit nous surprit à table au milieu des effusions de nos cœurs. Elle était le signal de notre départ.

Au moment de se séparer de cette tribu, le général, ému, s'avança vers l'aïeul, et lui prenant, suivant l'usage espagnol, la main droite, il la lui baisa en disant : « Padre, vous qui avez toujours vécu et combattu pour la religion et pour la royauté, bénissez-moi au moment où je vais combattre et souffrir pour elles ; votre bénédiction me portera bonheur ; elle remplacera celle de mon père, mort glorieusement à Baylen. » Le vieillard étendit son bras tremblant sur la tête de son hôte, et d'une voix entrecoupée de sanglots il dit : « Soyez béni, mon fils, vous qui savez sacrifier le bonheur et les plaisirs à l'honneur ou au devoir, allez où votre roi vous appelle, et mourez s'il le faut pour lui : *Viva la religion !!! viva don Carlos!* » Electrisés par cette scène attendrissante, nous répétâmes tous les vivats du vieillard et allâmes lui baiser respectueusement la main.

Quelques kilomètres nous séparaient à peine du but de notre course ; nous nous remîmes en marche, accompagnés cette fois par tous les fils de la maison, qui voulurent nous servir de guides ; revêtus de leurs costumes de montagnards, armés de leur bâton ferré, ils se dispersèrent sur la route, nous précédant, nous escortant, nous suivant à distance et veillant partout à la sécurité de leur hôte. Enfin, après trois heures de marche à travers les rochers, nous franchîmes heureusement la Sègre, nous étions en Espagne, presque sous les murs de Puycerda. Le général était sauvé. Un cri de joie s'échappa de toutes nos poitrines; mais sans contredit le plus sincère et le plus vif fut le mien : au milieu des émotions qui depuis trois jours agitaient mon cœur, la plus terrible était celle de la responsabilité que j'avais assumée sur ma tête. J'avais tenu mes engagements, et la première expédition aventureuse de ma vie avait réussi.

Un des contrebandiers avait pris les devants. Connu de la garnison espagnole, il en avait le mot d'ordre, et bientôt un détachement, fifres et tambours en tête, s'avança au-devant du général. La réception que lui firent les soldats fut enthousiaste, et certainement leurs vivats joyeux furent entendus par les gendarmes et par la police de Bourg-Madame.

Les fils de notre hôte vinrent respectueusement prendre congé du général. J'allai partir avec eux, quand celui-ci, en me retenant vivement par les mains, me supplia, les larmes aux yeux, de lui donner encore la journée du lendemain ; il s'était déjà mis au courant des besoins et des ordres, et pouvait disposer en ma faveur de vingt-quatre heures encore. Je me laissai aisément persuader. L'attachement que je ressentais pour mon compagnon de voyage, la curiosité, la bizarrerie de ma situation, tout me retenait à Puycerda, et j'allai dans le moins mauvais des lits du San-Benito me reposer des fatigues de ces trois terribles journées.

A l'aube, je fus réveillé par le roulement des tambours; je me levai à la hâte, et je me rendis sur l'Esplanade, où toute la garnison réunie reconnaissait et acclamait le général. Celui-ci, en costume militaire, monté sur un de ces beaux étalons que produit le pays, paradait sur le front de sa troupe. Il était réellement beau et noble ainsi, et je me sentis fier d'avoir un tel ami. Mais, grands dieux! que la troupe qui l'entourait était pauvre, sale et déguenillée! quel assemblage confus de toute espèce d'uniformes et de costumes! quelle collection bizarre d'armes de tous les âges et de toutes les formes! à côté du Basque serré dans sa large ceinture et brandissant sa carabine de chasse, le Catalan s'enveloppait dans sa saya bigarrée, laissant passer seulement la baïonnette de son long fusil et la pointe de son coutelas; l'Aragonais s'appuyait sur son lourd tromblon; le Navarrais portait gravement son escopette; toutes les provinces du nord de l'Espagne étaient représentées dans cette armée couverte de haillons et chaussée de mauvaises sandales. Mais, sous ces lambeaux d'uniformes, sous les goros, les casques, les shakos, apparaissaient des figures bronzées, à l'air martial, au regard presque féroce. De ces poitrines demi-nues sortaient des cris enthousiastes, des vivats frénétiques qui remuaient l'âme et faisaient assez comprendre ce que de tels hommes, enflammés de l'amour de la patrie, brûlés du désir de vaincre et peut-être de se venger, devaient être en face de leur ennemi. Le général m'aperçut, et me faisant un salut amical de la main, il m'indiqua d'un air triste et fier la troupe bizarre qui défilait devant lui.

La revue fut longue et suivie d'une messe solennelle à laquelle j'assistai. Je connaissais depuis longtemps les usages espagnols, et je ne fus nullement étonné du brusque sans-façon avec lequel le clergé sabre les cérémonies et estropie les Psaumes. A l'issue de la messe, l'aide de camp du général vint me prendre de sa part. Je dînai avec l'état-major, et je retrouvai sur sa table la *olla-podrida*, les piments rouges et les tourons des provinces basques. Après dîner je visitai, avec mon ami, la ville et les fortifications de Puycerda. Ces pauvres et minces défenses ressemblaient plutôt à des clôtures inoffensives de jardins qu'à des remparts de cité forte. Leur vue provoqua mon étonnement, peut-être même mon sourire ; le général le remarqua, et, souriant imperceptiblement lui aussi, il leva les yeux au ciel et me dit mélancoliquement : *Nisi Dominus custodierit civitatem in vanum laboraverunt qui custodiunt eam.* Jamais citation ne fut appliquée plus à propos.

Je devais repartir à dix heures du soir avec un convoi andorran allant porter à Ax un chargement de laines. Le général ne voulut pas que je lui dérobasse une minute ; et dans ces quelques heures, les dernières que nous devions passer ensemble, il me combla de marques d'amitié et de témoignages de reconnaissance. Vers huit heures, nous étions assis sur le parapet de l'Esplanade et nous dominions cette vaste plaine qui s'étend au pied du mamelon que couvre Puycerda, et qui est entourée des pics escarpés et neigeux des Pyrénées, si belles et si majestueuses sur le versant espagnol ; la lune éclairait splendidement cet immense plateau, couvert en ce moment de luxuriantes récoltes. Du côté de l'Espagne, aux flancs des montagnes, on apercevait les feux lointains de quelques bivouacs, on entendait les cris d'alarme des sentinelles et quelques coups de fusils, vigilants signaux de postes avancés. Du côté de la France s'élevaient, au haut des montagnes, les chants joyeux des bergers, et dans la vallée bruissaient confusément les sons amortis des réjouissances de Bourg-Madame. Ce contraste m'avait frappé, il affligea le général. — «Ah ! mon ami,» me dit-il, «que Dieu préserve toujours votre patrie de la guerre civile. Aujourd'hui je suis tranquillement assis auprès de vous ; demain, peut-être, je donnerai la mort à un frère, ou je la recevrai de lui. Dans les guerres ordinaires de peuple à peuple, l'amour du devoir, la soif de la gloire, l'enivrement de la victoire adoucissent, effacent l'horreur des combats ; mais dans notre malheureux pays, nous frémissons quand le vaincu

nous demande la vie dans notre langue maternelle,
et nous frappons souvent en détournant les yeux...
Oh! combien ils sont coupables ceux qui sèment
dans les nations la révolution et les luttes fratrici-
des!...» Nous continuâmes ainsi jusqu'à l'heure de
la séparation ; le général voulut m'accompagner à
la dernière limite, sur les bords du torrent. Là il
me pressa longtemps contre sa poitrine, et me re-
nouvela, en termes attendrissants, ses protestations
d'amitié et de reconnaissance et ses souhaits de
bonheur. Pendant qu'il me tenait ainsi embrassé ,
je sentais de grosses larmes qui coulaient de ses
yeux ; j'étais aussi ému que lui, et je m'arrachai
en sanglotant de ses bras.

Monté sur une mule du convoi, je repassai par
les mêmes lieux que j'avais traversés l'avant-veille ;
j'étais sans méfiance et sans crainte, n'étant plus
qu'un obscur baigneur qui faisait en curieux la
course d'Espagne ; mais j'avais le cœur brisé, et je
tournai bien souvent les yeux vers la vallée lointaine où je venais de laisser mon ami.

Je ne m'arrêtai pas à Ax et je repartis immédiatement pour Toulouse. Ma bourse était à sec ; j'avais
d'ailleurs le plus grand désir d'aller rendre compte
au marquis d'H... du succès de ma mission. Ce devoir rempli, je regagnai ma chambrette d'étudiant
et je tombai dans les bras de B... au moment où
il commençait à croire que j'avais été pris par la
police française ou que je m'étais engagé dans l'armée de don Carlos.

Le général Y... nous écrivit bien souvent, et c'était toujours avec les expressions les plus touchantes de gratitude et de tendresse qu'il nous rappelait son séjour à Toulouse avec nous et son voyage d'Espagne en ma compagnie. Plus tard, ses lettres devinrent rares... la guerre civile était terrible : elle se compliquait d'une division dans les juntes carlistes. Un jour, le marquis d'H... nous apprit que notre ami, se laissant emporter par son dévouement et par sa générosité, avait voulu secourir ses camarades attaqués, et que, comme le comte d'Espagne, il était tombé sous les coups de ses propres soldats. Ainsi se trouva vérifiée la triste prophétie que le général m'avait faite sur l'esplanade de Puycerda.

FATMA.

FATMA

Fatma était svelte, vive, légère ; sa taille fine et
souple se cambrait avec une souplesse voluptueuse ;
ses grands yeux doux et rêveurs avaient une expression indéfinissable de tendresse et de mélancolie ; sa grâce tout orientale donnait à ses moindres
mouvements un cachet d'élégance et de distinction... Nous logions sur le même palier, et notre
connaissance fut bientôt faite... Dès la première entrevue, une douce liaison, qui devint chaque jour
plus tendre, s'établit entre nous. Quand je rentrais
dans ma chambrette d'étudiant, j'avais à peine mis
le pied sur le premier degré de l'escalier, que Fatma,
reconnaissant ma démarche, s'empressait d'aller
m'attendre au haut de la rampe ; j'entendais ses petits pieds trottiner sur le parquet et tressaillir d'impatience ; je montais en lui souriant, et aussitôt
que nos lèvres étaient à la même hauteur, nous nous
donnions un tendre baiser, prélude charmant de

mille autres caresses, qu'elle recevait et me rendait avec une joie enfantine... Oh! j'en suis bien certain, Fatma m'aimait... je l'aimais aussi, et de cet amour si passionné, il n'est resté dans mon cœur ni amertume ni remords, mais un doux et triste souvenir... Oui, j'aimais Fatma, et comment ne l'aurais-je pas aimée, elle si gracieuse, si caressante, elle qui ne fut jamais ni coquette ni perfide... Hélas! Fatma n'était pas une femme... c'était une gazelle.

Vous connaissez sans doute, la blanche maison qui forme le coin des rues B... et d'A... et qui domine la petite place triangulaire à laquelle aboutissent aussi les rues C... et Saint-G.., eh bien! c'est au second étage de cette riante demeure, dont le rez-de-chaussée était occupé alors par un café fameux, que je venais de planter ma tente d'étudiant pour l'année 1839. Le choix était heureux, et je me promettais bien du plaisir, en pensant aux longues flâneries que je ferais de mes fenêtres, et aux heures délicieuses que je passerais quelquefois le soir, en écoutant les chœurs toulousains, qui choisissaient souvent, de préférence, l'espace sonore du confluent des quatre rues, pour y exécuter leurs motifs les plus mélodieux.., et puis je n'étais pas seul à occuper mon joli petit appartement. A moi s'était joint un ami bien cher, né aux mêmes jours et aux mêmes champs que moi, au cœur duquel je pouvais tout dire et tout demander, et dont l'esprit gracieux, original et fantaisiste, avait toujours un mot inédit, une répartie charmante, une histoire imprévue à dire ou à conter... Pauvre Victor! il est parti avant l'heure, brusquement arraché aux joies de la famille, aux faveurs de la fortune, à la tendresse de tous ceux qui le connaissaient! et pouvait-on le connaître sans l'aimer?.. Quand son souvenir chéri revient à ma mémoire, que je regarde en arrière dnns les belles années d'amitié fraternelle, de dévouement à toute épreuve, de communauté de plaisirs et de peines que nous avons coulées ensemble, et que je me vois seul poursuivant le sentier quelquefois bien escarpé de la vie, je me sens découragé et rempli de tristesse, et je me surprends à raconter à l'âme de mon ami les douleurs et les espérances que je confierais à son cœur s'il battait encore.

Mais en 183... à dix-huit ans, nous ne prévoyions guère les phases diverses de nos existences, nos douleurs futures et la catastrophe qui devait nous séparer pour toujours... Tout entier à la joie, aux illusions, à cette effervescence de la première jeunesse, qui anime et embellit tout, nous voyions l'avenir sous les couleurs brillantes de nos rêves, sans deviner aucun des orages qui devaient le bouleverser.

L'installation d'un étudiant dans un nouvel appartement est une affaire grave et importante. Ce n'est pas sans de nombreux changements, de savantes corrections, d'artistiques combinaisons, qu'il parvient enfin à composer un ensemble satisfaisant

avec tous les éléments hétérogènes de son mobilier
et de sa garde-robe. Aussi, Victor et moi, nous
étions, le premier jour de notre arrivée, exclusivement occupés à disposer, dans nos deux chambres
contiguës, les vols nombreux que nous avions faits
au garde-meuble paternel, ou les achats baroques
auxquels avait été consacrée une bonne partie des
fonds destinés au premier mois ; il fut tout d'abord
décidé que j'occuperais la première chambre pour-
vue de deux fenêtres donnant sur la rue B., qu'elle
servirait de salon, et serait aussi la plus ornée ; je
devais cette faveur à mes habitudes matinales, et
à la paresse de Victor, qui, occupant la chambrette
donnant sur la rue d'A..., ne serait jamais dérangé
par les premiers soins de notre ménage et dormirait
toute la grasse matinée. Nous avions déjà équilibré
trois magnifiques trophées, l'un composé de pipes
de toutes les longueurs et de tous les calibres ; nous
ne fumions guère, il est vrai, mais il fallait en
avoir l'air. Le second offrait une collection complète
de brides, de mors, de gourmettes, d'éperons, de
fouets, de cravaches, sans emploi, hélas !.. ; le troisième était le principal, le trophée d'honneur : nous
l'avions placé au-dessus de la glace de notre cheminée, et il nous avait coûté bien des peines. Mais
il était réussi : le fond, le motif principal, était une
vieille cuirasse, affaire excellente que j'avais faite
chez un fripier de la place Saint-Georges ; il me
l'avait laissée pour six francs ; plus tard, il est vrai,
à la suite de circonstances malheureuses, je la lui

revendis quinze sous ! Qu'importe ! elle occupait noblement le centre de notre maître-trophée, une superbe chachia rouge prolongée par un énorme gland
bleu et escortée de deux bérets de Basque la couronnait ; huit fleurets, quatre épées, deux espadons en
bois, trois vieilles lances, cinq poignards se croi-
saient sur elle, et de leurs points d'intersection pendaient des poires à poudre, des blagues à tabac, des
cocos, des gourdes, et deux gros pistolets d'arçon
provenant de la même origine qu'elle. Au-dessous,
dans un désordre pittoresque, s'entrelaçaient deux
cordes à fourrage, dont les glands, retombant sur
la glace, balançaient nos cartes d'étudiant... Je met-
tais la dernière main à notre chef-d'œuvre, et, un
pied sur le chambranle de la cheminée, l'autre sur
l'épaule de mon ami, je relevais quelques lames,
je redressais quelques canons, je retroussais quelques plis, quand un coup discrètement frappé à notre porte vint interrompre notre travail... Un duo
sonore d'*entrez !* lui répondit ; et aussitôt se présenta
un homme que nous n'avions jamais vu et qui nous
salua gravement avec la distinction et les manières
de la bonne compagnie. Il n'eut pas même l'air
de remarquer la singulière position de clown dans
laquelle il nous avait surpris, et ce fut avec une exquise urbanité qu'il accueillit les excuses que nous
nous empressions de lui faire. Quand il fut assis
sur le moins mauvais de nos fauteuils, qu'il avait
longtemps refusé, il nous regarda pendant quelques instants avec un sourire doux et triste, et sem-

bla se recueillir avant de nous adresser la parole ;
je profitai de ce court intervalle pour considérer
cet inconnu, dont la noblesse et la distinction
m'avaient vivement frappé. Il était de haute taille
et un peu courbé, quoiqu'il ne parût pas avoir dépassé la quarantaine ; sa tête, admirablement belle,
était couronnée par des cheveux déjà éclaircis et
d'une blancheur de neige, tandis que sa moustache
et ses sourcils étaient bruns et très-épais ; de ses
yeux noirs jaillissaient, quand il vous fixait, un
éclair dont le feu s'éteignait bientôt dans un sourire indécis et rêveur ; et de ces contrastes de ver-
deur et de décrépitude, d'énergie et de douceur,
ressortait une physionomie mélancolique et résignée
qui émouvait et attirait la sympathie. Il rompit le
premier le silence, et d'une voix douce, avec un
accent des plus purs, il nous parla ainsi : « Depuis
ce matin, messieurs, j'occupe le petit appartement
placé sur le même palier que le vôtre et donnant
sur la cour ; quoique mes habitudes soient séden-
taires et réservées et que je ne voie jamais personne,
je n'ai pas voulu cependant vivre aussi près de vous
sans venir au plus tôt vous saluer, faire votre connaissance et vous assurer de l'empressement que
je mettrai à remplir toujours mes devoirs de bon
voisin. J'ai d'ailleurs une grâce à vous demander,
et vous n'obligerez pas un ingrat en me l'accordant. Avec moi habite un être doux et caressant,
mais folâtre et bruyant, incommode peut-être, et
que vous rencontrerez souvent sur vos pas : c'est mon

dernier, c'est mon seul ami, en lui sont concentrés tous mes souvenirs et toutes mes affections; il ne peut être, comme un chien, attaché ou reclus; sa nature a besoin de mouvement et de liberté : c'est une gazelle. » — Une gazelle ! nous écriâmes-nous aussitôt... une gazelle, oh ! quel bonheur... oh ! soyez certain, monsieur, qu'elle sera aimée et choyée par nous... mais ne pourrions-nous pas..? A l'explosion de notre joie, l'inconnu avait souri avec mélancolie, et, devinant notre désir, il se leva en nous disant : « Je vais vous présenter celle que vous aimez déjà, et qui, je l'espère, vous paiera en douces caresses. » Il rentra un instant après, suivi du plus charmant animal que nous eussions pu rêver : c'était l'idéal de l'élégance, de la légèreté et de la grâce. Je n'avais jamais vu de gazelle, mais ce nom réveillait toujours en moi de poétiques souvenirs. Quand je vis sa pose timide, ses formes sveltes, ses grands yeux doux et rêveurs, je me rappelai avec émotion les légendes du désert et les contes romanesques de l'Orient. « Fatma, » dit notre voisin, « voilà des amis qui te laisseront gambader à ton aise et qui te caresseront parfois, quand tu auras été bien sage et qu'ils te rencontreront sur leurs pas. Allons, sois avec eux gracieuse et gentille comme tu l'es toujours, pauvre chère bête. » Fatma avait attentivement regardé son maître pendant tout le temps qu'il avait parlé. Quand il eut cessé, elle fixa sur nous un regard prolongé et timide, et, voyant que je lui présentais un morceau de sucre, elle s'avança

tremblante et le saisit délicatement du bout des lèvres, en me fixant avec une ineffable douceur. Victor, par un raffinement d'attention, avait été lui
chercher quelques dattes conservées ; et devant ces
petits présents, ces amicales prévenances , l'œil de
la pauvre bête s'enflamma de reconnaissance ; ceux
de son maître s'humectèrent de pleurs , et nous-
mêmes nous étions tendrement émus devant cet
homme rêveur et cet affectueux animal dont les
destinées unies semblaient cacher de mystérieux
et tristes secrets. Notre connaissance était faite ;
nous étions les amis de Fatma : comment n'aurions-
nous pas été les amis de son maître, qui ne semblait vivre que pour elle ?

Dès lors commença entre nous une vie de charmante intimité. M. Prosper, tel était le seul nom
sous lequel nous connussions notre voisin, passait
la journée tout entière dans sa chambre. Une
seule fois, vers quatre heures, il faisait une assez
courte absence, pendant laquelle Fatma était rigou-
reusement enfermée ; mais tout le reste du jour elle
était libre de gambader à son aise sous l'œil de son
maître. La chambre de M. Prosper était juste vis-
à-vis de la mienne ; une de mes fenêtres faisait
face à sa porte et en était séparée par la largeur
de ma chambre et un assez long corridor aboutis-
sant à l'escalier : c'est cet espace, long de quinze
mètres environ, que Fatma franchissait mille fois
par jour. M. Prosper écrivait presque toujours, co-
piant, pour vivre, des registres d'administration ;

nous laissions tous les deux nos portes ouvertes, et
de sa petite table il suivait avec tendresse les joyeuses évolutions de sa chère gazelle. De notre côté,
assis devant notre cheminée, qui était dans l'ali-
gnement du corridor ou à côté de notre fenêtre,
nous passions des journées presque entières à voir
bondir, voler, s'arrêter brusquement, cabrioler
avec grâce, ou trottiner coquettement notre petite
amie. Toutes les fois que sa course capricieuse arrivait jusqu'à nous, elle avançait avec mignardise
son museau effilé pour recevoir un bonbon ou une
caresse : et elle repartait aussitôt, redoublant de
gentillesse et de gambades, comme pour nous remercier. Quelquefois, fatiguée ou frileuse, elle s'arrêtait et venait se coucher sur le modeste tapis qui
nous servait de devant de feu. Mais ces temps de
repos n'étaient pas longs. Au moindre petit bruit
venu de la chambre de M. Prosper, elle se redres-
sait subitement comme un ressort d'acier et s'élançait en trois bonds vers son maître qui la caressait
avec amour. Mais aussitôt qu'un rayon de soleil
traversait ma fenêtre et égayait ma chambre, Fatma
accourait comme fascinée ; c'est alors surtout que
j'aimais à la voir et à l'étudier : elle fixait avec
ivresse la lumière dorée, frémissait sous sa tiède
influence, raidissait vivement ses fines jambes, allongeait avec volupté sa petite tête, et finissait par
se coucher nonchalamment, et restait ainsi immobile, allanguie et rêveuse ; son œil avait alors de
tels reflets mélancoliques, de tels éclairs amoureux,

de tels regards humides et passionnés, que moi, qui crois un peu à l'âme des bêtes, je me disais que certainement ma douce amie rêvait alors, sous le pâle rayon du soleil, des ardeurs tropicales de son pays, du désert, des palmiers, des oasis, des fontaines et de tout ce qu'elle avait laissé dans cet Orient qui l'avait vue naître et qu'elle ne devait pas revoir.

Fatma était aimée de toute la maison, mais jamais elle ne se hasardait à descendre l'escalier; elle avait lu dans les yeux de son maître qu'une telle permission lui était interdite. Quelques avances que lui fissent les locataires du premier ou du rez-de-chaussée, elle se contentait de les regarder avec reconnaissance du haut de son trépoir et de les caresser s'ils montaient jusqu'à elle. Mais elle se permettait quelquefois de grimper au troisième, et son apparition au milieu des ouvrières en robe de l'excellente Mme X..., notre hôtesse, excitait des transports de joie; j'entendais au-dessus de ma tête de frais éclats de rire, le bruit de baisers, les plus jolis petits noms jetés à l'envi à la charmante bête, et bientôt Fatma revenait croquant une nouvelle friandise et ornée d'un joli ruban pour collier.

L'hiver avançait; nous touchions au mois de janvier; la saison était rigoureuse; nous sortions à peine, pas même le soir, et, je dois l'avouer, Fatma nous retenait au logis. Victor, comme moi, aimait les bêtes, et nos journées se passaient à travailler un peu, à causer beaucoup et à regarder folâtrer notre chère gazelle. Un autre motif aussi, mais d'une nature délicate , nous faisait demeurer, surtout pendant la soirée, dans notre chambre ; nous savions que M. Prosper , quoique son appartement, donnant sur la cour , fût froid et humide, n'allumait jamais son foyer ; nous aurions voulu l'attirer auprès du bon feu de notre cheminée et le réchauffer un peu avant son coucher. Mais comment aborder cette difficile proposition ? Notre voisin était fier, susceptible peut-être ; enfin je fus chargé de la terrible mission, et bien timidement je l'engageai, à cause de Fatma, dont nous ne pouvions nous passer, à venir le soir veiller quelques heures dans notre chambre ; le pauvre homme comprit bien certainement mon intention, et sa belle âme dut faire alors un grand sacrifice d'amour-propre. « Merci, » me dit-il en me serrant la main, « je viendrai quelquefois. »

Il vint, en effet à peu près trois fois par semaine, et jamais il ne passa plus d'une heure avec nous ; mais comme elle passait rapidement cette heure délicieuse, pendant laquelle cet homme d'élite nous dévoilait les trésors de son esprit et les beautés de son âme ! Jamais conversation ne fut plus noble, plus instructive que la sienne ; son amitié pour nous lui suggérait de petites leçons, des conseils paternels qu'il savait nous donner à propos , et quand nous lui demandions un avis, il était ému et souriait de ce sourire mélancolique qui donnait à sa physionomie une expression si triste et si douce.

Jamais M. Prosper ne laissait échapper dans sa conversation un seul mot qui pût nous faire deviner la moindre circonstance de sa vie; jamais non plus nous ne nous étions permis la plus petite allusion indiscrète, et cependant nous étions bien désireux de connaître le passé de cet homme, si sombre, si mystérieux et qui avait dû sans doute connaître de meilleurs jours.

Un soir, c'était, si je me le rappelle bien, au commencement du mois de février, une tempête épouvantable éclatait sur Toulouse; l'eau tombait à torrents, le vent soufflait avec violence; quelques éclats de tonnerre grondèrent même et ébranlèrent notre petit appartement que nous nous étions hâtés de regagner aussitôt que notre dîner eut été terminé. Je venais d'allumer un feu artistement construit qui pût réchauffer toute notre veillée, quand j'entendis dans le corridor le trottinement de Fatma; j'allai aussitôt lui ouvrir; elle précédait gaiement son maître, et nous fûmes bientôt tous réunis autour d'un foyer pétillant. M. Prosper me parut encore plus sombre que d'ordinaire; à chaque mugissement de la tempête, à chaque rafale de vent, il tressaillait, et, d'une main convulsive, il caressait Fatma, qui se tenait obstinément serrée contre lui. Nous gardâmes tous, pendant quelques minutes, le silence. Victor le rompit le premier. — Je n'aime pas la tempête, dit-il...; dans le mugissement du vent, il me semble entendre la voix irritée de Dieu qui parle aux hommes..., et d'ailleurs, parmi les malheurs arrivés à ma famille, plusieurs ont éclaté pendant des orages ; sans être superstitieux, je tremble quand ils grondent ; je ne respire à l'aise que quand le calme revient... — Oh! quand à moi, repris-je, j'aime, au contraire, le roulement du tonnerre, la fureur du vent, l'éclat sinistre des éclairs ; j'éprouve de solennelles émotions quand j'entends gronder la foudre, et il me semble que mon âme s'élève et grandit devant le spectacle de la nature bouleversée ; et vous, M. Prosper, ajoutai-je étourdiment, aimez-vous le calme ou la tempête ? A cette interpellation, notre voisin tressaillit, et, d'une voix tremblante, il nous dit, en nous regardant avec une anxieuse tristesse : —Oh ! non, je n'aime pas et je ne puis aimer la tempête..., et si je suis venu ce soir me réfugier auprès de vous, pendant qu'elle mugit déchaînée, c'était pour arracher mon cœur aux funèbres souvenirs qu'elle lui rappelle... C'est pendant une tempête que j'ai tout perdu... Il se tut un instant... Et moi, désolé d'avoir par mon imprudente demande réveillé en lui de si cruelles émotions, j'avais pris doucement une de ses mains entre les miennes et je la pressais avec tendresse... Victor s'était emparé de l'autre, et nous gardions tous les trois un douloureux silence. Fatma fixait sur nous ses grands yeux étonnés... La pauvre bête comprenait bien certainement que son maître souffrait et que nous voulions le consoler.—Pauvres enfants, nous dit tout à coup M. Prosper, vous êtes bons..., et moi qui croyais que mon

cœur brisé ne pouvait plus ressentir de douces émotions, je pleure à la pression de vos mains amies.
Merci de votre compatissante étreinte ; oui, je souffre, et la tempête soulève en moi d'affreuses douleurs. Ecoutez, mes amis, vous êtes dignes de connaître mes malheurs, vous qui m'aimez, et peut-être
en vous les confiant allégerai-je un peu le poids qui
m'accable... Il se tut encore et sembla douloureusement se recueillir, pressant convulsivement la tête
de Fatma qui le regardait avec tristesse ; il continua
ainsi : «Je n'ai pas toujours été le pauvre copiste qui
demande à sa plume le pain de chaque jour et un
abri pour sa tête ; comme vous, je fus jeune, ardent, généreux, aimé, heureux... Les commencements de ma vie s'écoulèrent au milieu d'une famille tendre et dévouée ; l'amour, les caresses d'un
père et d'une mère, la tendresse d'une sœur chérie
entourèrent mon enfance et ma jeunesse. Bientôt
de nouveaux bonheurs vinrent s'ajouter à ces bonheurs : j'épousai celle que j'aimais, et l'année
suivante elle me donna une petite fille dont la
naissance mit le comble à toutes nos joies ; mais
j'étais sans état, ma fortune était modeste, et je
rêvais pour mon Adeline un avenir brillant : il
fallait le créer ; ce n'était ni le courage, ni l'é-
nergie qui me manquaient. Je résolus de sacrifier
les plus belles années de ma vie et d'aller au loin
chercher cette fortune que je rêvais pour mon enfant. L'Algérie venait d'être glorieusement conquise
par la France, et le gouvernement offrait de riches

concessions, de brillants avantages aux colons hardis qui voudraient aller planter leur tente en face de son peuple encore à peine soumis ; je fus des premiers, et dans les larges conditions que l'on me fit j'entrevis la prompte réalisation de mon rêve. Mais au moment de quitter ma famille éplorée, ma femme, son enfant dans les bras, s'attacha à moi en me conjurant de ne pas la laisser seule dans le repos, et de l'associer à mes dangers et à mon entreprise. Adda était énergique et résolue, son âme était noblement trempée, et je savais qu'elle ne faiblirait pas dans les épreuves ; je craignais d'ailleurs que son exaltation ne fît échouer mon départ, manquer peut-être mon projet. Je la serrai dans mes bras et nous partîmes tous les trois, accompagnés d'Antoine, vieux serviteur, qui voulut s'attacher aux destinées du fils de ses maîtres. Nous arrivâmes dans ce pays lointain, et nous nous établîmes sur l'extrême frontière de la conquête, en face du désert ; notre concession était immense, et bientôt, grâce au secours du gouvernement, nous eûmes élevé notre demeure, moitié ferme, moitié blokhaus, et nos défrichements commencèrent ; tout prospéra au gré de nos souhaits. Sans doute nous fûmes quelquefois attaqués par les Arabes pillards, ou par les Kabyles jaloux de nos succès, mais nous les repoussâmes toujours victorieusement, et plus d'une fois ma noble Adda fit avec nous le coup de feu et soutint notre courage.

» Depuis cinq ans déjà nous menions sur la terre

d'Afrique cette vie agitée, moitié agricole, moitié guerrière, dont tous les premiers colons ont dû subir les rudes épreuves. Dieu avait béni nos efforts : nos champs étaient en pleine prospérité ; les espérances d'une pacification prochaine allaient leur donner une grande valeur; notre Adeline, élevée sous le soleil d'Afrique, au vent fortifiant du désert, était devenue une belle enfant, douce et énergique comme sa mère. Le calme s'était fait peu à peu autour de nous ; nous n'avions plus que de rares et d'insignifiantes attaques à redouter. Les Arabes semblaient commencer à comprendre les bienfaits de la civilisation que nous leur apportions; quelques-uns mêmes s'étaient donnés à nous, et malgré les sourdes agitations que répandait autour de nous un bey fameux, qui prêchait la guerre sainte, je n'avais qu'à me louer de la soumission et de la fidélité de ceux qui me servaient de laboureurs ou de domestiques. Nous touchions au but tant désiré, et le nom de la France revenait tous les soirs sur nos lèvres, quand, assis autour du foyer, nous parlions de l'avenir, du bonheur... » Ici M. Prosper s'arrêta comme vaincu par une terreur profonde ; sa voix s'était altérée, sa pâleur était devenue livide. Au-dehors, la tempête mugissait avec rage, et nous tressaillions à chaque rafale furieuse du vent. Enfin, notre pauvre voisin, faisant un effort violent sur lui-même, étreignit convulsivement ses mains qu'il éleva vers le ciel, et continua ainsi d'une voix tremblante :

« Un soir, après une journée entière passée dans un marché voisin, je revenais, de toute la vitesse de mon cheval, vers ma demeure. Comme aujourd'hui, la nature était déchaînée, le tonnerre grondait, le vent faisait tourbillonner au loin la poussière du désert; mais que m'importaient les fureurs de l'orage? j'étais préoccupé des inquiétudes que ma longue absence pouvait donner aux êtres chéris qui devaient depuis longtemps m'attendre; je dévorais l'espace sous les pas de mon fidèle Kaleb. J'étais arrivé sur les hauteurs qui dominaient ma ferme; à travers les tourbillons de la tempête, j'apercevais déjà confusément les arbres de mon jardin... quand tout à coup, de leurs massifs, je vis sortir une épaisse fumée... Frappé d'un sinistre pressentiment, je volai vers l'asile qui renfermait tout ce que j'aimais au monde; en quelques secondes j'arrivai, haletant, éperdu... Il avait disparu, et à sa place s'élevait un monceau de ruines fumantes, sur lequel régnait un morne silence... Fou de terreur, je m'élançai dans ces débris embrasés, appelant d'une voix éplorée Adda, Adeline, le vieil Antoine... Rien ne répondit à mes cris. Alors mon cœur se brisa, ma tête s'égara, un désespoir insensé, furieux, bouleversa mon âme... De mes mains sanglantes j'ouvris, je fouillai, j'interrogeai les ruines brûlantes, et toute la nuit je continuai avec une ardeur désespérée ce sinistre travail... Au jour, sous un dernier débris, je trouvai tout ce qui restait de celles qui étaient mon bonheur et ma vie. Etroitement entrelacées, elles étaient tombées sous les coups des traîtres que j'avais recueillis. A côté d'elles gisait le vieux serviteur, qui avait en vain tenté de les défendre... Mes yeux demeurèrent sans pleurs ; une douleur froide , acérée , traversa tout mon être... Je restai immobile, foudroyé, devant ce funèbre spectacle, sans pouvoir en détacher mes yeux secs et brûlants... J'allais sans doute mourir de terreur et de désespoir, et tomber pour toujours à côté de ces restes chéris , quand un bêlement plaintif, une caresse timide me firent soudain tressaillir. Fatma, la douce amie, la compagne de mon Adeline, léchait en tremblant mes mains et semblait vouloir me ranimer et pleurer avec moi. » Depuis quelques instants, M. Prosper s'était levé, et c'était avec un accent déchirant et en étreignant fortement de ses mains sa tête et son cœur, qu'il avait pu prononcer les derniers mots de sa lugubre histoire. Fatma inquiète, émue par l'accent de son maître, s'agitait autour de lui, fixait des yeux anxieux sur ses traits bouleversés ; enfin, au dernier mot sorti de sa bouche tremblante, elle poussa un bêlement plaintif, le même sans doute qu'elle avait jeté sur les ruines... A ce cri douloureux, nous avions tremblé, frémi... M. Prosper avait saisi la pauvre bête dans ses bras, et, la couvrant de caresses convulsives et de larmes, il s'était enfui vers son appartement... et nous, haletants d'émotion, tremblants de terreur, nous n'osâmes le suivre, ni chercher à consoler sa douleur, hélas ! inconsolable.

Depuis cette terrible soirée, où la sombre histoire de notre voisin nous avait été si dramatiquement dévoilée, nos rapports avec lui devinrent plus fréquents et plus intimes. Jamais le moindre mot ne fut prononcé entre nous sur les terribles événements dont il avait été la victime, et cependant sa triste confidence avait éveillé en nous une douce et compatissante affection qui, j'en suis certain, devait apporter quelque consolation à son cœur. Fatma aussi nous était devenue encore plus chère, et je me surprenais bien souvent, après l'avoir caressée, lui parlant comme à une créature raisonnable; elle semblait m'écouter avec intelligence et bonté, et quelquefois, rarement il est vrai, elle me répondait par ce triste bêlement qui nous avait si douloureusement émus... Alors des pleurs montaient à mes yeux, et les scènes funèbres de la terrible nuit se retraçaient à ma mémoire.

Le mois de mai était revenu; Fatma, prisonnière, dressait quelquefois ses petites pattes sur l'accoudoir des fenêtres et aspirait avec ivresse les émanations et les parfums printaniers des jardins du voisinage. Elle était plus inquiète et plus vive, et venait encore plus souvent dans ma chambre, se rouler sous les rayons du soleil; je plaignais son sort, et je n'osai demander à M. Prosper de l'emmener à la promenade; mais, comme compensation, je lui apportais tous les jours une gerbe fraîche de bourgeons et de feuilles, pour laquelle elle quittait tout et qu'elle était impatiente de voir arriver,

Que de détours, que de vols j'ai faits, pour pouvoir offrir à ma petite amie ce tribut printanier ! mais aussi que de caresses, que de folles gambades, que de tendres regards j'ai eus en récompense ! Hélas ! toutes ces joies, cette intimité devaient bien tristement finir !

Un jour de la fin du mois de juin, j'avais, pendant toute la matinée, joué avec Fatma ; jamais elle n'avait été aussi folle, aussi gentille ; toute la maison avait retenti de nos courses désordonnées et de notre tapage. M. Prosper avait quelquefois souri en nous voyant passer devant sa petite table, nous poursuivant l'un l'autre avec l'ardeur la plus enfantine ; les ouvrières de Mme XX... étaient souvent venues au haut de leur trépoir montrer leurs figures lutines et exciter de leur fraîche voix Fatma à me vaincre ou à m'attraper ; j'étais enfin sorti pour ne rentrer que le soir, et j'avais, en partant, bien tendrement embrassé Fatma, qui m'avait accompagné jusqu'au bord du palier, et, passant sa tête à travers les barreaux, m'avait curieusement regardé descendre. Je ne rentrai que vers cinq heures et demie, pour prendre Victor à l'heure du dîner, et j'avais à peine franchi notre porte, que j'entendis dans l'escalier un bruit inusité ; des cris, des pleurs partaient de tous les étages. Effrayé, j'enjambai en une seconde les marches, et arrivé sur notre trépoir je rompis brusquement un groupe effaré qui entourait M. Prosper et lui prodiguait les plus affectueuses consolations. A ses pieds gi-

sait Fatma... Fatma inanimée, morte, déjà froide...
Les ouvrières de Mme XX... jetaient des cris per-
çants. Victor pleurait et me regardait avec anxiété;
seul, M. Prosper, froid, immobile, atterré, considérait le cadavre de sa chère Fatma avec ce regard
terne, fixe et sec, avec lequel il avait aussi considéré les ruines sanglantes de sa demeure. Je m'approchai de lui, et prenant doucement sa main, je la
baisai avec effusion et l'arrosai de mes larmes. Il
me regarda avec une ineffable tristesse, et, me rendant vivement mon étreinte, il prononça convulsivement les seuls mots : « *Tout est perdu ;* » en
même temps deux grosses larmes roulèrent de ses
yeux et tombèrent sur la pauvre bête... Je m'étais
agenouillé et, la poitrine gonflée, le cœur palpitant,
j'avais donné un dernier baiser à mon amie. Les
voisins rentrèrent bientôt tristement dans leurs appartements ; nous étions restés seuls avec M. Prosper. Alors il ouvrit les bras, nous serra tous les
deux contre sa poitrine avec une fiévreuse ardeur,
et, nous regardant avec son sourire si triste, il
nous dit lentement et avec un doux accent : « *Pauvres enfants, soyez heureux ;* » puis il nous demanda
impérieusement de le laisser seul. Subjugués par ce
sinistre ascendant, nous obéîmes, et quand nous fûmes rentrés dans notre appartement, nous jetant chacun dans un fauteuil, nous donnâmes sans honte un
libre cours à notre douleur. Fatma était le premier
être qui m'avait aimé et que j'avais vu mourir ; elle
eut mon premier amour et mes premières larmes.

Nous ne sortîmes pas de notre chambre, mais nous n'osâmes jamais pénétrer dans celle de M. Prosper pendant la nuit. Bien des fois cependant j'entr'ouvris doucement notre porte, et toujours je vis sa lampe brûler et son ombre se dessiner sur les rideaux. Brisé par la fatigue et par le chagrin, je m'endormis vers la matinée, et ne m'éveillai qu'à huit heures. Je sortis en toute hâte; la porte de l'appartement de M. Prosper était grand'ouverte, la chambrette vide, et ses petits meubles emportés... Je volai chez Mme XX... qui m'apprit qu'au point du jour une voiture était venue prendre notre pauvre voisin, qui, chargé du cadavre de sa chère Fatma, était parti en prenant des précautions infinies pour ne pas nous réveiller et être entendu de nous.

En vain nous cherchâmes les traces de notre malheureux ami, jamais nous ne pûmes découvrir sa retraite. L'administration pour laquelle il travaillait avait exactement reçu son travail; ses fournisseurs étaient scrupuleusement payés; personne, sauf nous, n'avait intérêt ou envie de connaître ce qu'était devenu le maître de Fatma; mais toutes nos recherches furent inutiles. Quelques jours après le triste événement, les journaux de Toulouse annoncèrent que le cadavre d'un inconnu avait été retiré des eaux de la Garonne et déposé à la morgue; nous ne voulûmes pas vérifier si cette catastrophe était le dernier acte terrible du drame lugubre dont nous connaissons les tristes commencements.

Fatma, ma pauvre amie, avait été empoisonnée par un morceau de sucre glissé sous la porte de l'appartement de M. Prosper pendant son absence. Aucun voisin ne pouvait être soupçonné de ce crime, et nous nous perdîmes en conjectures sur ce mystérieux événement... Seul, j'eus un affreux soupçon, qui n'est pas encore entièrement effacé de mon esprit. Une grande dame venait souvent faire de riches commandes chez Mme XX...; elle avait vu Fatma et s'en était follement éprise. A diverses reprises, elle fit offrir des sommes énormes à M. Prosper pour lui céder la pauvre bête, et celui-ci avait repoussé avec indignation et une brusquerie sauvage ses blessantes propositions. Ces refus irritèrent la dame, qui se plaignit vivement de ne pouvoir satisfaire son caprice. Si c'est elle qui s'est vengée, qu'elle soit maudite!...

Bien des choses ont changé à Toulouse depuis l'époque où se passait la triste histoire que je viens de raconter; des quartiers ont été bouleversés, des rues élargies, des maisons transformées, mais la petite maison du café ZZ... est restée la même, modeste, sans magnificence; elle n'attire pas l'attention de l'indifférent qui s'achemine; mais toutes les fois que moi, qui ai vécu dans ses murs, qui y fus si triste et si heureux, je passe seul devant elle, je m'arrête, je la fixe avec attendrissement, et je donne toujours une larme à mon pauvre Victor, à l'infortuné M. Prosper et à ma chère Fatma.

LAURENCE.

LAURENCE

C'est encore dans la petite maison blanche du
coin de la rue B... que je vais chercher ce souvenir ; il s'y trouve mêlé à ceux de Fatma, de M. Prosper, de mon pauvre Victor et à tant d'autres, doux
et tristes, que m'a laissés mon séjour chez Mme ZZ...
Longtemps presque oublié, il a été rappelé tout à
coup à ma mémoire par un de ces événements imprévus qui surgissent dans la vie, et le mystère
qu'il recouvrait s'est révélé à moi avec tous ses détails dramatiques et touchants. Si jamais ces lignes
tombent sous les yeux de celle dont je vais essayer
de raconter l'histoire, qu'elle me pardonne ma pieuse
indiscrétion ; je n'ai pu résister au désir de retra-
cer son noble caractère, son honnête loyauté, et de
consigner dans les pages qui me rappellent les souvenirs les plus précieux de ma vie l'heureux hasard qui m'a jeté deux fois sur le pas de la plus

belle, de la plus vertueuse et de la plus modeste des femmes.

La bonne Mme ZZ... avait un grand nombre d'ouvrières, toutes grisettes toulousaines, jeunes, vives, bruyantes, et dépensant en riants propos, en douces chansons, leur verve méridionale. Ces charmants gazouillements, qui remplissaient pendant la journée l'appartement situé au-dessus du nôtre, étaient toujours retenus dans les bornes de la plus stricte convenance. Mme ZZ..., quoique indulgente et gaie par caractère, était sévère en vertu et en bon goût. Elle n'admettait dans sa maison que des jeunes personnes sages et bien élevées, et c'était un grand honneur à Toulouse, pour une ouvrière, que d'en faire partie. Lorsqu'il nous était permis, rarement à la vérité, d'aller passer quelques instants dans la société de notre hôtesse et de ses ouvrières, notre entrain sans doute se mêlait au leur, mais la morale la plus sévère, l'urbanité la plus exquise ne devaient trouver rien à redire à nos joyeux propos, à nos folles plaisanteries.

Parmi les nombreuses ouvrières, fraîches, alertes et gracieuses qui composaient l'atelier de mon hôtesse pendant l'année de mon séjour chez elle, se trouvait une belle jeune fille, âgée à peine de vingt ans, et dont l'air grave et mélancolique contrastait avec la pétulante gaieté de ses compagnes. Elle se nommait Mlle Laurence, et n'était entrée dans la maison que depuis quelques mois lorsque j'y

arrivai. Sa tristesse, sa réserve, sa suprême distinction, son extrême politesse, et la grâce avec laquelle elle s'empressait d'obliger ou de répondre,
lui avaient attiré le respect et la sympathie des
autres ouvrières et de tous les locataires. Sa beauté
était remarquable; ses traits, d'une pureté idéale,
ressortaient avec une précision sculpturale, sous
d'abondants cheveux bruns, réunis en tresses nombreuses. Son teint était mat et pâle, et cependant
d'une extrême blancheur; ses grands yeux d'un
bleu noir, habituellement baissés, avaient une expression touchante de tristesse et de douceur, quand
ils se relevaient pour interroger ou pour répondre;
sa taille était élevée, mais ses admirables proportions donnaient à sa tournure la grâce et la souplesse qui manquent quelquefois aux grandes femmes. Sa démarche noble et modeste était empreinte
de grâce et de pudeur; le son de sa voix était doux
et sympathique, et son langage pur et choisi
avait l'accent et les locutions de la haute société. Il
lui échappait quelquefois des élans presque hautains
de domination et de volonté, mais elle les répri-
mait aussitôt avec une humble résignation. Elle
était bonne, obligeante et douce avec ses compagnes,
polie et digne avec les étrangers, mais toujours
triste et rêveuse. Pendant que les autres ouvrières,
aux heures des récréations, se livraient à des jeux
bruyants ou à des danses joyeuses, elle s'asseyait
solitairement sur une marche de l'escalier et lisait
attentivement, ou passait de longs instants à cares-

ser Fatma et à plonger ses grands yeux mélancoliques dans les yeux tendres et doux de la pauvre
bête ; la pâle jeune fille et la timide enfant du désert restaient ainsi longtemps dans une muette con-
templation et semblaient vouloir confondre leurs
secrets et leur tristesse. Que de fois, caché derrière la porte de mon corridor, j'ai considéré ce tableau touchant, cherchant à deviner les confidences
mystérieuses que, par leurs soupirs et par leurs regards, ces deux rêveuses créatures devaient sans
doute chercher à se faire!

J'étais bien intrigué sur les secrets de cette femme
si belle et si mélancolique, dont la destinée semblait renfermer de tristes mystères, et souvent
j'avais interrogé Mme ZZ... pour avoir le mot de
cette énigme; mais elle me répondait toujours
qu'une grande dame de ses clientes lui avait un
jour amené Mlle Laurence, en la lui recommandant
avec les plus vives instances, la suppliant d'avoir
pour elle tous les égards possibles, et de la préserver,
autant qu'il serait en elle, d'une société triviale ou
importune. « Du reste, » ajoutait ma bonne hôtesse,
« Mlle Laurence se recommande assez par elle-même,
et jamais je n'ai vu une fille plus noble, plus réservée et plus laborieuse. Non contente de faire avec
ardeur et intelligence le travail de l'atelier, elle
me demande encore à emporter de l'ouvrage supplé-
mentaire chez elle, et elle me le rapporte toujours
propre, soigné et parfaitement exécuté. Sans doute
elle doit passer à travailler une grande partie de ses

nuits. — Je sais aussi, » me disait Mme ZZ..., « que Mlle Laurence loge dans le quartier éloigné de Saint-Sernin avec sa mère infirme, dont elle est le seul soutien, et que jamais elle n'a été vue ailleurs que chez elle, à l'église ou dans mon atelier. — Cette admirable jeune fille, » me répéta souvent mon hôtesse, « ne me donne qu'un chagrin, mais il se renouvelle tous les samedis soir à l'heure du paiement de la semaine. Je la vois alors si tremblante, si pâle, si bouleversée, que j'ai pris l'habitude, au lieu de compter avec elle comme avec mes autres ouvrières, de lui remettre doucement dans la main ce que je lui dois, enveloppé dans un ruban ou dans du papier, et sans lui adresser une parole. J'ai vu souvent, dans ce pénible moment, de grosses larmes couler de ses yeux, et je ne puis m'empêcher alors de lui serrer tendrement la main , et toujours elle me rend en tremblant mon étreinte. »

Vers le milieu du mois de mars , Mlle Laurence passa deux semaines sans paraître à l'atelier ; au bout de ce temps, nous la vîmes revenir couverte de longs habits de deuil, pâle, atterrée, mais toujours polie et gracieuse. Nous apprîmes qu'elle venait de perdre sa mère, et la réserve respectueuse que nous gardions vis-à-vis d'elle augmenta encore ; en même temps notre sympathie devint aussi plus grande, devant ce nouveau malheur ajouté à tous ceux dont nous supposions que la jeune fille avait été la victime. Au bout de deux mois elle ne reparut plus tout d'un coup dans la maison , et

Mme ZZ... nous apprit qu'un monsieur d'un extérieur respectable était venu, accompagné de Mlle Laurence, la remercier de ses soins pour elle, et l'avait emmenée avec toutes les marques d'un profond respect et d'une vive affection. La jeune fille paraissait attendrie et heureuse, et, avant de s'éloigner, elle avait embrassé en pleurant notre bonne hôtesse, lui renouvelant ses actions de grâces les plus affectueuses pour ses bons procédés et pour sa bienveillance ; elle avait aussi pris congé avec émotion de ses compagnes, et, leur prodiguant l'expression la plus touchante de son attachement et de sa reconnaissance, elle les avait assurées qu'elle ne les oublierait jamais.

Plusieurs années s'écoulèrent ; mon cours de droit était depuis longtemps terminé. Je n'avais jamais eu l'occasion de revoir Mlle Laurence ou d'entendre parler d'elle ; je ne l'avais pas cependant oubliée, et souvent sa gracieuse image revenait à mon esprit, surtout quand j'allais à Toulouse et que je revoyais la petite maison blanche du coin de la rue B... Cependant, elle commençait sinon à s'effacer, du moins à se représenter plus rarement à moi, et elle allait se confondant avec les souvenirs lointains de ma jeunesse, quand une rencontre imprévue me rejeta soudain en présence de la femme que j'avais désespéré de jamais revoir.

Il y a quelques mois, j'étais dans une station d'eaux thermales et j'aimais le matin à aller me promener sur les rebords d'un torrent que côtoyait

un sentier ombragé de hêtres majestueux. Là régnait une perpétuelle fraîcheur, et c'était un refuge
solitaire pour les rares baigneurs qui fuyaient l'encombrement des promenades publiques, le bruit
du casino ou les ennuis des salons : deux ou trois
fois j'avais aperçu de loin, au bout de l'allée en
berceau, un vieillard marchant avec difficulté et
qu'une femme d'une tournure distinguée soutenait
avec une affection et des soins touchants ; par
discrétion , nous trouvant seuls, je n'avais pas
poussé ma promenade jusqu'à eux ; mais un jour,
au commencement du sentier, je les rencontrai revenant de leur course habituelle. Les traits admirablement beaux de la dame me frappèrent, autant
par leur éclat que par un souvenir confus qu'ils
me rappelaient. Je cherchai un instant dans ma
mémoire. Un de ses regards fut l'éclair qui fît
pour moi la lumière. C'était elle... C'était Mlle
Laurence. Elle dut me reconnaître, car je vis sa
physionomie tressaillir, et comme je saluais profondément, il me sembla que le salut qu'elle me
rendait était plus intime et plus affectueux que ne
le sont d'ordinaire les saluts d'une politesse banale. Cette rencontre me troubla, et à la douce
émotion des souvenirs se joignit le sentiment de ma
vieille curiosité non satisfaite; j'attendis avec impatience une nouvelle rencontre, ne sachant trop
cependant quelle attitude prendre vis-à-vis de cette
femme que j'avais vue dans une position bien différente de celle qu'elle paraissait occuper, et que ,

pour rien au monde, je n'eusse voulu ni offenser
ni affliger.

J'en étais là de mon singulier embarras, quand
un matin, comme je me rendais au bord du torrent,
j'aperçus, au bout de l'allée solitaire, Mlle Laurence
seule, un livre à la main. Mon cœur battit, mais
je continuai résolûment ma course. La belle pro-
meneuse s'était retournée et revenait de mon côté.
Quelques pas avant de nous croiser, j'ôtai respectueusement mon chapeau et j'allais passer sans
oser lui adresser la parole, quand elle vint vivement à moi en me tendant la main. — Hé quoi ! me
dit-elle, avez-vous oublié vos anciens amis, ou rou-
gissez-vous d'avoir connu une pauvre ouvrière ?
— Oh ! mademoiselle, balbutiai-je, c'est donc vous,
vous, dont le souvenir me rappelle des jours si heureux ! vous qui avez si brusquement disparu de
parmi nous, laissant notre chère petite maison si
triste de votre absence ! vous que nous aimions tant,
qui étiez si bonne, si douce, envers tous ! vous
pour qui nous avons formé tant de vœux de bonheur ! Ah ! comme vous, bien des habitants de notre vieil asile ont disparu. — Oh ! me dit-elle avec
une charmante vivacité, contez-moi tout ; dites-moi
ce que sont devenus nos vieux amis ; traitez-moi
en ancienne camarade. — Elle me tendit de nouveau la main ; je la lui pressai avec effusion ; nous
nous assîmes sur un banc rustique, et là, avec l'a-
bandon et la confiance d'un ami, je commençai
l'histoire de tous les hôtes de Mme ZZ...,

Certaines étaient tristes, d'autres plaisantes. Je lui racontai la mort de la pauvre Fatma, la disparition mystérieuse de M. Prosper, l'évasion du général LL..., les colères jalouses du vieux dentiste du premier et son châtiment, et puis la triste fin de mon pauvre ami. J'y mêlai quelques incidents de ma propre existence et tout ce que je savais de notre bonne hôtesse, et sur quelques-unes de ses anciennes ouvrières. Elle m'écoutait attentive et émue, et tous ces détails de la vie des êtres parmi lesquels elle avait vécu attiraient tantôt un sourire sur ses lèvres, tantôt des larmes à ses yeux. Quelquefois elle me faisait répéter un incident comique, un trait attendrissant, et sa physionomie, que j'avais connue jusque-là grave et si austère, subissait toutes les transformations de la joie et de la tristesse.

Quand j'eus épuisé les péripéties des petits drames intimes de notre chère maison et le récit de la vie de ceux de nos camarades que je n'avais pas perdus de vue, je me tournai vers elle, et, des yeux plutôt que des lèvres, je lui dis timidement : — Et vous ? — Elle me comprit.

« Oui, » me dit-elle, « il est juste que vous connaissiez aussi mon histoire... Et à qui pourrais-je mieux la confier qu'à un vieil ami ? Et d'ailleurs j'aimerai à vous la dire, parce que je parlerai, à un cœur qui me comprendra, de ceux que j'ai aimés et que j'ai perdus, de mes malheurs, de mes épreuves, et puis aussi de celui qui, venant me retirer de l'abîme d'infortunes où j'étais tombée, m'a rendue à la vie, au bonheur, et me comble, tous les jours encore, des preuves les plus touchantes d'un dévouement et d'un amour pour lesquels je n'ai à lui donner que mon affection et les soins de ma vie entière.

» J'appartiens à une famille originaire du Midi, mais depuis longtemps transplantée dans les Antilles. J'ai passé mon enfance dans ces pays fortunés, où la nature est si belle, et où, comme elle, l'âme devient précoce et chaleureuse. Mes parents possédaient de riches plantations et passaient leur vie à augmenter la fortune qu'ils me destinaient. J'étais leur enfant unique, et jamais enfant ne fut plus aimé que moi. Je me rappelle avec attendrissement les caresses passionnées que mon père me prodiguait, quand, revenant le soir harassé des longues courses de la journée, il semblait se reposer en me prenant sur ses genoux et en me couvrant de baisers. Ma mère souriait aux jeux enfantins auxquels il se livrait avec moi, et lui répétait mes espiégleries ou mes petits bons mots de la journée. Oh! que nous étions alors heureux tous les trois, dans notre belle solitude, entourés de vieux serviteurs qui nous aimaient, insensibles aux bruits, aux joies du monde, et n'ayant qu'un seul désir, celui de ne jamais nous quitter! Hélas! il ne devait pas s'accomplir, et l'amour que me portaient mes parents fut encore la cause de notre séparation.

» J'avais douze ans ; mon père voulut que j'allasse compléter mon éducation en France. Le sacrifice qu'il faisait était immense ; mais il le faisait pour moi. Depuis longtemps, du reste, il formait secrètement le dessein d'abandonner lui-même les îles, et de revenir pour toujours dans la mère patrie. Nous ne faisions que le précéder. Deux ou trois ans au plus lui étaient encore nécessaires pour vendre nos plantations et pour réaliser toute sa fortune. Nous partîmes, ma mère et moi, brisées de douleur, baignées de nos larmes et de celles de mon père, et ce fut dans le Midi, berceau de notre famille, que nous vînmes nous fixer. Trois ans s'étaient écoulés ; l'heure heureuse de notre réunion allait sonner. Dans toutes ses lettres, mon père nous annonçait, avec des transports de joie et de tendresse, sa prochaine arrivée, quand tout à coup, avec la rapidité d'un coup de foudre, nous apprîmes qu'une horrible catastrophe nous avait ravi celui qui était notre seul amour, notre seul espoir. Avec lui se trouvait engloutie notre fortune déjà réalisée, que des mains coupables avaient fait disparaître.

» Nous étions désormais seules, abandonnées et réduites à la plus profonde misère. Un parent éloigné, que nous avions retrouvé en France, s'intéressa cependant à nous, consentit à me servir de subrogé-tuteur, ma pauvre mère ne pouvant guère remplir les devoirs de tutrice que la loi lui imposait. Notre cousin dépouilla nos papiers, vérifia notre triste situation ; mais, inopinément, au fond d'une cassette que mon père, en partant, nous avait recommandée avec les plus vives instances, il découvrit une obligation pour une somme très-considérable souscrite en notre faveur par un de nos parents des Antilles, que nous avions vu rarement, mais pour lequel nous savions que tous les membres de notre famille avaient toujours eu une grande amitié. Mon subrogé-tuteur, fort de son droit, fidèle à son devoir, et heureux d'ailleurs de nous voir sauvées, écrivit à notre cousin des îles, pour lui faire connaître notre asile, notre position et notre créance sur lui. Par le retour du courrier d'Amérique, nous reçûmes de lui une réponse dans laquelle, sur son honneur, sur son âme, il nous jurait qu'il avait remboursé mon père peu de jours avant sa mort, et que par négligence, et ne prévoyant pas d'ailleurs sa fin prématurée, il n'avait pas voulu, malgré ses instances, prendre immédiatement une quittance. Nous fûmes atterrés.

» Ma mère et moi, connaissant la haute loyauté de notre cousin, nous voulions renoncer à cette créance, notre seule ressource cependant; mais mon subrogé-tuteur s'opposa énergiquement à notre désir, disant que notre délicatesse était excessive, nullement justifiée encore, et que la loi lui imposait le devoir de sauvegarder nos droits et de nous empêcher de dissiper notre fortune. Il prit résolûment en main la conduite de cette affaire, et un triste et long procès fut entamé à travers les mers entre notre cousin et nous. Il traînait déjà depuis trois ans sans résultat définitif, quand nous reçûmes des Antilles les dernières épaves de la ruine de mon père : une main amie avait réuni ces chères reliques... Nous versâmes toutes nos larmes, nous épanchâmes toute notre douleur sur ces objets sacrés qui avaient appartenu à l'être que nous avions tant aimé. Nous éprouvions une triste joie à baiser et à caresser ces livres, ces étoffes, ces armes qu'avaient touchés ses mains, et, enfermées dans notre appartement, nous passions nos journées entières à leur redire notre amour et notre douleur.

» Un jour, en embrassant pour la millième fois un petit portefeuille que mon père affectionnait et qu'il portait toujours sur lui, je sentis un froissement de papier. Je l'ouvris avec anxiété, je fouillai et, dans un repli caché, je trouvai une feuille soigneusement pliée sur laquelle étaient écrits ces mots : *ce titre appartient à mon cousin D...* Je la déployai vivement. C'était la quittance, bien en règle, de la somme pour laquelle nous plaidions, et que mon malheureux père avait sans doute faite aussitôt après avoir été payé, mais n'avait pu remettre à son cousin. — Serons-nous moins honnêtes que ton père? me dit ma mère en me tendant les bras. — Ah! ma mère! Et aussitôt, sur l'heure, nous fîmes partir pour les Antilles ce papier si heureusement retrouvé, qui mettait fin à notre procès et dissipait la cruelle incertitude dans laquelle nous vivions. Nous écrivîmes en même temps une lettre à notre cousin, dans laquelle, avec les plus humbles excuses et les plus ardentes prières, nous le suppliions de nous pardonner notre faute involontaire. Ma mère s'empressa de vendre ses bijoux ; nous réunîmes nos dernières ressources pour payer tous les frais du procès. Alors, l'âme satisfaite, la conscience en repos, nous sondâmes notre position : nous étions complétement ruinées : à peine nous restait-il quelque menue monnaie pour le pain de quelques jours. Nous cherchâmes des moyens d'existence. On m'avait donné des talents ; je pouvais les utiliser.

» Vous l'avouerai-je? ma timidité et mon amour-propre naturels m'empêchèrent de prendre la carrière de l'enseignement : j'aurais trop souffert en me retrouvant tous les jours en subalterne au milieu de ceux dont j'étais l'égale. Je pensai donc à mettre à profit mon habileté de couturière. Nous nous réfugiâmes à Toulouse, où nous étions moins connues, et j'entrai en qualité d'ouvrière chez Mme ZZ... ; c'est là que vous m'avez connue, bien triste, bien malheureuse, mais non délaissée ; car on ne l'est jamais quand on se trouve au milieu de nobles cœurs. J'ai passé huit mois dans cette excellente maison. J'avais encore ma mère dont je soutenais l'existence ; mais, hélas! la pauvre femme succomba bientôt sous le poids de tous les malheurs qui l'avaient accablée. Oh! alors, je restai seule... bien seule... désespérée, sans amis, sans soutien, sans espoir.

» Je retournai chez la bonne Mme ZZ..., pressée autant par le besoin que j'avais de gagner mon pain que par celui de me trouver à côté d'êtres aimants et honnêtes, et, ne voyant rien dans l'avenir qui pût jamais me relever et me sauver, je m'étais résignée à rester modeste ouvrière et à oublier pour toujours le bonheur et les espérances de mon passé.

» Un soir, j'étais dans ma chambrette solitaire, placée au-dessus des toits de la rue du Taur; je pensais en soupirant à tous ceux que j'avais perdus, et je relisais pour la centième fois peut-être les dernières lignes écrites par mon père sur son petit calepin; mon nom y était répété vingt fois, au milieu des expressions les plus tendres, et je laissais couler de mes yeux des larmes bien douces et bien amères. Soudain un pas précipité se fit entendre dans mon corridor, et des coups secs et répétés furent frappés à ma porte. Ne connaissant, ne voyant personne, je fus effrayée. Qui donc pouvait me demander à pareille heure? J'allai cependant ouvrir en tremblant, et un inconnu, d'un extérieur respectable, se présenta devant moi. A ma vue il trembla, tressaillit et se troubla. Une émotion fiévreuse s'empara de tout son être. Dès qu'il fut remis, il ne put prononcer que ces mots : *Laurence, pauvre Laurence!!* et, ouvrant ses bras, il me pressa avec tendresse contre son cœur. J'étais

éperdue, tremblante; l'étranger s'aperçut de mon
émotion, et, me prenant doucement la main : —
Oh! ne tremble pas, pauvre enfant, me dit-il, je
suis ton ami, ton seul ami peut-être... Tu ne m'as
pas appelé au jour de ton infortune, et je viens cependant à toi, bien décidé à ne jamais t'abandonner. Tiens, regarde... me reconnais-tu? Et il me
tendait un papier chiffonné dans lequel je reconnus la quittance de mon père.

» — Oh! mon oncle, m'écriai-je alors en me jetant dans ses bras, que nous avons été heureuses de
retrouver ce papier précieux qui a sauvé notre honneur et vous a restitué ce qui vous était si légiti-
mement dû! Au nom de ma pauvre mère, qui a
tant pleuré, au nom de nous deux, qui n'avons
jamais douté de votre parole, mais qui étions for-
cées d'obéir, pardonnez-nous. — Il m'écoutait parler en me regardant avec tendresse. — Ah! chère
enfant, me dit-il, pardonne-moi toi-même de ne
pas être venu plus tôt; mais je voulais venir pour
ne plus te quitter. Oh! que ne suis-je arrivé à
temps pour consoler, pour sauver peut-être ta pauvre mère! — Nous passâmes la nuit dans les épan-
chements les plus affectueux. Mon oncle me raconta en pleurant les circonstances navrantes de
la mort et de la ruine de mon père, qui était tombé
victime de son dévouement, de sa bonté et de sa
trop généreuse confiance. Dans la matinée nous
allâmes remercier Mme ZZ... de ses soins maternels
pour moi. Je pris congé de mes bonnes compagnes.

Je n'osais vous dire adieu, mais, croyez-le, je pensai à vous tous. Nos rapports avaient été si bons, que je ne pouvais vous oublier, et puis, avec un serrement de cœur bien vif, je quittai pour toujours notre petite maison blanche.

» Je suis devenue la femme de celui qui m'a noblement retirée de la misère, et je reporte sur lui toute l'affection que j'avais pour mon père et pour ma mère, dont tous les jours il me redit les vertus et que nous pleurons ensemble. Hélas! la douleur et les infirmités de la vieillesse sont venues l'assaillir, et ce n'est que par mes soins et dans mon dévouement qu'il trouve un peu de soulagement et quelque consolation. Dieu veuille me conserver longtemps encore cet homme généreux qui m'a donné toute sa vie et à qui j'ai consacré la mienne! »

Elle s'était levée et reprenait lentement le chemin de la ville; je lui offris mon bras, et pendant toute la route nous parlâmes avec attendrissement de ce qu'elle venait de me raconter.

J'avais été bien doucement ému par la confidence que m'avait faite Mme D..., et il me tardait de connaître celui qui avait su si bien l'apprécier. Je lui fus présenté, et je compris bientôt combien son cœur était noble et élevé; il était digne de celui de Laurence. Pendant tout le temps de mon séjour à B..., je vis tous les jours et souvent plusieurs fois par jour ce couple d'élite, et à chaque visite je revenais plus pénétré de respect et d'admiration pour leurs vertus, leur distinction et le charme de leur société...

J'ai appris que depuis quelque temps Mme D... est devenue veuve, et que, toujours belle, noble, reconnaissante et digne, elle refuse de porter à un autre le cœur qu'elle avait entièrement donné à M. D... et la fortune qu'elle tient de sa générosité.

LE DERNIER PERRUQUIER.

LE DERNIER PERRUQUIER

Je l'ai connu, ce dernier représentant d'une corporation disparue; je l'ai connu, et vu pendant quelque temps tous les jours, et je l'ai admiré... Ce sentiment de l'admiration était bien, du reste, le moindre qu'on pût avoir pour ce type original et brillant qui poussait jusqu'au respect le plus comique son attachement à sa profession perdue. Je ne l'ai pas connu dans la décrépitude de l'âge, débitant de fastidieux radotages et de fatigantes tirades, mais vert et gaillard, plein encore de verve et d'entrain, et ayant conservé dans toute leur fraîcheur ses illusions et ses souvenirs; il garda d'ailleurs jusqu'à ses derniers jours son inépuisable faconde et la parfaite lucidité de son intelligence.

Jean-Népomucène-Hyacinthe *** était né vers le milieu du siècle dernier, en pleine rue de X..., quartier de la noblesse et du parlement, pays classique des perruques. Il représentait la septième génération d'une dynastie de perruquiers qui, par un heureux privilége peu ordinaire aux dynasties régnantes, n'avait jamais, depuis deux cents ans, changé de royaume ou de trône. Pendant toute cette longue période d'années, la famille des X*** avait régné dans la même boutique et sous la même enseigne. Cette enseigne était du reste remarquable, sinon par le talent du peintre qui l'avait barbouillée, du moins par l'originalité du sujet qu'elle représentait : c'était *Absalon* suspendu par les cheveux aux branches d'un arbre, pendant que la mule fuit, lançant ruades sur ruades, et se retourne sournoisement pour regarder en ricanant son maître infortuné ; au-dessous, en lettres jadis dorées, s'allongeait cet alexandrin sentencieux :

Il eût été sauvé, s'il eût porté perruque ! ! ! ! ! !

Rien n'avait été changé dans la boutique des X*** depuis deux siècles. Quelques têtes de bois plantées sur des piquets, une vingtaine de boîtes à houppes ; deux douzaines de savonnettes ; huit ou dix rasoirs ébréchés, à cheval sur une ficelle tendue ; trois flacons d'huiles antiques, l'une à la violette, l'autre au jasmin, la dernière à la bergamotte, en formaient les seuls ornements ; mais au milieu de ces débris informes d'un passé glorieux s'élevait un monument antique, qui dominait le tout comme le clocher domine le village : c'était une vieille armoire à casiers sur lesquels on pouvait lire encore les noms illustres de feu les nobles pratiques d'Hyacinthe.

« Voilà , » disait-il souvent avec orgueil , « mes archives et mes titres à la gloire. Quel est le coiffeur moderne qui pourrait étaler une liste de clients rivalisant avec la mienne? (il prononçait avec un ton marqué d'ironique mépris les noms de coiffeurs et de clients.) Tenez, voici le casier de M. le premier président de N..., puis ceux de Messieurs des enquêtes ; à côté, celui de Messieurs les gens du roi, ensuite ceux de Messieurs les clercs et les lais. Voyez les noms qui suivent : le marquis d'O..., les comtes L... de M..., de P..., les chevaliers de G... et de C..., le baron de Saint-P..., et puis la phalange de nos jeunes muguets, Saint-F..., C..., P... Toutes ces têtes portaient perruque, ou du moins la poudre , et c'est moi qui avais l'honneur de les accommoder. »

Quand Hyacinthe entamait ce sujet favori, il ne finissait pas de longtemps, et nous le laissions volontiers continuer, car ses tirades étaient pleines alors de verve et d'originalité. Mais je m'aperçois que je n'ai pas encore donné le portrait d'Hyacinthe. Je vais le croquer pendant que, debout au milieu de sa boutique, il débite le long panégyrique de ses pratiques et de sa profession. Sa taille est élevée, mince, élancée; sa tête petite est bien plantée sur des épaules effacées , et elle est couronnée d'une auréole de cheveux blancs , disposés en ailes de pigeon sur l'une desquelles est toujours enfoncé un démêloir d'ivoire. Ses **yeux** sont bleus et clignotants, son nez aquilin, sa bouche largement fendue, et son menton de galoche **est** toujours sévèrement rasé ; ses gestes sont large**s et** arrondis ; ils rappellent quelquefois le mouvement narquois que le gamin de Paris a emprunté à la profession des perruquiers. Son costume invariable est toujours composé d'un pantalon vert, d'un gilet jaune et d'une longue redingote cannelle ; sur la poitrine s'étale un large jabot retenu par une épingle brillante. Mais écoutons : il recommence. Il s'est recueilli un instant, et après avoir poussé un profond soupir il continue ainsi :

« Que d'histoires je pourrais écrire sur ces nobles chevelures qui pendant si longtemps passèrent par mes mains ! que de triomphes, que de gloires, que de drames, que de tristesses, je pourrais raconter ! que d'anecdotes, que d'aventures piquantes je pourrais révéler sur ces grandes dames, dans le boudoir desquelles j'étais admis ! Oh ! c'est qu'alors le coiffeur était plus que le serviteur de ses pratiques : il en était le confident et quelquefois l'ami. Pendant les longues heures que nécessitait le soin des coiffures savantes d'alors, il recevait d'elles de flatteuses preuves de confiance et d'intérêt; mais c'est par la discrétion et par le respect qu'il savait reconnaître l'honneur qui lui était fait. » Ici Hyacinthe soupirait, mettait une main sur son cœur, levait les yeux au ciel comme pour lire dans un passé lointain, et s'arrêtait, un

instant vaincu par son émotion ; mais il reprenait
bientôt avec un nouvel élan : « Que pourriez-vous
dlre, pauvres coiffeurs d'aujourd'hui, sur les têtes
vides qui se confient à vos mains, et sur les cheveux malsains et raccourcis dont les bouts raides
et huileux tombent honteusement sous vos ciseaux
maladroits!!! quels sont la gloire, le triomphe, le
roman, le mystère cachés dans les raies biscornues
ou dans les touffes embrouillées que vous établis-
sez sur les tristes têtes de vos victimes? Pouvez-
vous étudier l'effet d'une chevelure sur une physionomie, infortunés artistes, comme vous vous
faites appeler, quand vous êtes condamnés à donner le même coup de ciseaux, la même tournure,
le même pli à toutes les têtes? Voilà où nous a
amenés cette folie de l'égalité qui, pour arriver
à son but, en fit tant tomber et des plus illustres...

» Ah! de mon temps, que le champ ouvert à
l'imagination et au génie du perruquier était vaste
et riche! Je ne vous citerai qu'une seule de mes
pratiques, la plus noble il est vrai : feu M. le
premier président de N... Il avait six perruques
différentes, qu'il mettait suivant ses projets ou les
circonstances. Je n'ai oublié ni leurs noms ni leur
cachet, et il me semble les voir encore, rangées
sur leurs pieds élevés et attendant un coup de main
de moi ou le choix de leur maître. Chaque matin,
quand je l'avais rasé, accommodé, parfumé, que
je lui avais appris les nouvelles de la ville, M. le
Premier, revêtu de sa houppelande de ratine blan-

che, se tournait vers moi avec amitié : — Çà, Hyacinthe, me disait-il, quelle perruque mettrons-nous aujourd'hui ? Est-ce la majestueuse, la triomphante, l'assassine, l'ébouriffée, la sournoise ou la funèbre ? Toutes m'iraient, certes, car j'ai des arrêts à rendre, un collègue à ensevelir, une aventure ou deux à mener à bonne fin et une perfidie d'amour à commettre. — Monsieur le Premier, m'empressais-je de lui répondre en m'inclinant, toutes vous vont à ravir ; mais à votre place je mettrais aujourd'hui la triomphante, d'autant mieux que coiffant hier Mme la marquise de S..., je l'entendis dire à sa suivante, avec une nonchalante coquetterie : « Lise, place-moi deux mouches assassines, l'une sous l'œil droit, l'autre près de la fossette que j'ai au menton, et tâche, mon enfant, de les disposer comme l'aime Monsieur le Premier. » Le lendemain, c'était un nouveau choix, suivant les circonstances ou le caprice ; mais toujours mes perruques donnaient à ma noble pratique l'air et la physionomie nécessaires à l'événement du jour dont il devait être le héros.

» Et après M. le Premier, que de gentilshommes, que de fringants cavaliers, que de hardis militaires, que de clercs délurés, que d'abbés galants, sortirent de mes mains transformés, brillants, irrésistibles ! Et pourquoi ? parce que, à loisir, consciencieusement, librement, j'avais médité, dans le silence de mon cabinet, sur la nature et sur l'effet de leurs perruques.

» Vous me direz, je le sais, que votre prétendue science s'exerce brillamment sur la coiffure des dames. Ah! ne me parlez pas de ces fleurs et de ces fruits que vous prodiguez avec tant de fertilité! les lis et les roses empruntent leur couleur et leur éclat aux joues des jolies femmes et ne doivent pas la leur donner... Ne me parlez pas surtout de ces cheveux blonds, bruns, cendrés, hasardés, grisonnants, dont vous êtes obligés de subir la couleur fatale, sans pouvoir en adoucir la crudité gênante par un nuage de poudre, et dont vous ne conjurez le contre-sens et la caducité précoce qu'à l'aide d'acides dangereux et de drogues malsaines. Non, non, ne me parlez pas de vos coiffures de femmes, à moi qui par mes crêpés nuageux, mes frimas printaniers, mes vaporeux et savants artifices, ai si souvent donné à une physionomie revêche et dure, à des cheveux rudes et trop ardents, la douceur et la nuance qui font le charme et assurent le triomphe des plus belles têtes.

» Et puis ne venez pas surtout me débiter les secrets publics de vos pauvres clientes. Aujourd'hui les lorettes et les grandes dames vivent au grand jour, et leurs fades intrigues courent la rue après avoir traîné dans les antichambres ou dans les cafés. Ah! de mon temps il en était autrement : la discrétion était à l'ordre du jour, et le perruquier des dames, le premier confident de leurs aventures, avait à cœur de les cacher et quelquefois de les favoriser. Ah! si je voulais écrire mes mémoires, ils

seraient instructifs et curieux, car l'histoire de mes
perruques dévoilerait les secrets des esprits et des
cœurs de mon époque. Et vous, pauvres artistes
coiffeurs de ce temps bâtard, que pourriez-vous
dire sur les têtes tondues et vulgaires qui passent
par vos mains? qu'auriez-vous à nous dévoiler des
intrigues bourgeoises de vos clients, et pourriez-
vous citer une aventure romanesque, un drame sérieux, un événement remarquable, qui eût eu pour
cause, pour excuse, pour prétexte vos coiffures ridicules?... Oui, je vous le dis encore, je le répéterai
toujours : de mon temps la perruque dominait, dirigeait tout, et quand elle avait déterminé les actes
sérieux de la tête, elle conseillait et enfantait les
folies charmantes du cœur. »

C'était toujours par cette tirade qu'Hyacinthe finissait ses longues diatribes contre l'art des coiffeurs
modernes; puis, considérant avec fierté les rares
clients qui entraient dans sa boutique, il les livrait
aux mains novices de ses garçons et contemplait
longtemps, avec attendrissement, son casier antique, ses têtes de bois, ses houppes, ses boîtes à
poudre; puis il poussait de longs soupirs en pensant
aux six perruques du premier président de N...

J'aimais les sorties et l'originalité d'Hyacinthe,
et j'allais souvent, sous le très-frivole prétexte de
faire raser ma barbe naissante, faire de longues
séances dans sa boutique. Je le laissais librement
déblatérer contre notre coiffure à la *Périnet Leclerc*,
qu'il appelait, ce qui faisait honneur à son érudi-

tion, la *coiffure à la traître*, et j'étais toujours de son avis ; cette condescendance m'avait fait son ami, et souvent, pour me marquer son attachement et la préférence qu'il m'accordait, il me disait avec attendrissement : « Ah! monsieur, qu'une des perruques de feu M. le Premier vous siérait bien! Vous êtes né trop tard, et vous étiez fait pour être accommodé par moi. » Sur ce dernier point, je n'étais pas tout à fait de son avis.

Il y avait déjà plusieurs mois qu'à cause d'une absence prolongée je n'avais pas rendu visite à mon ami le perruquier du Parlement ; je me hâtai, à mon retour, de courir à sa boutique pour reprendre mes observations et mes conversations habituelles. Mais quel ne fut pas mon étonnement en voyant son modeste magasin toiletté, peint, transformé dans le goût moderne : des bustes de cire roses et blancs étalaient leurs épaules dodues ou leurs moustaches cirées ; quelques-uns même, je crois, tournaient raides et prétentieux sur un mécanisme de nouvelle invention ; d'immenses bocaux en forme d'amphores grecques, et remplis jusqu'au goulot d'éponges luxueuses, de savons enjolivés, de flacons de toutes les couleurs, encombraient symétriquement la devanture ; des démêloirs de buffle, des peignes d'ivoire, des miroirs illustrés, des prospectus encadrés, des réclames de toutes les couleurs, couvraient les carreaux de cristal et ne laissaient place qu'à une élégante légende découpée en bleu et qui portait ces mots fantastiques :

Salon oriental pour la coupe des cheveux, boudoir pour la barbe, laboratoire pour la teinture en toutes nuances de la chevelure, célérité, discrétion, prudence, le tout à l'instar de Paris.

Au-dessus de la devanture, et à la place du tableau d'Absalon, deux amours supportaient gracieusement une enseigne en marbre sur laquelle se détachaient, en lettres d'or, ces mots pompeux : *Hyacinthe X... fils, coiffeur à l'usage des deux sexes, lauréat de l'académie de coiffure de Paris.* Mon cœur se serra. « C'en est fait, » me dis-je ; « mon ami Hyacinthe est mort, la vieille tradition est morte avec lui ; elle est enterrée sous cette avalanche de promesses modernes. » J'entrai cependant. Un jeune homme, d'une élégance parfaite, la chevelure au vent, la moustache retroussée, me fit un profond salut, et me demanda en souriant dans quel salon je voulais passer. Son sourire me rassura ; ce ne fut cependant qu'en tremblant que je lui demandai M. Hyacinthe X... père. — Il est dans ses appartements. Voulez-vous le voir? Qui dois-je faire annoncer? Je me nommai, et bientôt, au bout d'un long corridor, on m'ouvrit la porte d'une vaste pièce sur le seuil de laquelle mon vieil ami vint me recevoir.

Quand il m'eut fait entrer et asseoir, je pus contempler à loisir l'ameublement bizarre qui m'entourait : tous les vieux débris de l'ancienne boutique étaient symétriquement arrangés ; au fond, l'antique casier occupait la place d'honneur ; au-dessus, la célèbre enseigne d'Absalon s'étalait dans la pénombre fantastique ; tout autour, les têtes à perruque, les houppes, les boîtes lui faisaient un cortége pittoresque, et, au milieu, vide respecté, propre et reluisant, se trouvait le vieux fauteuil gothique sur lequel s'étaient assises tant de générations. Je gardai un silence presque respectueux devant ces nobles débris d'un passé si cher à mon ami. Hyacinthe prit le premier la parole, et d'une voix triste et solennelle :

« Monsieur, » me dit-il, « la révolution est partout ; elle a détrôné les rois, les traditions, les modes de nos pères, elle détrônera bien d'autres choses encore. Nos fils rient de nos souvenirs, de nos préférences, de nos vieux usages, de nos anciennes institutions ; les leurs dureront-elles autant que les nôtres ? Nous ne pouvons le croire, car ce qui s'édifie rapidement pèche par la solidité ; mais que peuvent nos remontrances, nos conseils, nos regrets ? Nous sommes entraînés par ce torrent irrésistible qu'ils appellent le *progrès*. Où nous précipitera-t-il ? Quant à moi, malgré mon énergique résolution, mon antipathie pour les usages modernes, j'ai cédé aux instances d'un fils qui m'aime, mais qu'égare l'esprit du jour ; mais si j'ai cédé, je n'ai pas composé ; je me suis réfugié avec toutes mes reliques, et c'est au milieu d'elles que je veux mourir. M. le Premier parlait souvent d'un grand guerrier nommé Achille qui, froissé par ses compatriotes, s'était retiré noblement sous sa tente et refusait de prendre part aux combats. Je ferai comme lui ; ne pouvant plus ni crêper, ni poudrer, ni accommoder, je vivrai avec mes souvenirs. Vous qui aimiez à me les entendre évoquer, venez quelquefois me voir ; nous reparlerons encore de ce passé, qu'on croit insulter en l'appelant *Perruque.* »

Hyacinthe fut fidèle à son serment et vécut encore quelques années dans son pieux réduit. Vers 1840, il trépassa et alla rejoindre dans le pays des ombres celles de ses illustres pratiques. Comme il avait laissé quelque fortune, sa famille, dont il était d'ailleurs tendrement aimé, lui fît élever un superbe mausolée sur lequel on prodigua à l'envi les épithètes de bon époux, bon père, bon citoyen. Si Hyacinthe eût pu être consulté sur le choix de son inscription tumulaire, il n'en aurait pas exigé autant, et eût tout bonnement demandé qu'on écrivît sur sa pierre ces mots simples mais significatifs :

CI-GÎT LE DERNIER PERRUQUIER.

LA BOUQUETIÈRE.

LA BOUQUETIÈRE

Parmi les nombreux mendiants importuns, déguisés en chanteurs ambulants, en clowns, en escamoteurs, en marchands d'allumettes, etc., qui nous assourdissaient de leur musique, de leurs cris et de leurs demandes, aussitôt que nous nous installions au grand air, devant le fameux café F...., se faufilait habituellement une jolie fillette de huit à dix ans, rouge comme une cerise, blonde comme un épi de blé, ayant de grands yeux bleus, une petite bouche, un nez mutin et la physionomie la plus délurée, la plus spirituelle, la plus délicieuse qu'une mère peut rêver; ses beaux cheveux bouclés et rejetés en arrière tombaient, propres et reluisants, jusqu'au milieu de ses épaules; son costume, composé de haillons d'étoffes jadis élégantes, était cependant propre et presque coquet, tant il était drapé avec goût et réparé avec soin; à son cou pendait attachée à un long ruban une corbeille remplie de jolis bouquets, rangés sur un lit de feuilles et de mousse.

Nous connaissions la petite bouquetière sous le nom de *Turlurelle*, et chacun de nous l'aimait, la choyait et la comblait de petits sous et de gros morceaux de sucre. La gentille enfant méritait bien ces préférences et ces caresses.

Outre qu'elle était jolie à croquer, *Turlurette* était polie, bonne, douce, et pas importune. Dès qu'elle arrivait au milieu de notre bruyante société, elle faisait craintivement sa petite ronde et déposait avec une grâce timide un de ses bouquets à côté de chacun de nous ; puis, se retirant à quelques pas de distance, elle entonnait d'une voix mélodieuse, avec un accent des plus purs, une chanson nouvelle, dont elle accentuait avec harmonie et sentiment les paroles et la musique. C'est par elle que j'ai entendu chanter pour la première fois la jolie chansonnette de *Ma Normandie*, et j'en aime d'autant plus les gracieux couplets.

Son chant fini, *Turlurette* retirait de sous son tablier une coquille ébréchée et commençait en tremblant sa deuxième ronde. De temps à autre elle essuyait de durs refus et reprenait en rougissant son bouquet ; rarement, mais parfois cependant, elle recevait de brutales taloches ; alors ses yeux se remplissaient de grosses larmes, qu'elle s'efforçait en vain de réprimer ; sa petite poitrine se gonflait, sa physionomie prenait une expression singulière d'indignation, et moitié pleurant, moitié souriant, elle ripostait par un mot malin ou par un spirituel reproche : — Dieu vous le rende, monsieur. — Ah! vous ne m'avez pas fait mal, mais vous m'avez fait de la peine. — Eh! la bonne affaire que vous faites, monsieur : je vous donne des fleurs, vous me rendez des taloches; en bonne conscience, vous gagnez trop. — Au revoir, monsieur, mais de loin, s'il vous plaît.

Les plus féroces étaient désarmés par ces gracieuses reparties, et je les ai vus souvent, émus et honteux, embrasser *Turlurette* sur la joue qu'ils venaient de frapper, et lui faire oublier, à force de caresses , leur coupable brutalité.

Quelquefois, des garçons cruels ou nouveau venus, qui ne connaissaient pas notre préférence pour *Turlurette*, la repoussaient durement et la rudoyaient pour la forcer à s'éloigner. Il fallait voir alors comme sa douce petite figure s'empourprait d'indignation et de fierté; elle ne fuyait pas lâchement comme les gamins de la rue, mais elle se retirait d'un air blessé, regardant fixement celui qui la chassait; puis, tournant ses yeux vers nous, elle semblait nous dire : *L'insolent ne sait pas à qui il parle.* Ses superbes dédains nous amusaient autant, je crois, que ses gentillesses et ses chansons.

J'avais remarqué que *Turlurette* ne chantait jamais des couplets grivois ou cyniques, qu'elle ne prononçait pas de ces mots grossiers qui souillent, hélas! si souvent la bouche des petits chanteurs ambulants. Jamais non plus je ne l'avais vue manger aucun des nombreux morceaux de sucre que chacun lui distribuait à l'envi ; mais dès que sa petite récolte quotidienne était faite, je l'avais toujours aperçue, au contraire, l'envelopper soigneusement dans un morceau de papier bien blanc et la cacher avec une joie enfantine au plus profond des poches de son tablier ; puis elle nous quittait bientôt en nous faisant une gracieuse révérence et en nous envoyant du bout de ses petits doigts deux ou trois gentils baisers.

De toutes ces circonstances, de tous ces détails gracieux, tristes, mutins, attendrissants ou comiques, ressortait un petit ensemble si distingué, qu'il était bien évident que notre gentille amie n'était pas un enfant de la balle, et que certainement elle puisait dans des instincts innés, dans une éducation honnête, dans une fréquentation familière et vertueuse, ses sentiments délicats et sa gentillesse exceptionnelle.

Je m'étais attaché d'une manière toute particulière à *Turlurette*, et nous avions ensemble de bonnes petites conversations d'amis, qui me faisaient toujours découvrir en elle de nouveaux trésors de sensibilité et de délicatesse. De son côté, *Turlurette* avait, je crois, pour moi une véritable préférence ; j'y étais tout à fait sensible ; aussi éprouvions-nous, chaque jour, tous les deux, un grand plaisir à nous revoir, et c'était avec une satisfaction s'augmentant toujours que je recevais d'elle son plus gros bouquet et son plus gracieux sourire. Plusieurs fois j'avais tenté, mais devant mes camarades, de lui faire quelques questions sur sa famille ; alors elle se troublait tellement, elle rougissait si subitement, ses yeux se gonflaient de tant de larmes, que je ne renouvelais que très-rarement mes maladroites tentatives.

Un jour, je ne sais trop pourquoi, je me trouvais seul assis devant le café F..., et j'attendais patiemment mes camarades, en observant les scènes diverses de la place du Capitole, quand j'aperçus *Turlurette* déboucher, avec son petit panier fleuri, de la rue de l'Orme-Sec. Je lui fis un signe amical, et aussitôt elle arriva en sautillant jusqu'à moi. Je ne fus pas le maître de mon premier élan, et, la prenant dans mes bras, je la fis asseoir sur mes genoux et je l'embrassai tendrement ; elle fut singulièrement émue, et découvrant un délicieux bouquet, elle me le présenta avec sa grâce ordinaire, embellie encore par le plus joli petit regard de reconnaissance.

— Sais-tu bien, *Turlurette*, lui dis-je, que je t'aime beaucoup ?

— Oh ! je m'en aperçois bien, monsieur : c'est toujours vous qui me caressez le mieux, et qui me donnez le plus de sous et de morceaux de sucre.

— C'est que tu es gentille, *Turlurette*, et que tu as l'air d'une bonne petite fille : je suis bien certain que tu es douce et obéissante avec ta maman.

— Oh ! monsieur, que je serais ingrate et méchante, si je ne l'étais pas !

— Tu as donc une maman?

— Oui, monsieur, et grand-père, aussi, qui est malade et aveugle.

— Tu les aimes tendrement, tu les soignes pieusement tous deux, n'est-ce pas, ma fillette?

— Ah! oui, monsieur; ils n'ont que moi, hélas! pour les aimer, les servir et leur gagner le pain de tous les jours.

— Pauvre enfant! si jeune et si bonne! Et j'embrassai de nouveau *Turlurette*. Puis j'ajoutai : — Ah! je devine, ma chérie : c'est pour ton grand-père que tu réserves tous les morceaux de sucre que nous te donnons et auxquels tu ne touches pas?

— Hélas! monsieur, comment ferait-il, le pauvre homme, s'il n'avait pas son sucre pour tous les mauvais remèdes que le docteur lui ordonne? maman ne pourrait lui en acheter, car elle est bien pauvre et ne veut rien demander à personne.

— Mais, mon enfant, apportes-tu assez, tous les jours, pour vos besoins à tous?

— Grâce à Dieu, à peu près, monsieur; maman m'a dit de rentrer aussitôt que j'aurais recueilli vingt sous et quatre morceaux de sucre : cela suffit pour notre pain et pour grand-père; mais maman me recommande bien aussi de ne pas importuner les bons messieurs.

— Et jamais tu n'as réservé pour toi un de ces petits morceaux de sucre?

— Oh! non, non; ce serait voler maman et

grand-père, et je me priverais du plaisir de le leur porter.

— Brave fillette! pauvre enfant! et j'embrassai encore *Turlurette*.

— Mais dis-moi, ma petite amie, quel est ton nom?

— Je me nomme Blanche.

— Et ta mère, ton grand-père, comment se nomment-ils?

— Pour cela, je ne puis le dire; maman me l'a défendu.

— Mais où es-tu née? ton accent n'est pas celui de Toulouse.

— Nous sommes de bien loin d'ici, de Honfleur-sur-Mer, là-bas, en Normandie.

— Comment donc êtes-vous venus vous réfugier ici?

Turlurette devint pensive. Elle se recueillit; ses grands yeux bleus semblèrent interroger d'un regard vague et triste l'horizon et le ciel.

— Oh! monsieur, me dit-elle, c'est une triste histoire que la nôtre, et maman ne veut pas que je la raconte; elle me répète souvent qu'il faut savoir garder ses chagrins pour soi et ne pas en ennuyer les bons messieurs, qui pourraient croire d'ailleurs que c'est un conte inventé pour les attendrir.

— Raconte, raconte-moi vos malheurs, ma fillette; tu diras à ta mère que tu les as confiés à un ami; elle ne te grondera pas, je te l'assure.

— Puisque vous le voulez, fit-elle avec un gros

soupir, je vous dirai ce que si souvent j'ai entendu raconter par ma mère. « Nous sommes de Honfleur, comme je vous l'ai dit, et mon père était capitaine au long cours; il partait chaque année pour le banc de Terre-Neuve, et nous laissait seuls pendant de longs mois; son souvenir est rempli pour moi de caresses, de bonbons et de baisers, et je le vois toujours, quand je pense à lui, me faisant promener dans ses bras, sur les bords de la grève, jouant des heures entières avec les boucles de mes cheveux, et me rapportant à ma mère en lui disant avec une douce joie : *Yvonne, chère Yvonne, la belle et bonne enfant que nous avons là !*

» Un soir, il y aura bientôt trois ans, une bien triste scène se passait dans notre maisonnette du bord de la mer; et quoique je fusse bien jeune alors j'en ai conservé dans ma mémoire les moindres circonstances, les plus petits détails; mon père éploré me serrait sur son cœur, embrassait ma mère en larmes, et ne la quittait que pour aller baiser au front grand-père qui pleurait aussi. — Je reviendrai bientôt, disait-il, et si je suis heureux dans mon entreprise, ce sera peut-être pour ne plus vous quitter. Ne pleurez pas, ne pleurez pas; ne m'enlevez pas le peu de résolution qui me reste; vous le savez, il faut que je parte. C'est pour vous, c'est pour Blanche. Adieu, adieu. Soyez heureux, pensez à moi; priez pour moi. Adieu, Yvonne chérie; adieu, père; adieu, ma petite Blanche.

» Il s'arracha de nos bras pendant que ma mère,

à genoux, lui jetait ces derniers mots : *Adieu, le meilleur des hommes*, et que grand-père, d'une voix tremblante, les bras étendus, lui disait : *Sois béni, le plus parfait des fils !*

» Il n'est plus revenu, et jamais aucune nouvelle ne nous est parvenue de lui ou de son navire.

» Au bout de deux ans, nos petites ressources étaient épuisées ; l'espoir de ma mère s'éteignait tous les jours ; grand-père, brisé de douleur, venait de perdre la vue. Pour des raisons que je ne connais pas, peut-être pour ne plus voir la terrible mer, nous vînmes tous ici. Depuis dix-huit mois, nous vivons dans un modeste grenier du faubourg Saint-Cyprien, bien pauvres, bien tristes, mais bien heureux cependant de nous trouver ensemble. Grand-père me fait répéter mes petites chansons, je compose mes bouquets, et tous les jours, quand ma tournée est finie, j'ai encore de bonnes heures pendant lesquelles maman m'apprend à coudre et à broder. Bientôt je serai ouvrière, et je n'aurai plus besoin de mendier pour nourrir les miens. Oh ! alors je serais tout à fait heureuse, si Dieu faisait un miracle et nous rendait mon père.

» Quelquefois, le soir, grand-père, qui connaît la mer, prend maman dans ses bras, et lui dit de sa voix douce : *Ne pleure pas, Yvonne ; il reviendra..., il reviendra... Tu sais bien qu'il y a une madonne pour les matelots.* Et alors tous les trois nous nous mettons à genoux et nous disons avec une bien grande ferveur : *Protectrice des marins, étoile de la mer, bonne Notre-Dame, rendez-nous celui que nous attendons.* »

Ma petite narratrice s'arrêta, suffoquée par les sanglots. J'étais aussi ému qu'elle ; je l'embrassai encore ; mais cette fois c'était avec une tendresse mêlée de respect. Mes camarades arrivaient, notre petite amie chanta ses chansonnettes, distribua ses bouquets. Oh! comme ce jour-là je vidai ma bourse et pris mon café sans sucre !

Depuis ce jour, mon attachement pour *Turlurette* devint tel, que je ne pouvais me passer de la voir et d'entendre ses gracieux couplets ; je conservais tous ses bouquets (après plusieurs années j'en ai retrouvé quelques-uns desséchés et cachés dans mes cahiers de droit), et je suivais avec le plus vif intérêt, sur les journaux maritimes, le retour et l'arrivée des navires de Honfleur. Hélas! jamais je n'y vis le nom de celui du père de *Turlurette !*

Au bout de deux ans, *Turlurette* bien grandie, mais toujours sage et gentille, ne reparut plus devant le café F... Elle était devenue ouvrière ; son vœu le plus ardent était accompli : elle nourrissait de son travail son grand-père et sa mère. Je la rencontrais quelquefois ; et c'était toujours avec une joie bien partagée que nous échangions nos plus affectueux compliments.

Après que j'eus quitté Toulouse, quelques années se passèrent sans que je revisse *Turlurette.* Un jour enfin, au beau milieu du Pont-Neuf, je fus vivement accosté par une belle jeune femme qui me serra la main avec une touchante émotion : c'était elle qui m'avait reconnu, et qui m'exprimait tout le plaisir qu'elle avait à me rencontrer. Je lui rendis bien sincèrement son étreinte, et j'éprouvai un vrai sentiment de bonheur à voir mon ancienne petite amie si belle et toujours si bonne. Elle me raconta alors bien des événements qui l'intéressaient et que j'ignorais. Sa pauvre mère, son grand-père étaient morts ; elle était mariée à un honnête ouvrier qui la rendait heureuse. Mais son père n'était pas revenu : la mer impitoyable avait gardé son secret et sa proie.

Dans mes divers voyages à Toulouse, je rencontre quelquefois ma vieille petite amie. C'est moi maintenant le premier qui vais à elle. — Ah ! chère Mme Blanche, lui dis-je alors, lui serrant la main, quel plaisir nous avons à nous revoir, n'est-ce pas ? — Oh ! oui, me répond-elle ; mais nommez-moi donc *Turlurette* ; mon petit sobriquet d'autrefois me rappellerait le vieux temps où vous étiez si bon pour moi, où j'avais ma mère et mon grand-père, et où je pouvais espérer encore de revoir mon père.

UNE VENGEANCE D'ÉTUDIANTS.

UNE VENGEANCE D'ÉTUDIANTS.

En 183..., on aimait encore en France ce qu'on appelle les bonnes farces : elles étaient restées l'expression burlesque et quelquefois forcée du vieil esprit gaulois qui présidait toujours aux réjouissances de nos pères ; les journaux comiques de l'époque étaient remplis des bons tours que MM. Romieu et compagnie, de facétieuse mémoire, jouaient à leurs camarades, ou aux pacifiques bourgeois de certains quartiers de Paris. Henri Monnier grimait tous les jours sa tête et son esprit pour torturer la classe alors paisible des portiers, qu'il avait pris à partie par malice ou par vengeance, et il couronnait son œuvre démoniaque en assassinant lentement le plus chauve des concierges, à qui il demandait tous les jours, d'une voix lamentable, la faveur d'une mèche de ses cheveux. *Charlet* avait voué son crayon satirique et toutes les ressources de son diabolique génie à désespérer l'honnête corporation des épiciers, **et,** après mille tours restés célèbres, il l'écrasait sous cet alexandrin resté fameux :

Etre né pour être homme et mourir épicier !!!!!

Nous ne pouvions rester insensibles à de si beaux exemples, et nous désirions vivement exercer notre verve gasconne sur quelque Pipelet ou sur quelque Bardou quelconque. Nous le cherchâmes longtemps inutilement. Enfin il se présenta à nous, réunissant toutes les conditions désirables. Il était portier, épicier, et, de plus, il était coupable envers nous... Notre persécution était légitime, notre vengeance allait avoir une triple saveur.

Dans une de ces rues courtes et tortueuses qui partent du quartier de la place des Carmes et débouchent sur les rues des Couteliers et de la Dalbade, se trouvait un vieil hôtel du seizième siècle, sombre, massif, et dont la façade nue et sans ornements d'architecture n'était égayée que par des fenêtres en croisillons, décorées de cariatides bizarres. Le corps de logis principal, situé entre cour et jardin, restait presque toujours fermé, les propriétaires habitant ordinairement la campagne; mais il était relié à la rue par deux ailes en retour, d'une architecture plus moderne, et formant deux jolis pavillons sur la voie publique : ces deux pavillons étaient rattachés entre eux par une galerie qui passait sur la voûte d'un portail large et monumental.

Ces deux ailes, restaurées à neuf depuis quelque temps, avaient été mises en location. L'une d'elles formait un appartement complet et était occupée par une famille entière; l'autre, au rez-de-chaussée de laquelle se trouvaient les écuries et les remises, n'avait que cinq ou six chambres isolées : elles avaient été louées par trois de nos camarades, étudiants en droit; leur présence dans cette partie de la ville, si éloignée du centre de nos plaisirs et de nos études, était expliquée par leurs liens de parenté avec plusieurs nobles familles du quartier de la Dalbade, qui surveillaient et protégeaient nos amis dans leur exil.

Au rez-de-chaussée de l'autre aile donnant sur la rue se trouvait le logement du concierge, composé de sa boutique de cordonnier, de sa chambre et de son petit magasin d'épiceries. Voici quelle en était la distribution : la loge servant de boutique s'ouvrait sous la voûte du portail; elle était éclairée par une petite fenêtre, au-dessous de laquelle coulait l'unique borne-fontaine du quartier; la chambre servait de communication entre la boutique et le magasin, et ce dernier, enfumé, humide, recevait le jour d'une fenêtre un peu plus grande que les autres et qui servait de devanture.

Dans la loge, et vis-à-vis la fenêtre ouverte, était presque toujours assis *Maurice Durand*, dit *Lapique*, concierge de l'hôtel et cordonnier de son état;

c'était un homme de quarante à quarante-cinq
ans, gras, frais, monté en couleurs, à l'air jovial
et important ; sa figure était légèrement marquée
de la petite vérole, ses yeux étaient clignotants,
son nez retroussé, et dans un des coins de sa bouche, qui fredonnait sans cesse un refrain joyeux,
pendait une fleur de la saison ; mais le trait principal du pimpant concierge était une chevelure
épaisse et crépue qui entourait sa tête d'une auréole démesurée ; il ne la couvrait et ne la désho-
norait jamais par une coiffure quelconque, et ses
frisons multipliés s'étalaient à l'aise, libres de tout
frein et de toute symétrie.

M. *Maurice Durand* dit *Lapique* était le coq du
quartier. Perpétuellement à l'affût auprès de sa
petite fenêtre, il agaçait, fascinait et détraquait les
bonnes et les cuisinières qui venaient innocemment remplir leurs cruches à la borne-fontaine
municipale ; il était craint, abhorré par tous les
maris, par toutes les maîtresses de maison, et les
ravages qu'il exerçait à cent mètres à la ronde
étaient effrayants. Cependant son ardeur et ses
conquêtes étaient singulièrement amorties et arrêtées par la jalousie surannée de Mme Evelina
Durand, qui, elle aussi, perpétuellement assise
dans son magasin d'épiceries, surveillait d'un œil
méfiant les quelques rares caissons qui renfer-
maient l'actif rance et frelaté de son commerce, et
les fringantes incartades de son mari. Mme Durand
avait bien, sans exagération, vingt ans au moins

de plus que *Lapique* ; mais elle était riche et sans enfants, et cette considération, qui avait déterminé son mariage, arrêtait, bien plus que sa furieuse jalousie, les élans volages du beau concierge.

Maurice Durand, outre ses avantages physiques, possédait une voix éclatante et la collection la plus complète de chansons inédites et amusantes ; il l'augmentait du reste tous les jours, car il était poëte, et sa réputation d'enfant des Muses favorisait grandement ses succès amoureux. Il était réellement beau quand, entonnant un chant nouveau dont il avait composé la musique et les paroles, il s'accompagnait en mesure en battant vigoureusement de son marteau quelque pauvre semelle prosaïque et inoffensive. Nous eûmes l'heureuse chance de nous procurer quelques chants du cordonnier poëte ; en voici deux adressés à de grosses bonnes du quartier, qui n'y furent pas insensibles.

A Mlle AMANDA, CUISINIÈRE DE Mme LA COMTESSE, etc., etc.

> Oh ! mademoiselle,
> Que vous êtes belle !
> Le feu de vos beaux yeux
> De mille traits affreux
> Perce les cœurs sensibles
> Qui leur servent de cibles.
> Le mien, tout le premier,
> De part en part est traversé.
>
> Quand je vous vois le dimanche,
> Parée d'une coiffe blanche,

Passer et repasser
En compagnie, pour aller
A la Dalbade
Ou à la promenade,
Je me dis sans hésiter :
« Voilà la fleur du quartier. »

Au lieu de faire des sauces,
Vous devriez rouler carrosse
Et porter des châles longs,
Des boas et des manchons.
Vous sembleriez une duchesse
Et peut-être une princesse.
Parmi elles, il y en a beaucoup
Qui ne sont pas aussi bien que vous.

Ah ! si vous vouliez entendre
Les désirs de mon cœur tendre
Et couronner mon ardeur,
Je ferais votre bonheur.
Que nous serions heureux ensemble !
Ah ! répondez. Que vous en semble ?
Ah ! si vous me disiez : *Oui*,
Mon plus beau jour serait celui d'aujourd'hui.

Signé : DURAND MAURICE,
Tout à votre service.

A Mlle LAURE, FEMME DE CHAMBRE.

Vous êtes un bouton de fleur
Paré de mille couleurs.
Comme le lis vous êtes blanche ;
Vos yeux sont bleus comme la pervenche,

> Et votre jolie petite main
> Ressemble aux feuilles du jasmin.
> Vous avez la fraîcheur de la rose
> Quand elle est à peine éclose.
> Je ne parle pas de vos autres appas,
> Car, hélas! je ne les vois pas.
> Mais ils doivent être, malepeste,
> Aussi charmants que tout le reste.
> Joli petit bouton de fleur, frais à ravir,
> Heureux celui qui pourra vous cueillir!

Tous ces avantages, ces succès, ces ridicules du beau Lapique nous amusaient souvent, et défrayaient notre verve quand nous allions voir nos amis; quelquefois même nous lui dédiâmes, sous le voile de l'anonyme, des pièces de vers, imitant autant que possible le genre des siennes, et nous le lançâmes sur la voie d'intrigues imaginaires et d'aventures impossibles; mais tous ces petits tours, bien innocents d'ailleurs, nous attachaient plutôt au concierge-poëte, bien loin de nous rendre ses persécuteurs, et nous redoublions pour lui de politesse et d'attention à chaque nouveau méfait dont nous nous sentions coupables à son égard.

Je dois à la vérité d'avouer que maître Lapique reçut toujours nos avances et nos compliments d'un air froid et dédaigneux; mais cette fière morgue ravivait notre gaieté, et nous redoublions de respect et de saluts.

Tout à coup, la fierté et l'impertinence de Lapique augmentèrent tellement, que nous portâmes nos plaintes à nos amis ses locataires. Ceux-ci nous apprirent alors qu'ils avaient eux-mêmes fort peu à se louer des procédés de leur singulier pipelet; depuis quelque temps son insolence et sa négligence étaient arrivées à leur comble; il ne tirait le cordon qu'en grognant tout haut et après les avoir fait longtemps attendre; il remettait leurs lettres peu exactement, les ayant laissées traîner parmi les drogues gluantes de son établi; et quand ils voulurent lui faire des observations trop légitimes, il leur répondit insolemment que s'ils n'étaient pas satisfaits, ils pouvaient quitter l'hôtel et aller se loger dans le quartier des étudiants, où ils trouveraient peut-être (s'il y en avait) des portiers à leur convenance; que, quant à lui, il était le concierge du marquis de X..., mais non le serviteur de luquets exigeants; et il ajoutait, en grommelant, des injures et des menaces qui n'étaient ni assez distinctes ni assez convenables pour être relevées.

La situation était horriblement tendue. Les procédés grossiers de maître Lapique envers nos amis, joints à ceux dont il s'était rendu coupable à notre égard, amassaient sur sa tête l'orage de notre colère. Nous hésitions pourtant encore à frapper, craignant de perdre le spectacle comique de l'orgueil du fier Lapique; nous ne pouvions cependant tolérer plus longtemps ses insolences et ses impertinents défis. A titre d'avertissement, et pour lui donner un échantillon de ce que nous savions faire, un soir que, dans ce quartier solitaire, on n'entendait le bruit d'aucun passant, nous fîmes une irruption en nombre suffisant dans la loge de Maurice, et, l'empoignant solidement, nous lui emmêlâmes sa luxuriante chevelure, pendant qu'un de nous répandait lentement sur sa tête un décalitre de fine farine. Les cris étouffés de notre victime, les appels au secours d'Evelina ne nous émurent pas, et nous finîmes consciencieusement notre ouvrage ; puis nous remîmes dans les bras éplorés de son épouse, maître Lapique aveuglé, essoufflé et poudré à frimas.

Cette petite leçon sembla profiter pendant quelque temps à l'impertinent concierge. Sans être absolument poli, il fut cependant plus exact, tira régulièrement le cordon, et ne se permit plus, ostensiblement du moins, ses mauvais propos d'autrefois contre les étudiants. Mais cette résignation apparente cachait un dépit profond, un désir violent de vengeance. L'orgueilleux portier n'attendait qu'une occasion de nous nuire : elle se présenta enfin ; il la saisit avec fureur.

Vers le milieu du carnaval, nos trois amis de la rue Z... nous avaient tous réunis dans une folle soirée, dont les rafraîchissements principaux étaient trois punchs colossaux, panachés de trois vins chauds du même calibre ; notre gaieté était en rapport avec le nombre et la force des rafraîchissements. Vers une heure de la nuit, elle avait atteint son apogée : nous chantions à pleins poumons un chœur ébouriffé, auquel chacun apportait un motif et un ton différent ; ce chœur pot-pourri était de temps à autre interrompu par un solo frénétique ou par des danses échevelées ; les chaises, les tables gisaient renversées ; les lumières éteintes étaient remplacées par la lueur bleuâtre et fantastique d'un punch monumental qui flambait au milieu de l'appartement, et autour duquel nous tournions avec une rapidité vertigineuse.

Au moment le plus solennel, le plus bruyant peut-être, de notre féroce concert et de notre danse macabre, la porte s'ouvrit brusquement, et un brigadier de police, tricorne en tête, écharpe au flanc, fît irruption au milieu de nous, escorté de quatre agents qui se rangèrent gravement derrière lui : sur le seuil, à distance prudente, se tenait maître Lapique ; le traître nous avait dénoncés, et il était venu assister triomphalement à notre humiliation et peut-être à notre arrestation. « Messieurs, » dit le brigadier d'une voix nasillarde mais digne, « au » nom de la loi je vous ordonne de vous *disperser.* » Ne me forcez pas à user de violence pour exécu- » ter mon mandat. » Une voix s'éleva tout à coup au milieu de nous, et entonna sur un ton rauque les mots bien connus : *Brigadier, que tu m'affliges !* Mais des murmures désapprobateurs lui imposè- rent silence ; et notre loustic, s'avançant avec gra- vité, salua majestueusement le représentant de l'autorité, et lui adressa ainsi la parole : « Soutien » de l'ordre par la loi et de la loi par l'ordre, » nous obéissons à votre voix : nous nous *disper-* » *sons...* Nous savons trop bien, nous qui étudions

» les lois et qui nous destinons à en faire, quel
» respect est dû à leur autorité... Mais avant de re-
» gagner nos pénates, pouvons-nous, je vous le
» demande, laisser inachevé ce punch final, avec
» lequel nous nous proposions de boire à la gloire
» du pays, au maintien de ses institutions, à la
» garde nationale, et aux autorités diverses de la
» bonne ville de Toulouse, qui nous accorde son
» hospitalité! Daignez, honnête brigadier, vous et
» vos pacifiques guerriers, porter avec nous ces
» toasts nationaux, et boire, comme nous, à la
» France, à Toulouse..., et à la confusion des
» traîtres et des dénonciateurs. »

Évidemment flatté et alléché, le tricorne sourit
et s'inclina, s'arma d'un verre, fit approcher ses
hommes et nous répondit avec grâce : « Mais com-
» ment, messieurs, avec plaisir ! toujours prêt à
» fraterniser avec les étudiants, la gloire de notre
» cité, surtout quand ils sont, comme vous, char-
» mants cavaliers et honnêtes... » Nous commençâmes alors à porter un nombre infini de santés,
qui ne cessèrent qu'avec le liquide ; en hôtes hos-
pitaliers, nous ne ménageâmes pas les rasades aux
représentants altérés de l'autorité, et bientôt, bras
dessus, bras dessous, avec les agents titubants,
nous prîmes le chemin de l'escalier.

Lapique était resté muet et immobile sur le seuil
de la porte : il semblait cloué par la stupéfaction et
le dépit ; il se rangea effaré pour nous laisser passer, et quand le brigadier fut vis-à-vis de lui, il lui

jeta avec dignité ces terribles paroles : « Concierge,
» vous avez induit l'autorité en erreur, délit prévu
» par plusieurs articles ; vous pourriez être pour-
» suivi pour faux renseignements et insulte à la
» police ; ces messieurs sont fort honnêtes et très-
» bien. Soyez plus circonspect à l'avenir..., et tâ-
» chez de tenir le devant de votre porte plus en
» état. Vous êtes signalé. Agents, je vous recom-
» mande cet homme. »

Nous passâmes triomphalement, laissant l'infortuné Maurice atterré, et nos trois amis occupés
déjà à remettre en ordre le désordre cataclysmal de
leur appartement. Nous regagnâmes, en compagnie de nos bons amis les agents, nos domiciles
respectifs ; mais avant de nous séparer nous serrâ-
mes vivement la main du brigadier, et nous lui
promîmes tous notre protection pour le temps où
nous serions députés, préfets ou ministres.

Nous nous étions donnés rendez-vous pour le
lendemain, et, à l'heure dite, notre réunion sur le
théâtre de nos exploits de la veille était complète ;
elle était aussi sérieuse et solennelle, car nous
allions délibérer sur la trahison de maître Lapique
et décider quel châtiment elle devait recevoir. Des
avis féroces furent émis ; des plans terribles furent
exposés. Après mûre délibération, nous nous arrêtâmes enfin à une résolution sage mais sévère ;
elle excluait la cruauté, était entourée de tout le
prestige et de toutes les garanties de la justice, et
dès le lendemain elle devait recevoir un commen-

cement d'exécution. Une conscience bien scrupuleuse aurait pu trouver que nous étions juges et parties dans notre cause, et que même nous allions pousser le prévenu à de nouveaux crimes ; mais de pauvres étudiants ont besoin d'un peu d'arbitraire pour obtenir justice vis-à-vis d'un concierge : les tribunaux correctionnels ne sont pas composés de brigadiers et d'agents altérés ; et d'ailleurs n'était-ce pas dans nos mains que reposait la sécurité future des luquets vis-à-vis de leurs portiers? Cette dernière considération leva tous nos scrupules.

Un de nos camarades, charmant enfant de dix-sept ans, petit de taille, d'une tournure gracieuse, d'une fraîcheur de teint à désespérer des duchesses, au regard séduisant, à la voix douce et mélodieuse, et cachant sous ces dehors enchanteurs l'esprit le plus malin, s'était quelquefois amusé à se déguiser en femme ; il avait obtenu, sous ce costume qui lui allait à ravir, les succès les plus brillants, et s'il eût voulu écouter les propositions nombreuses qui lui furent faites, il aurait roulé carrosse et fait mourir de jalousie plusieurs rivales, jusqu'au jour où la vérité se serait faite ; il refusa toujours avec une vertu dont on cherchait en vain à deviner les motifs. Il consentit avec empressement à nous prêter le concours de ses charmes, et dès le jour même, déguisé en pimpante grisette, il passa et repassa plusieurs fois devant la loge dangereuse de maître Lapique, en lui lançant des œillades assassines. Le galant cordonnier, à cette apparition charmante, bondit sur son siége de cuir ; ses mains, qui tiraient la lignette, restèrent étendues... ; sa bouche, qui avait commencé une chanson nouvelle, ne put se refermer, et son épaisse auréole s'agita, comme frémissante sous une étincelle électrique... A chacune des réapparitions de la provocante grisette, il devint plus ébahi et plus immobile. Sur le soir, il était comme pétrifié, et Mme Evélina dut l'appeler plusieurs fois, de sa voix aigre et criarde, pour le souper conjugal.

Le jour suivant, notre hermaphrodite ami ne parut qu'une fois dans la rue Z... ; mais s'arrêtant un instant devant la fenêtre entr'ouverte de Maurice, il le regarda quelques secondes avec une ardente langueur et poussa un profond soupir ; le concierge resta foudroyé et passa tout le reste du jour à attendre en vain une nouvelle réapparition de son enchanteresse.

Nous avions suivi avec un intérêt cruel les marches et contre-marches de notre délégué et les progrès affreux des ravages qu'il exerçait dans le cœur de l'amoureux concierge ; deux jours se passèrent sans qu'il crût devoir se présenter aux yeux de sa victime : nous le laissions faire, car il avait acquis une grande expérience des ruses et des machinations féminines. Vers le milieu du cinquième jour, coquettement drapé dans le costume dégagé de la grisette blanchisseuse, un gentil petit panier sous le bras, il introduisit son frais minois dans l'entrebâillement de la porte de maître Lapique, et d'une

voix câline, avec l'air le plus modeste, il demanda
à M. le concierge de vouloir bien lui indiquer la
chambre de M. X..., étudiant; elle le priait en
même temps, tremblante et baissant les yeux, de
vouloir bien l'accompagner.

— Ah! monsieur, ajoutait-il, je n'oserai jamais
toute seule entrer dans la chambre de ces messieurs, qui ont si mauvaise réputation, et ma maî-
tresse pourrait bien, pour de pareilles commissions,
envoyer des ouvrières moins jeunes et plus hardies
que moi; mais avec vous, monsieur, qui avez l'air
si bon et si honnête, je ne craindrai rien.

Lapique avait bondi; et, rejetant vivement son
tire-pied et son alêne : — Oh! mademoiselle,
s'écria-t-il, vous êtes en effet bien exposée; mais
rassurez-vous, je vous suis, je vous protége, je
vous... Il n'osa continuer, la blanchisseuse paraissant effrayée de la vivacité de son élan et de ses
paroles.

Nous étions tous cachés dans les cabinets et dans
les recoins obscurs donnant sur l'escalier, et nous
entendîmes, en nous mordant les lèvres pour ne
pas éclater de rire, les déclarations brûlantes qu'à
chaque marche Lapique débitait à la naïve blanchisseuse. Nous eûmes quelque peine aussi à retenir notre colère, quand, arrêté sur le dernier palier,
il se répandit en calomnies grossières sur les étudiants en général, et sur nous en particulier, et qu'il
chercha, avec mille câlineries perfides, à persuader
à la tremblante jeune fille de renoncer à notre dan-

gereuse et très-peu lucrative pratique ; il lui offrait en retour le bonheur qu'en vers et en prose il avait fait miroiter aux yeux de toutes ses victimes. Hélas ! le malheureux ne pouvait pas prévoir qu'il complétait ainsi son terrible dossier.

Plusieurs jours s'écoulèrent, et la coquette blanchisseuse, sous un prétexte ou sous un autre, passait et repassait sans cesse devant la loge du beau concierge, redoublant d'œillades et d'agaceries ; elle s'introduisit plus souvent qu'il ne semblait être nécessaire dans le vieil hôtel, réclamant toujours l'escorte de Lapique pour aller porter, dans la chambre de nos amis, des chemises et des bas imaginaires. On causait beaucoup, dans le quartier, de ces allées et de ces venues compromettantes. Quant à Lapique, la tête perdue, le cœur embrasé, il passait ses journées entières à soupirer et à attendre ; il ne travaillait plus, ne chantait plus, et c'est en vain que toutes les bonnes et les cuisinières qui venaient remplir leur cruche sous sa fenêtre autrefois si joyeuse, lui lançaient leurs coups d'œil les plus fripons et leurs plus agaçantes plaisanteries.

Un soir, chose qui n'était pas encore arrivée jusque-là, la blanchisseuse, tremblante, pria Lapique de l'accompagner pour apporter à un de ces messieurs un paquet pressé de blanchissage qui n'avait pu être prêt dans la journée. Le gaz n'était pas encore établi, et l'économie la plus parcimonieuse présidait à l'éclairage de la plupart des maisons de Toulouse ; l'amoureux Maurice s'élança dans l'escalier obscur, à la suite de son enchanteresse, et, dans un détour plus sombre que les autres, il la pressa vivement dans ses bras et l'embrassa avec ivresse, en lui glissant doucement entre les doigts un billet graisseux et peu parfumé... « Oh ! malheureux, malheureux ! » s'écria la pauvre enfant ; « que faites-vous ? Vous me perdez, vous vous perdez vous-même !... Imprudent ! Mᵐᵉ Durand peut monter, ces messieurs peuvent descendre... Oh ! finissez, finissez ! et si vous m'aimez comme vous le dites, soyez plus sage à l'avenir. » Elle s'esquiva légèrement, emportant le billet doux et traversant le cœur de Lapique d'une nouvelle flèche aiguë.

Nous assistâmes tous à l'ouverture du fameux poulet : heureusement, il était en prose. Voici ce qu'il contenait :

> « Ange de mes rêves,
>
> » Si tu me repousses, je meurs ; si tu veux m'aimer, je ferai ton bonheur.
> » Je ne te dis que ça pour aujourd'hui ; mais si tu me réponds, je t'en dirai bien davantage.
>
> » Ton esclave,
>
> » MAURICE. »

Nous concourûmes tous à la rédaction de la réponse. La voici, telle que ma mémoire me la rappelle, avec son orthographe, qui nous coûta beaucoup :

« Mosçieu ,

» N'abusai pouainte devau savantage fils yque
» ai otre, pou tronpai une povre filhe tro tandre.

» Ce nez pas choli pour un ome marié , ai con-
» chierge d'achir come sa. Vous aite un monse
» tre... je ne vous eme plu... je vous défan de me
» parler... maichan.

» Lise. »

La correspondance , ainsi commencée , continua
pendant plusieurs jours , brûlante , folle , délirante.
Lapique au paroxysme de l'amour , et oubliant
toute prudence , entassa poulets sur poulets , dans
lesquels , avec l'imprévoyance et l'aveuglement que
donne une passion insensée , il se compromit au
delà de nos espérances. Dans une de ses lettres ,
plus délirante que les autres , il déplorait , en termes amers et ingrats , l'obstacle que mettait à son
bonheur l'existence importune de Mme Durand.

« Ah ! charmante Lise , » disait-il en finissant
cette dangereuse lettre , « ce n'est pas seulement
» mon cœur et mon amour que je voudrais mettre
» à vos pieds ; c'est encore mon nom , les ressour-
» ces de mon état , et mon mobilier de bois de
» frêne , et autres. Mais , hélas ! vous savez que je
» suis enchaîné pour quelque temps encore à la
» vieille sorcière , qui dure trop longtemps pour
» notre bonheur.

» Qu'il serait beau , le jour où je pourrais sortir

» du Capitole en vous menant à mon bras comme
» ma légitime ! »

La conspiration était réussie, l'affaire mûre ; le dénoûment, le terrible dénoûment restait seul à atteindre, et il était difficile qu'il nous échappât. Cependant, par prudence, et en cas que quelque événement imprévu ne vînt nous l'enlever, nous résolûmes de couronner notre œuvre : ordre fut donné à Lise de se relâcher un peu de sa vertueuse sévérité, et d'accorder enfin au beau concierge le premier rendez-vous qu'il lui demandait depuis si longtemps avec toutes les expressions brûlantes de sa prose et de sa poésie. Notre perfide ami, avec une fourberie charmante, amena lentement son pavillon, et vint nous prévenir un beau matin que le soir même le trop heureux concierge serait à ses pieds. Nous étions prêts de longue date ; nous n'eûmes qu'à prévenir ceux de nos camarades étrangers qui devaient assister au terrible événement.

Un de nos amis, artiste passionné, peintre charmant, mais surtout décorateur inimitable, avait loué, dans la rue solitaire des Blanchers, tout le second étage d'une maison inhabitée. Là, moyennant un bien modeste loyer, il pouvait étaler ses immenses toiles ; et nous allions bien souvent assister à son travail et poser pour lui dans des attitudes extatiques ou sentimentales. Depuis longtemps, son atelier était disposé pour l'exécution de nos projets, et c'est là que la perfide Lise avait donné rendez-vous au crédule et amoureux concierge.

L'heure du berger devait sonner à huit heures du soir pour Maurice ; dès sept heures, nous étions tous à notre poste, réunis au nombre de quatorze dans la grande salle de l'atelier, mais regardant chacun par un trou ce qui allait se passer dans l'antichambre. Lise, très-peu tremblante, fumait une cigarette et s'exerçait à se donner des grâces.

L'horloge du quartier n'avait pas fini de tinter huit heures, que des pas furtifs se firent entendre dans l'escalier : l'exactitude est la politesse des rois et des pipelets. Lapique ne le céda pas à Louis XIV ; il arriva, palpitant d'orgueil et d'amour. Lise, jetant sa cigarette, s'était modestement assise, et agitait convulsivement, les yeux baissés, un ouvrage de broderie. — Oh ! mademoiselle, s'écria Lapique en entrant :

> Il est enfin venu l'heureux moment
> Où, sans témoins, je puis vous dire :
> Soyez à moi, charmante enfant,
> Ayez pitié de mon martyre !

— Oh ! monsieur, répliqua Lise rougissante et tremblante, j'ai été, je le sais, bien imprudente et bien coupable en vous accordant ce rendez-vous ; mais grâce ! ayez pitié de mon pauvre cœur ! Allez-vous-en ! Que voulez-vous de plus ? vous savez bien que je vous aime. A ces mots, prononcés avec une perfide innocence, Lapique s'était redressé, et saisissant dans ses bras la sournoise blanchisseuse, il couvrit de baisers ses mains et ses joues ; mais tout à coup elle poussa un cri déchirant, cri affreux, comme celui que doit jeter, dans ces terribles moments, la pudeur aux abois. C'était le signal. Une porte s'ouvrit, et un couple respectable, à en juger du moins par son costume, se précipita dans l'appartement. — Ah! ma fille, ma fille! s'écria la mère éperdue; nous volons à ton secours. Arrivons-nous à temps? Quel est le monstre qui voulait nous déshonorer? Oh! mon époux, mon noble époux, égorgez-le sous mes yeux... Ainsi parla, ou, pour mieux dire, hurla la mère apocryphe de l'apocryphe blanchisseuse. Qu'elle était belle dans son désespoir maternel! Son bonnet, qu'elle était peu habituée à porter, s'était retourné sur sa tête, et les mentonnières détachées laissaient apercevoir une magnifique barbe, qu'elle n'avait pas cru devoir sacrifier à la circonstance. Pour mieux s'élancer, elle avait retroussé sa jupe au-dessus de ses bottes, et des nombreux foulards qu'elle avait entassés pour se faire un sein maternel, la moitié était passée sous les bras. Son noble époux était plus calme; mais une partie de son déguisement avait été notoirement dérangée par le mouvement féroce qu'il avait fait en plongeant la main dans sa poche, pour y chercher un poignard, à l'appel meurtrier de son épouse. Sa perruque blanche était tombée sur ses yeux, sa longue lévite s'était embarrassée dans ses jambes, et son magnifique tromblon avait roulé avec fracas sur le parquet. Malgré ces embarras imprévus, il s'était élancé avec ardeur, et avait reçu dans ses bras son épouse et sa fille éplorées, qui confondaient, sur son sein patriarcal, leurs cris de désespoir et leurs éclats de rire.

A ce coup de temps inattendu, Lapique, effaré, s'était vivement précipité vers la porte ; elle résista énergiquement aux secousses violentes qu'il lui imprima ; toutes nos précautions étaient prises : son heure était venue... De ses yeux égarés par la terreur, il chercha quelque autre issue ; il n'en existait pas. Alors, comme le sanglier acculé dans son antre, il se blottit dans le coin le plus obscur, et là, la bouche écumante, la chevelure hérissée, les poings crispés, il sembla un instant vouloir résister et faire fort au groupe irrité qui s'avançait toujours vers lui. Au moment où il allait peut-être, dans son désespoir, se porter à quelque voie de fait au moins inutile, le père, la mère et la fille crièrent en chœur : « A la garde ! » et aussitôt la force armée, qui était prête depuis longtemps, apparut dans toute sa majesté. Elle se composait de deux gendarmes en tenue variée, mais à l'air guerrier et imperturbable. L'un d'eux, le brigadier, était coiffé d'un bonnet à poil antique, mais encore respectable ; il portait un uniforme de garde-française, des bottes à l'écuyère et un hausse-col ; à son côté, il traînait bruyamment un sabre de cavalerie à fourreau de cuivre, d'une longueur démesurée. L'autre, c'était Pandore, avait, comme de juste, une tenue moins riche, mais cependant remarquable. Sa tête était couverte d'un casque de pompier et son corps enveloppé dans une houppelande grise des soldats d'infanterie d'alors ; il traînait un sabre jumeau de celui de son confrère, et faisait au moins autant de bruit que lui. A l'appel de la famille outragée, ils entrèrent tous deux au pas de charge.

— Halte ! commanda le brigadier. La houppelande s'arrêta, épée hors du fourreau ; et les deux rapières sortirent en grinçant et non sans difficulté de leurs gaînes rouillées. — Arme au bras ! Les deux flamberges se hérissèrent contre le flanc immobile des deux guerriers. Dans cette pose menaçante, le brigadier, adressant la parole à Lapique, lui dit énergiquement : — Coupable, rendez-vous. L'éclair d'énergie qui avait un instant traversé le cerveau troublé du concierge s'était bien vite évanoui, et en reconnaissant qu'il était aux mains de ses ennemis, il devint tremblant et lâche. — Grâce ! grâce, messieurs ! s'écria-t-il. — Je suis coupable envers vous, j'en conviens humblement et je vous demande pardon. — Non, non, vengeance ! hurla la mère que son attaque de nerfs reprenait. — Vengeance ! vociféra Lise qui se jetait sur le sein oscillant de sa mère. — Justice et châtiment ! s'écria majestueusement le père. Devant cette manifestation implacable, Lapique comprit qu'il était perdu ; il tendit, d'un air morne, ses mains aux gendarmes qui, lui passant des menottes anodines, le placèrent entre eux et le traînèrent défaillant dans la grande salle de l'atelier de notre ami.

Si l'infortuné Maurice n'avait eu déjà perdu toute son énergie et la moitié de son intelligence dans la scène qui venait de se passer, le spectacle qui s'offrit à ses yeux, en entrant dans le lieu où nous étions tous réunis pour l'attendre, était bien fait pour lui enlever l'une et l'autre. L'atelier était entièrement tendu de noir ; quelques larmes funéraires émaillaient çà et là la sombre toile ; une seule chandelle, attachée au bout d'un bâton élevé planté dans le parquet, jetait une lueur morne et blafarde ; au fond de l'appartement, sur une estrade élevée, siégeaient trois juges à figure enfantine, mais à perruque respectable ; ils étaient enveloppés dans des robes fourrées d'hermine, et sur leur tête se dressaient des toques galonnées ; leur air était grave et triste. A gauche sur la même estrade, sur un fauteuil d'honneur, s'étalait le ministère public. Une énorme liasse ficelée couvrait une grande partie de la petite table qu'on avait placée devant lui, et sa main crispée serrait tellement la liasse, qu'on eût dit qu'il redoutait qu'on lui enlevât ses preuves et sa proie. Vis-à-vis de lui, un greffier sec et nerveux taillait vivement ses plumes et pliait en quatre un cahier d'une immaculée blancheur. A droite du ministère public, et enfermés entre deux vieilles portes enlevées de leurs gonds à cet effet, étaient assis trois bourgeois sérieux portant de grands faux-cols de papier, et ayant remplacé, par l'empreinte innocente d'un bouchon brûlé, la barbe, signe de gravité, qui manquait à leur joue juvénile. Au-devant de ce cénacle majestueux s'agitait un huissier pimpant, en rabat de papier, et qui d'une vieille cravate s'était fait un manteau de circonstance. A gauche de la Cour, et sur un vieux banc d'école, fut traîné mourant le malheureux mais coupable Lapique; les deux gendarmes, le sabre au poing, s'assirent à ses côtés. Vis-à-vis la Cour, au fond de la salle qui servait de prétoire, se tenaient respectueusement quatre d'entre nous, les seuls qui fussent disponibles.

Quand le calme fut un peu établi, le président se leva, et parla ainsi :

« Concierge Lapique, levez-vous et écoutez. Depuis longtemps vos méfaits ont attiré sur vous l'attention vigilante de la jeune Société dont nous sommes les représentants. Appelés plus tard à orner et à défendre la patrie, nous devons donc déjà veiller sur elle, et arrêter les tentatives coupables de ceux qui voudraient l'ébranler ou la déshonorer. Entraîné à notre barre, vous allez être jugé ; mais à votre jugement présidera la plus impartiale justice ; trois honnêtes jurés (nos ressources ne nous permettant pas de vous en accorder un plus grand nombre), qui ont été tirés au sort parmi nous, décideront du vôtre. Vous aurez un défenseur... Que celui qui a été désigné d'office s'avance. » — C'était moi... J'étais déjà en costume depuis longtemps ; je m'approchai respectueusement et, après avoir salué la Cour, j'allai m'asseoir sur un petit banc placé devant Lapique. L'huissier aussitôt roula auprès de moi un vieux chevalet cassé qui devait me servir de tribune. — « Défenseur, » dit en continuant le président, « la Cour, en vous confiant la cause qui va l'occuper, a compté sur votre zèle et sur votre talent; ne vous laissez emporter ni par l'un ni par l'autre, et conservez toujours le respect dû à la justice et la pitié que mérite le malheur, même quand il est coupable. Nous vous laissons quelques instants pour conférer avec votre client. Huissier, précédez-nous. » Il se leva majestueusement et tous, président, juges, ministère public, jurés et public, sortirent avec une pompeuse solennité.

J'étais resté seul dans la salle avec Lapique et les deux gendarmes; me tournant alors vers l'accusé : — Maurice Durand, lui dis-je, quels sont vos moyens de défense? Parlez-moi sans crainte et sans embarras; je me suis dévoué à vous du moment où j'ai été choisi pour votre défenseur; ayez confiance dans l'assurance que je vous donne; j'ai oublié toutes vos injures passées pour ne penser qu'à votre malheureuse position présente. Lapique, qui était resté plongé dans une morne stupeur pendant toute la harangue du président, leva sur moi ses yeux égarés et noyés de larmes. — Oh! monsieur ZZ.., me dit-il d'une voix tremblante, ayez pitié de moi! Je fus coupable, bien coupable envers vous tous, je le sais, je le confesse; mais je me repens sincèrement, et si vous vouliez me pardonner... Mais il fut interrompu par la voix aigre et éclatante de l'huissier qui, ouvrant la porte et se rangeant respectueusement, cria : « Messieurs, la Cour... chapeau bas. »

Le cortége, qui avait à peine pris le temps de fumer quelques cigarettes, repassa majestueusement devant nous, et chacun prit sa place respective.

Après un moment de silence, pendant lequel le président promena un regard calme sur les jurés, sur le public et sur nous, et dont le ministère public profita pour me lancer un coup d'œil de défi, la cause fut appelée et le greffier lut l'acte d'accusation. Il était terrible... Lapique manqua défaillir en entendant l'énumération des crimes dont il était bien loin de se croire coupable, et moi-même je compris, alors seulement, les horribles difficultés de ma tâche. Quand l'émotion, causée par cette effrayante lecture, fut un peu calmée, le président, se tournant vers Lapique, lui dit énergiquement : « Accusé, levez-vous; » puis, après les demandes d'usage sur les noms, prénoms, profession et domicile, il ajouta : « Vous venez d'entendre les charges qui pèsent sur vous ; nous allons procéder à votre interrogatoire. » Mais, hélas! cette formalité ne put qu'être fort imparfaitement remplie. Le fier portier, soutenu par les deux gendarmes, ne répondait à toutes les questions que par les mots, prononcés d'une voix entrecoupée de sanglots :

« pardon, messieurs! pardon, messieurs! » Les
témoins furent alors introduits; la jeune fille fut
touchante de naïveté, de pudeur et de pitié; souvent elle fit répéter, avec une innocence enfantine,
des questions brûlantes de détails intimes, que le
président était obligé de lui adresser, et elle rougissait aussitôt qu'elle semblait les comprendre. En
finissant sa longue et difficile déposition, elle eut
des accents attendris pour demander à la Cour son
indulgence en faveur du malheureux concierge,
bien coupable, il est vrai, mais si aimable! Sa mère
lui succéda; mais à peine fut-elle assise sur le
siége des témoins, qu'une violente crise de nerfs
s'empara d'elle; on lui fit respirer des sels. —
« Non! du punch! » dit-elle. L'huissier se hâta de
lui en servir un verre plus que plein; ranimée par
ce cordial, elle commença, avec une volubilité de
poissarde, la narration fort épicée des ravages affreux que le beau Lapique avait faits dans le cœur
de sa naïve enfant. En terminant à grand'peine sa
poignante déposition, la mère infortunée se tournant, les mains jointes, vers les jurés et vers la
Cour, demanda, avec une ardeur vengeresse, au
moins la tête du coupable concierge. Elle fut rame-
née, avec les égards dus à sa douleur, jusqu'à son
banc où, à peine installée, elle alluma une cigarette.
Le père fut introduit après elle : Il fut calme et digne dans sa déposition, et se borna, après un narré
convenable des faits qui étaient à sa connaissance,
de demander au Tribunal que Maurice Durand fût

mis dans l'impossibilité absolue de continuer à l'avenir ses exploits amoureux. « C'est le seul châtiment, » dit-il en terminant, « que je réclame pour l'outrage que le malheureux a voulu faire à mes cheveux blancs et à ceux de mon épouse. » L'étourdi oubliait qu'il venait d'ôter son importune perruque, et que celle de sa sensible moitié avait disparu dans l'attaque de nerfs qui avait inauguré son apparition. Après le père et la mère, les quatre individus qui formaient le public furent entendus à titre de renseignements, et déposèrent sur les scélératesses que commettait Lapique toutes les fois qu'il escortait Lise dans l'escalier obscur de l'appartement de nos amis.

J'avais souvent interrompu les témoins, soit pour atténuer la portée de leurs affirmations, soit pour relever l'inexactitude de certaines de leurs assertions. A mes généreuses interruptions les témoins répondaient par des démentis insolents, le président me rappelait à l'ordre, et le ministère public, frappant avec une énergique frénésie sur la fameuse liasse, me regardait avec férocité, et semblait me dire : « Voilà qui vous répondra. » Je me tournais quelquefois vers mon malheureux client, qui, ahuri, hébété, tremblant, ne savait que me dire : « Oh! monsieur, sauvez-moi!... sauvez-moi! »

La liste des témoins était épuisée; un instant de silence solennel se fit, après lequel le président, se tournant avec dignité vers sa droite, dit avec émo-

tion : « La parole est au ministère public. » Celui-ci
se leva vivement comme un ressort d'acier longtemps contenu, et quand il fut debout, il assura
d'une main sa toque chancelante et repoussa vivement de l'autre sa longue fourrure d'hermine ;
puis, s'assurant fièrement sur ses pieds et rejetant
en arrière sa tête et son corps, il jeta un regard
provocateur sur la Cour, sur les jurés et sur le public. Quand ce terrible regard s'arrêta sur nous, il
sembla vouloir nous anéantir ; nous le soutînmes
cependant ; quand je dis nous, je ne parle pas,
hélas ! de Lapique, qui était retombé dans sa morne
atonie, mais de moi, qui, dans le moment, entièrement dégagé du complot, avais pris à cœur la
justification et le salut de mon client, et me per-
sonnifiais en lui.

Après un instant d'un sombre silence, pendant
lequel le ministère public sembla concentrer son
élan courroucé, il prit une attitude triste et sévère,
et d'une voix rauque et basse il s'exprima ainsi :

« Messieurs de la Cour, Messieurs les jurés.

» Le monde physique enfante quelquefois des
monstres ; à leur aspect chacun recule d'effroi ; on
fuit leur présence ; on redoute leur contact, et ces
parias infortunés, victimes d'une erreur ou d'un
caprice de la nature, sont rejetés du sein de la société et finissent dans l'isolement, dans le refuge
que la charité leur ouvre, dans la misère ou le dé-

sespoir, leur triste existence... et cependant ils naquirent avec un cœur aimant, vertueux peut-être. Quelques-uns sans doute eussent brillé parmi les plus savants, les plus dévoués, les plus tendres ; mais condamnés dès leur naissance par leur tache originelle, ils succombent bientôt sous les répugnances et la méchanceté de leurs semblables. Déplorons ces tristes destinées, flétrissons ces préjugés injustes, ces haines imméritées, et proclamons bien haut que les borgnes, les boiteux, les bossus, les culs-de-jatte, les bancroches, les hydrocéphales, etc., subissent dans notre société pervertie un ostracisme immérité.

» Mais le monde moral à son tour produit-il spontanément et fatalement des monstres ! Non ! non ! Je ne crois pas aux systèmes désespérants de Gall ou de Lavater ! Je repousse leur injuste prédestination ! ! ! et m'étayant sur les bases immortelles de la justice et de l'impartial amour de la Divinité envers ses créatures, je dis et je proclame bien haut que nous naquîmes tous avec un bagage égal de vertus et de défauts, dont l'usage et le débit fut laissé à notre libre arbitre. Tibère, Néron et Caligula auraient pu être vertueux et bons comme Auguste et Titus. Attila pouvait imiter Marc-Aurèle. Et passant rapidement sur les horreurs et les sublimes vertus du moyen âge et des siècles plus rapprochés de nous, j'affirme que de nos jours Mandrin, Cartouche, Lacenaire, Papavoine et compagnie, eussent pu être Franklin, Monthyon ou le petit Manteau-Bleu. Ils gaspillèrent les dons que le sort leur avait départis, et n'usèrent de leur infernal génie que pour déchirer, souiller et déshonorer le sein de la société, leur mère.

» Ah! si je m'élève ainsi à des hauteurs physiologiques et philosophiques auxquelles mon modeste talent n'eût jamais peut-être dû toucher, c'est que j'ai lu, j'ai deviné dans les yeux de l'honorable contradicteur qui a assumé sur lui la lourde tâche de défendre le coupable qui est aujourd'hui devant vous, le projet arrêté et systématique de rejeter sur les décrets inévitables du sort et sur la fatalité de sa destinée les crimes de son monstrueux client. Eh bien! oui, puisque j'ai prononcé ce mot, je le proclame avant lui et avec lui... Oui, *Maurice Durand dit la Pique* est un monstre. Mais le degré de perversité qui fait de lui un être à part et dangereux, il ne l'a pas atteint poussé invinciblement par sa mauvaise destinée, mais par l'abus criminel des dons qui lui furent si largement répartis. Quel mortel en effet fut plus richement doté, plus libéralement pourvu? Tous les éléments de la beauté physique lui avaient à l'envi été répartis; son port était noble, sa taille avantageuse, son regard était séduisant, sa voix mélodieuse, et sa chevelure, symbole généreux de force et d'audace, surpassait les plus belles et les plus enviées. A ces agréments corporels, si rarement réunis sur une seule tête, il joignait cet art précieux et presque divin de parler le langage inspiré de la poésie, et d'éblouir les faibles mortels par cette musique parlée que chantent les Hugo et les Lamartine.

» De tous ces riches dons de la nature, de ces rares avantages, de cette préférence du sort, quel usage a fait l'homme criminel que vous êtes appelés à juger? Ici ma tâche est singulièrement simplifiée, et je n'aurais plus besoin que de vous répéter les aveux complets que vient de vous faire sa bouche tremblante. Aussi je ne m'étendrai pas sur la preuve et l'affirmation des faits que le coupable ne conteste pas : *Habemus confilentem reum*. Il a tout avoué, non avec le repentir et les pleurs qu'un remords tardif donne quelquefois, mais avec la peur et la lâcheté qui sont le honteux apanage du monstre acculé et réduit à l'impuissance.

» Il est cependant de mon devoir, afin que votre pitié ne soit point surprise, de vous démontrer le degré effrayant de préméditation qui précédait les crimes de cet homme, que peut-être bientôt un défenseur plus zélé que prudent vous montrera comme la victime du sort.

» Quel est son premier acte, la première atteinte envers cette société au milieu de laquelle il semait le poison de la démoralisation? Ah! vous le savez... vous l'avez entendu... il ne l'a pas nié : c'était ce système occulte, lâche, calomniateur, envers l'honorable classe des étudiants (ici tout le monde se découvrit, même les gendarmes) qui est un jour destinée à l'orner et à la défendre. Basses menées, trahisons, mensonges vils et grossiers, rien ne lui a coûté pour ourdir sa trame criminelle, pour creuser sa mine révolutionnaire!!!

» Qu'attendre d'un pareil homme, après un **tel** début? Aussi nous le voyons, négligeant une épouse respectable, souillant l'honneur du foyer conjugal, avilissant la dignité de concierge dont il était revêtu, répandre dans le quartier vertueux où le sort le fit naître l'effroi, la méfiance, le désordre et la corruption... Je ne puis vous donner ici la liste exacte de toutes les victimes qui sont venues se prendre dans la toile criminelle que ce monstre arachnide avait tendue dans son antre!!! mais vous savez que presque tous les papillons du moulon qu'il fascinait sont venus brûler leurs ailes à la flamme impure qu'il faisait miroiter à leurs yeux.

» J'abandonne ces victimes tout au moins imprudentes pour concentrer mon intérêt sur la pure enfant que nous venons d'arracher aux serres du monstre. Oh! celle-là lutta longtemps contre la fascination vertigineuse dont il l'enveloppait, et si, au dernier moment, épuisée par la lutte, vaincue par des charmes incontestables, ne pouvant résister aux obsessions folles de son cœur, elle accorda un imprudent rendez-vous... ah! vous le savez, sa naïve innocence ne devinait ni ne prévoyait l'issue ordinaire de cette première complaisance. Et le cri déchirant qu'elle jeta et qui attira aussitôt son père et sa mère éplorés, leur fit comprendre en même temps que tout venait de lui être révélé.

» Je m'arrête, messieurs, sur ce tableau, dont

les détails dramatiques ont été dévoilés devant vous ; il ne me reste plus qu'à vous dire un mot sur la correspondance criminelle de l'homme que vous allez être appelés à juger ; elle a été lue à cette barre, cette longue série de lettres libertines et hardies, dans lesquelles, bravant toute pudeur et tout respect, Durand répand sa bave impure sur l'honorable basoche et sur ses braves étudiants ; dans lesquelles, abusant cyniquement des charmes enchanteurs de sa prose et de sa poésie, il souffle avec rage dans les cœurs trop tendres de ses victimes l'ardeur enivrante de sa perversité. Vous l'avez surtout entendu lire, cette lettre sanguinaire où, déplorant la trop longue existence de sa chaste et respectable épouse, il hâte de ses vœux le jour funèbre et heureux qui lui permettra de monter pour la seconde fois au Capitole !

» Ma tâche, ma rude tâche est remplie, Messieurs les jurés ; je vous ai dévoilé l'homme atroce que vous avez à juger ; je vous l'ai montré sapant les bases de la société, en attaquant ses soutiens futurs, démoralisant avec une cynique ardeur ses femmes, qui en sont le plus bel ornement, puis enveloppant dans l'inextricable réseau de ses impures embûches une jeune et innocente enfant, l'honneur, la joie et l'orgueil de ses respectables parents ; enfin, appelant de ses vœux assassins la mort trop lente d'une épouse incommode... Quelque talent que puisse déployer dans la défense de cet homme l'honorable défenseur que vous lui avez donné, il ne pourra détruire ce qui est acquis aux débats, ce que l'accusé lui-même a avoué ; il se bornera sans doute à implorer votre indulgence, à émouvoir votre pitié ; fermez votre cœur à ce sentiment si doux, auquel je dois aussi fermer le mien, et ne considérez que la sainteté et l'importance du mandat qui vous est donné. Recueillez-vous dans vos consciences ; rappelez-vous qu'entre vos mains la société a remis la défense de ses intérêts les plus chers et les plus sacrés, et que si, par compassion ou par système, vous faiblissiez dans l'exercice des terribles fonctions qui vous sont confiées, vous seriez, vous aussi, coupables envers elle. »

Le ministère public se rassit frémissant et dardant sur moi des regards de défi et de colère. Toute l'assistance, sensiblement émue, gardait un respectueux silence. Seuls, les jurés s'entre-chuchotaient dans l'oreille des confidences qui me paraissaient d'un mauvais augure. Je laissai un instant s'amortir l'impression profonde qu'avait produite le terrible discours de mon adversaire, puis je m'inclinai modestement devant le président. « La parole est au défenseur, » dit-il aussitôt... et je me levai paisible, en apparence du moins ; puis, fixant sans arrogance, mais cependant avec assurance, la figure irritée du ministère public, et saluant la Cour et les jurés, je commençai ainsi :

« Messieurs de la Cour, Messieurs les jurés,

» En acceptant les fonctions de défenseur du

malheureux que vous avez à juger, je ne me suis dissimulé ni les difficultés de ma tâche, ni l'insuffisance de ma valeur ; je savais que j'avais à lutter contre un talent supérieur, contre une personnalité éminente, l'honneur, la gloire de la magistrature à venir ; mais je savais aussi que mon compatissant dévouement serait encouragé et soutenu par la science et la bienveillance précoces de celui qui remplit provisoirement ici la charge présidentielle dont bien certainement un jour il sera revêtu. Je savais surtout que mes charitables efforts seraient appréciés et compris par les honnêtes jurés qui inaugurent aujourd'hui les importantes fonctions que plus tard la société confiera à leur haute raison et à leur sagesse... je savais tout cela, et c'est ce qui fait en ce moment solennel ma sécurité et ma consolation. Un autre motif ajoute à ma confiance, et ce motif, c'est... l'innocence relative de mon client.

» Je ne pousse pas le paradoxe jusqu'à vouloir tout prouver, même ce qui n'est pas ; et devant les aveux arrachés peut-être à la terreur de mon client j'aurais mauvaise grâce à vouloir l'innocenter d'une manière absolue ; mais dans la culpabilité il y a des degrés comme dans la vertu, et je me sens assez convaincu et assez fort de mes preuves pour enlever mon infortuné client du dernier échelon des monstres, où l'a placé le ministère public, et pour le remettre dans la catégorie anodine qui lui convient, celle des imprudents et des présomptueux.

» Et en effet, dans le premier grief qui lui est reproché, dans ses diatribes insensées contre l'honorable corporation des étudiants (ici, salut général), qu'est autre chose Maurice Durand, qu'un imprudent inoffensif? Et ici, permettez-moi un rapide tableau de la position exceptionnelle de mon client avant cette première faute. Il était, vous le savez, concierge et homme de confiance dans un hôtel aristocratique, situé dans un quartier solitaire de la cité d'Isaure; ce quartier, exceptionnel par ses mœurs, ses habitudes, ses usages, ses relations, est presque une seconde ville dans la ville Palladienne, et rarement les nouvelles ou les habitants des autres quartiers populeux et plus civilisés y pénètrent ou s'y fixent. Maurice Durand, beau, séduisant, comme vous le voyez, enflammé, sensible et poëte, comme vous savez qu'il a le bonheur ou le malheur de l'être, comptait ses jours par des succès amoureux; il était, selon une expression banale, la coqueluche du quartier... Et quand le ministère public affirme avec férocité qu'il répandait le poison corrupteur autour de lui, je réponds, moi, et j'offre d'en donner les preuves, dussent toutes les bonnes du quartier de la Dalbade s'insurger contre moi, qu'il fut le plus souvent provoqué, agacé, arraché triomphalement à une rivale. Ainsi vivait Maurice Durand, heureux, cajolé, ébloui peut-être... Il était, je le sais, époux volage et infidèle. Mais, où est la loi qui punit ce crime si répandu, quand le délit n'est pas flagrant, et quand le conjoint ne porte aucune plainte? Et si ce crime était à discuter, vous ne me refuseriez certes pas les circonstances atténuantes que notre législation accorde dans les cas exceptionnels et presque pardonnables. Sans vouloir en rien blesser ou déprécier Mme Durand, je puis cependant affirmer que si le législateur l'eût connu, il eût accordé une circonstance atténuante de plus.

» Il arrivait quelquefois, comme par bouffées, dans le quartier patriarcal qu'habitait mon client, des nouvelles saugrenues et calomnieuses venant de la haute ville; ces nouvelles racontaient, au grand scandale et à la grande terreur des indigènes, que bien loin au nord, dans les rues populeuses de l'ancien quartier de la Porte-Neuve (vieux style), était installée une tribu malfaisante qui répandait autour d'elle l'effroi et la désolation ; on répétait d'horribles détails ; on parlait d'hôteliers rossés, de créanciers bernés, de commères fouettées, de jeunes filles ravies, et on ajoutait en soupirant : *Dieu nous préserve des étudiants !*

» Comme les autres indigènes, Maurice Durand avait prêté une oreille trop crédule aux perfides rumeurs répandues ; et le courage n'étant pas son fort, il tremblait au seul nom de basoche. Quand un matin, trois basochiens délurés vinrent hardiment s'installer dans la maison qu'il était appelé à défendre ; et avec la désinvolture hardie que donne le droit et la loyauté, ils commandèrent en maîtres là où ils devaient payer tôt ou tard. Durand, la, tête perdue par l'effroi, tremblant d'ailleurs pour les cœurs qu'il subjuguait, à la vue des jolis minois des trois étudiants, oublia la prudence et la justice; et moitié par peur, moitié par jalousie, il répéta étourdiment les bruits calomnieux apportés dans son vertueux quartier. La terreur et la haine aussi, je l'avoue, s'emparèrent de son cœur : il fut coupable, mais il fut puni. Voudriez-vous appliquer deux peines au même crime? Plus tard, il aggrava sa première faute en dénonçant à la police ses honorables locataires; mais ne fut-il pas aussi cruellement puni par l'hommage éclatant que les respectables agents rendirent aux étudiants et à leur punch?

» Voilà le premier grief dégagé de la fantasmagorique mise en scène dont le ministère public s'est plu à l'entourer, le voilà réduit à ses proportions mesquines et presque anodines. Que reste-t-il de tout cet échafaudage ? L'inoffensif bavardage d'un portier heureux et jaloux.

» Tout en disculpant Maurice Durand de ce premier grief, le plus terrible qui lui était reproché, je crois l'avoir dégagé aussi des accusations injustes de libertinage et d'infidélité conjugale ; et si ce reproche lui était encore adressé, je me lèverais et je dirais énergiquement : Quel est celui qui veut lui jeter la première pierre ?

» J'aborde un autre chef d'accusation, et je ne me sens nullement défaillir en présence de la difficulté de ma tâche. Le flagrant délit est certain ;

l'aveu de l'accusé est formel; mais sa faute est singulièrement atténuée par tout ce que j'ai dit précédemment. Maurice Durand était un Lovelace ; il n'avait jamais rencontré de cruelle, et ici, je vous le dis avec tout le respect que je dois à la jeune fille qui est devant moi, et à sa respectable famille, mais cette enfant innocemment, sans doute, se compromit; elle répondit aux compliments, aux flatteries et aux billets doux du beau concierge. Je m'empresse d'ajouter que cette enfantine étourderie fait l'éloge de sa naïve innocence, plutôt qu'elle n'affirme sa complicité. Quoi qu'il en soit, Durand put se croire compris, et vous savez le reste. A Dieu ne plaise que je veuille atténuer de pareils attentats, mais je puis les expliquer ; et si j'avoue que mon client est coupable sur ce chef, j'ajoute aussitôt qu'en regardant celle qu'on veut appeler sa victime, je le trouve singulièrement excusable.

» J'arrive au dernier grief, et la Cour me permettra de ne pas m'appesantir sur le crime imaginaire qui justifie plutôt mon client qu'il ne l'accuse. Car, enfin, dans cette lettre terrible, où il n'est nullement question d'assassiner Mme Durand, les intentions et les aspirations légitimes de Maurice, à l'endroit de la jeune fille, sont affirmées et nettement accusées. Est-ce un séducteur qui promet et désire de conduire sa bien-aimée devant M. le maire? Ah ! Monsieur le ministère public, quand nous voulons monter loyalement au Capitole, ne nous menacez pas de la roche Tarpéienne.

» Messieurs de la Cour, Messieurs les Jurés, j'ai bien longtemps abusé de vos précieux instants et de votre patience, et j'en abuserais encore, si je ne voyais que votre conviction est faite, et que votre verdict va être en rapport avec le peu d'importance et la futilité des fautes de mon client. Vous allez entrer dans le cabinet de vos délibérations; rappelez-vous, dans ce sanctuaire de la calme et saine justice, que vous avez eu devant vous un époux volage, un Lovelace présomptueux, un babillard épouvanté, un amant malheureux, mais nullement un criminel. Vos consciences vous permettraient-elles d'ajouter un châtiment rigoureux à celui qu'il subit déjà sous vos yeux ? »

Je me rassis avec calme et modestie, et en mettant ma main dans ma poche, pour y chercher mon mouchoir, que réclamait mon front ruisselant, je sentis une autre main graisseuse qui pressait timidement la mienne : c'était Maurice Durand qui me remerciait ainsi de ma compatissante plaidoirie ; je ne fus pas insensible à ce premier honoraire de mon premier client.

A peine eus-je fini de parler que le ministère public s'élança pour me répondre ; mais le président, d'un geste digne, le fit rasseoir, puis, dans un résumé aussi remarquable qu'impartial, il pesa, résuma et disséqua l'affaire ; ses conclusions, qu'il ne fit du reste que faire pressentir, étaient indulgentes ; comme moi, il trouvait que Lapique avait déjà subi un commencement de punition. Il se tourna en finissant vers les jurés, et il les conjura au nom de la morale, au nom de la sécurité publique, au nom de l'honneur de la basoche, mais au nom aussi de l'humanité et de la pitié, d'être en même temps fermes et indulgents, justes et compatissants. Puis, se tournant vers Lapique, il lui dit avec douceur : « Accusé, avez-vous quelque chose à ajouter pour votre défense ? » Maurice Durand se leva alors, soutenu par la force armée, et, d'une voix lamentable, tendant vers la Cour et vers les jurés ses bras suppliants, il répéta son éternel refrain : « Pardon, messieurs ! pardon, messieurs ! » — « La cause est entendue, » dit alors le président ; « Messieurs les jurés, retirez-vous dans la salle de vos délibérations. Que Dieu vous éclaire et vous dirige !... Huissiers, précédez-nous. » Ils disparurent tous ; le public et les témoins disparurent avec eux. Je crus devoir aux obligations de mon rôle de rester auprès de Lapique qui, tremblant, effaré, me répétait à tout instant : « Ah ! mon bon M. ZZ..., que pensez-vous qu'on va me faire ? » Je cherchai à le rassurer, et franchement j'avais quelque espérance, non d'acquittement, mais au moins de grande indulgence ; ma plaidoirie me semblait mériter ce résultat.

Enfin l'huissier, de sa voix la plus éclatante, annonça de nouveau la Cour, et le cortége se déploya et reprit sa place. La physionomie des jurés me parut plus grave et plus triste, celle du président semblait douloureuse; le ministère public, les lèvres serrées, les yeux clignotants, retenait avec peine un sourire satanique. Je frémis; une sueur froide baigna mes tempes, et instinctivement je pris la main de Lapique. Pendant ces instants émouvants, notre unique chandelle, arrivée presque à la fin, jetait des lueurs blafardes et agonisantes. « Monsieur le chef du jury, » dit alors le président, « faites connaître la décision du jury. » Le premier juré se leva : il était pâle, sérieux, ému. La main levée, d'une voix mal assurée, il prononça la terrible formule : « Sur mon âme et sur ma conscience, devant Dieu et devant les hommes, à la majorité, *oui*, *l'accusé est coupable...* » Il se rassit ou plutôt s'affaissa sans rien ajouter. On ne nous accordait pas de circonstances atténuantes; nous étions perdus. Je n'eus que la force de serrer silencieusement la main de mon infortuné client, et de rendre au ministère public le geste de défi et de morgue qu'il me lançait.

Quelques minutes de morne silence succédèrent au verdict du jury. La Cour, les jurés, les témoins, le public, étaient sous le poids d'une douloureuse émotion. Seul, le ministère public semblait ricaner dans son triste triomphe. Enfin, le président, d'une main tremblante, tira de sa poche une feuille de papier bordée de noir, et, peu soucieux des formes de la justice, il lut lentement et avec une douloureuse emphase le jugement suivant :

« Attendu qu'il résulte des débats que l'accusé

Maurice Durand dit Lapique, concierge et cordonnier de son état, est convaincu d'outrages, trahisons et dénonces envers l'honorable corporation des étudiants, dite *basoche*, crime prévu par les futurs articles 1 et 2 du Code futur de sécurité nationale ;

» Attendu que ledit Maurice Durand dit Lapique est convaincu également de magie, magnétisme, séduction et fascination vis-à-vis de toutes les bonnes et cuisinières du vertueux quartier de la Dalbade, et ce, au préjudice de l'honorable corporation des étudiants, qui doivent avoir le monopole des succès amoureux ;

» Attendu que ledit Maurice Durand, mettant le comble à ses méfaits, a tenté de ravir l'honneur à Mlle Lise, jeune blanchisseuse de son état;

» La Cour, lui appliquant la rigueur des articles 3 et 4 du futur Code, condamne le sieur Maurice Durand dit Lapique à avoir la tête... entièrement rasée.

» L'exécution du jugement aura lieu *hic et nunc* sur les lieux et sur l'heure.

» Le jugement est sans appel.

» La dépouille du chef du condamné sera jointe à la minute du jugement ; elles seront toutes deux déposées dans les archives de la basoche toulousaine.

» Fait et jugé, etc., etc.

» Accusé, vous avez cinq minutes pour vous préparer à votre supplice. »

La Cour se retira. Je restai encore seul avec mon infortuné client et les gendarmes.

Maurice était atterré ; il eût préféré la mort à l'outrage auquel il allait être exposé. En vain je voulus lui prodiguer quelques consolations ; il répétait sans cesse : « Qu'on prenne ma tête tout entière. Que m'importe la vie, si je perds ma belle chevelure !!! » Inutilement je lui objectais que son auréole repousserait plus belle, plus généreuse, plus luxuriante ; il me répondait amèrement : « Je serai mort de honte et de confusion, avant ce jour. Qu'on prenne ma tête ! qu'on prenne ma tête ! »

Pendant ces moments d'angoisse et de désespoir auxquels les gendarmes eux-mêmes ne furent pas insensibles, la porte s'ouvrit lentement et le cortége solennel s'avança de nouveau. A sa tête marchait le ministère public, armé d'une énorme paire de ciseaux : l'accusateur s'était fait bourreau... A la vue de l'instrument du supplice, Lapique s'agita convulsivement dans nos bras ; il tenta en vain de fuir, mais, brisé par la terreur et la fatigue, il tomba inanimé sur le sein du brigadier et de Pandore. Aussitôt, avec l'habileté d'un exécuteur émérite des hautes œuvres, le magistrat accusateur enleva en cinq minutes la chevelure ébouriffée, la joie et l'orgueil du coupable concierge. Le dernier flocon tombait à peine sous sa main vengeresse, que Lapique, rouvrant les yeux, criait encore : « Pardon, messieurs ! pardon, messieurs ! » Mais à peine eut-il porté les mains sur son chef dénudé, qu'échappant par un bond furieux aux mains qui le retenaient, il se précipita avec désespoir contre la muraille, cherchant à briser son crâne déshonoré ; nous l'arrêtâmes et lui sauvâmes la vie : le jugement, d'ailleurs, n'ordonnant que sa toison et non sa mort.

Cependant l'expirante chandelle qui nous avait servi d'éclairage venait de rendre son dernier soupir. Elle fut aussitôt remplacée par un bol colossal de punch dont la flamme fantastique et bleuâtre jeta sur la sombre salle du jugement une sépulcrale lueur. La jatte alcoolico-funéraire fut placée au milieu de l'appartement, et soudain, président et juges, jurés et ministère public, témoins et prétoire, huissier et défenseur, nous donnant tous la main, nous exécutâmes autour de la flamme lugubre une ronde fantasmagorique. Lapique, placé entre les deux gendarmes, fut entraîné à moitié mort dans cette danse échevelée, et quand, épuisés et ruisselants de sueur, nous pensâmes à boire enfin notre éclairage, il était à moitié expirant, et sa tête dénudée ballottait machinalement en suivant les oscillations effarées de la ronde infernale.

Après la folie dut venir la prudence. Aussitôt que le punch fut consciencieusement achevé, nous commençâmes à faire disparaître les traces de notre séance ; président, juges et ministère public quittèrent leurs robes et leurs toques ; les jurés, la mère, le père et la fille, jetèrent au loin leurs faux-cols, leurs bonnets, leurs jupes et leurs perruques ; je rejetai aussi ma robe et ma dignité de défenseur ; les gendarmes se débarrassèrent bruyamment de leur sévérité et de leurs armes. Les tentures furent arrachées, la barre enlevée, l'estrade démolie, et bientôt l'atelier de D... reprit son aspect ordinaire.

A mesure que l'œuvre de destruction et de réparation avançait, un des auteurs de ce drame lugubre disparaissait ; bientôt je me trouvai, pour la troisième fois, seul avec Lapique et la force armée, qui avait repris son aspect débonnaire et bourgeois : il était temps de déguerpir aussi. Avant de descendre le sombre escalier, je m'approchai amicalement de mon pauvre client et lui parlai ainsi : « Maurice Durand, vous venez d'éprouver les effets de la justice et de la puissance de la basoche ; que ce coup terrible qui vient de vous frapper excite plutôt votre soumission et votre repentir que votre haine et votre vengeance. Gardez-vous d'oser, une seconde fois, dénoncer à la police les loyaux étudiants... Les mêmes ciseaux qui ont aujourd'hui fauché votre orgueilleuse chevelure raseraient alors vos oreilles, et je ne serais plus là pour vous défendre. Nous allons vous reconduire jusqu'aux abords de votre domicile ; venez... » Il nous suivit en silence, la tête couverte par un lambeau de tenture noire que nous lui avions donné et sur lequel se trouvait encore une larme funèbre.

A l'angle de la rue***, nous nous dispersâmes avec la rapidité de l'éclair, et nous laissâmes seul le pauvre Lapique, tondu et demi-mort.

Nous n'étions pas cependant sans appréhensions : notre conduite et notre jugement pouvaient être justes, mais ils étaient singulièrement arbitraires. Le bonheur voulut que Lapique, terrifié, pensa sagement que sa chevelure pourrait repousser, et qu'il n'en serait pas ainsi de ses oreilles ; il couvrit son chef d'un énorme bonnet de laine et attendit patiemment qu'avec le printemps la séve revînt.

Je dois dire aussi, à son éloge, qu'il se montra envers nous, envers moi surtout, d'une politesse grave, mais exquise.

Du reste, vers le milieu de l'année, nos trois amis, fatigués de leur exil, quittèrent le vieil hôtel et vinrent se loger au milieu de nous, dans les quartiers bruyants de la basoche ; nous ne revîmes donc que très-rarement maître Lapique ; mais vers la fin de l'année, nous allions de temps en temps nous assurer que sa chevelure, sa fierté, sa joie et son humeur amoureuse avaient repoussé.

Il y a bien peu d'années que, repassant par hasard dans la rue Z..., je revis, planté au milieu de son portail, le fier concierge d'autrefois. Il était encore beau et frétillant ; mais son auréole, jadis brune, était devenue, sans perdre ses rayons, d'une entière blancheur. Je ne sais s'il me reconnut, mais en me regardant il eut un mouvement de colère aussitôt arrêté par un sourire de reconnaissance.

Je jetai un coup d'œil dans le petit magasin d'épicerie : sur le vieux fauteuil d'Evelina je vis, coquettement assise, une pimpante grisette, jolie, fraîche et séduisante comme la Lise d'autrefois. J'en conclus que le beau Maurice, après avoir perdu sa vieille épouse, avait adopté une de ses nièces, ou était remonté au Capitole.

LES DEUX MARGUERITES.

LES DEUX MARGUERITES.

C'est de la fenêtre de ma petite chambrette d'étudiant, rue M***, que j'ai vu commencer, se dé-
rouler, et finir le triste drame qui fait le sujet de
ce souvenir. Ses phases attendrissantes ou terribles
furent rapides, et le lamentable événement qui le
termina suivit de bien près ses tendres et romanesques commencements. Etranger, inconnu à ces
intéressantes victimes, ce n'est que des yeux et du
cœur que j'ai suivi leurs joies, leurs tristesses et
la catastrophe dans laquelle elles ont disparu. Rien
ne reste aujourd'hui d'elles, si ce n'est peut-être
un confus souvenir dans la mémoire de quelques
vieux habitants du quartier et les notes pieuses
que je recueillis, quand je les vis sourire un instant
aux illusions de la vie, soupirer, pleurer et puis
mourir...

Que ces lignes que je consacre à raconter leur

histoire touchante soient leur oraison funèbre, et restent l'expression de la douce sympathie que je leur avais vouée, et que j'ai conservée à leur mémoire !

Presque vis-à-vis la maison que j'habitais, un peu à gauche, en allant vers la place du Capitole, s'avançait de quelques pieds sur la rue une petite maisonnette à deux étages, qui faisait, dans ce quartier s'embellissant tous les jours, obstacle à la circulation et à la perspective. Quelques-uns disaient qu'elle était une tache, au milieu des nouvelles constructions rougeâtres et surchargées d'ornements qui l'entouraient; moi je la trouvais charmante, et j'aimais à la considérer et à l'étudier dans tous ses détails pittoresques. Elle datait du seizième siècle, et était construite en madriers de bois de chêne assemblés et formant entre eux des dessins variés représentant toutes les combinaisons possibles du losange. Ses fenêtres à croisillons étaient supportées et divisées par des cariatides effilées offrant aux regards surpris des monstres inconnus de nos jours, et son pignon aigu, le seul peut-être qui existât encore à Toulouse, était surmonté d'une tête effarée qui semblait, en s'avançant, s'étonner et rire de nos usages et de nos embellissements modernes.

Enfin, telle qu'elle était, avec ses vieux ornements, ses ais vermoulus, son pignon mousseux, et sa physionomie antique et délabrée, la petite maison de vis-à-vis avait un cachet original et pit-

toresque , et donnait une idée , à l'observateur, de
ce que devaient être les rues de Toulouse il y a
trois cents ans. Bien souvent, en la considérant,
je me laissais aller à mes rêveries, et je recons-
truisais mon quartier tel qu'il était à l'époque où
François Ier y fit son entrée triomphale.

Dans les villes du Midi, le peuple passe presque
toute sa journée dans la rue ou à la fenêtre; la
douceur du climat le lui permet, pendant une
grande partie de l'année; le besoin du grand air,
pour son tempérament ardent, d'expansion pour
son esprit bavard , lui en font une nécessité : aussi
les bons habitants de notre rue, ardents et bavards
par excellence, vivaient à leurs balcons ou sur le
seuil de leurs portes ; ils y travaillaient, causaient,
riaient, jouaient et mangeaient quelquefois. Re-
marquez bien que je parle de l'an 183.., époque
déjà reculée, et depuis lors les Toulousains, ayant
fait de grands progrès en civilisation , ont renoncé
à leurs vieux usages, et rient malignement, quand,
passant quelquefois dans un quartier retardataire,
ils voient encore quelques-uns de leurs naïfs compatriotes, en bras de chemise, en pantoufles, en
sabots, et quelquefois en bonnets de coton, manger
leur soupe, fumer leur pipe et faire une savante
partie de dames ou de dominos sur le pas de leur
porte. De quel côté est la sagesse et le bonheur?
Moi qui suis pour les vieilles habitudes et pour le
sans-façon, je crois qu'il vaut mieux respirer à
pleins poumons l'air vivifiant du Midi, que de

s'enfermer pompeusement dans des appartements étouffés et malsains.

Tous les habitants de la petite maison de vis-à-vis pensaient certainement comme moi ; car ils passaient leur journée presque entière au grand air, et souvent même, quand les soirées étaient douces, ils prolongeaient leur veillée, penchés aux fenêtres, ou confortablement établis dans la rue, sur leurs chaises renversées. J'entendais leurs bruyantes conversations, leurs joyeux éclats de rire, et il ne tenait qu'à moi d'être initié à leurs secrets, à leurs nouvelles, aux événements de leurs ménages. Hélas ! je ne le fus que trop !

Le rez-de-chaussée de la maisonnette était occupé par la porte d'entrée à montants cannelés, surmontés de chapiteaux corinthiens, et d'un fronton triangulaire historié, et par une modeste boutique d'épicier, petite, étroite, enfumée ; elle formait avec l'arrière-magasin, servant de chambre et de cuisine, toute la demeure du propriétaire et de sa famille. Le premier était habité par une vieille dame sourde, qui avait la passion exclusive des serins, des chats et des perroquets ; ses fenêtres étaient encombrées de cages, de perchoirs, et de provisions pour leurs habitants, se séchant ou prenant le frais. Le second donnait abri à une pauvre famille d'ouvriers, et tous, propriétaires et locataires, occupaient depuis longues années leurs appartements respectifs.

Deux jeunes filles étaient nées, il y avait dix-huit

ans, dans la petite maisonnette : l'une était l'enfant du propriétaire, l'autre celle du pauvre ménage du second ; elles furent portées ensemble à l'église, et on leur donna à toutes deux le nom de *Marguerite*. Elles grandirent côte à côte et s'aimèrent comme deux sœurs. A l'époque où je les connus, c'étaient deux charmantes jeunes filles, rappelant, chacune dans leur genre, les types les plus gracieux des grisettes toulousaines. La *Marguerite* du rez-de-chaussée était petite, brune, folâtre, rieuse, alerte et sémillante ; elle avait de grands yeux noirs vifs et spirituels, une abondante chevelure, des dents blanches, un teint velouté, une voix douce et mignarde, la taille souple, la démarche légère et le regard caressant : elle passait toutes ses journées à folâtrer devant le magasin paternel, faisant de longues et bruyantes conversations avec les pratiques habituelles : vantant gaiement sa marchandise à celles qu'elle connaissait moins, étalant, remuant, changeant, bouleversant parfois tous les échantillons du cru ou coloniaux qui ornaient la devanture et entremêlant tous ses exercices joyeux de chants, d'éclats de rire, de malignes provocations aux voisins et d'appels affectueux à son amie d'en haut. Jamais oiseau ne fut plus vif, plus léger, plus frétillant, plus gazouilleur.

La *Marguerite* du second était une jeune fille pâle, triste et rêveuse. De grands yeux bleus voilés de longs cils noirs, une bouche sérieuse, des traits délicats, encadrés d'une belle chevelure brune, donnaient à sa physionomie un reflet mélancolique. Timide, laborieuse, pensive, elle était presque toujours assise auprès de sa petite fenêtre, agitant nerveusement un ouvrage vulgaire, ou penchée avec une attention sérieuse sur une fine broderie. A côté d'elle, sur l'accoudoir, était soigneusement placé un modeste vase de fleurs auquel faisait pendant une petite cage renfermant un bruyant linot. L'oiseau chantait gaiement, la fleur se balançait, et, de temps à autre, la jeune fille se penchait avec grâce, s'enivrant un instant du parfum de la fleur, et répondant à l'oiseau par un refrain mélancolique qui parfois restait inachevé et se perdait dans une rêverie.

Les deux jeunes filles, nées à la même heure, élevées ensemble, s'aimaient tendrement. Souvent, dans la journée, la *Marguerite* du rez-de-chaussée montait chez son amie, riait, chantait, bouleversait, taquinait l'oiseau, coupait la fleur, embrassait sa compagne, qui souriait à ses espiègleries, en lui rendant vivement ses caresses; mais elle redescendait bien vite sur le pas de sa porte, sauf à remonter quelques minutes après.

Jamais la *Marguerite* du second ne descendait au rez-de-chaussée; rarement elle jetait un regard furtif et timide dans la rue, et elle semblait rester toujours étrangère aux bruits qui montaient jusqu'à sa fenêtre : si par hasard un événement trop extraordinaire, un appel de son amie, la visite

d'un voisin, l'arrachaient un instant à ses rêveries, elle y retombait bientôt et paraissait absorbée
dans sa mélancolie.

J'étais fort occupé de mes deux voisines, et je
passais de longues heures à les regarder et à suivre
les scènes diverses de leur existence au grand jour ;
je m'arrêtais peu aux folâtres ébats et aux bruyantes étourderies de la *Marguerite* d'en bas, mais
souvent je me surprenais à rêver moi-même, en
considérant le mélancolique visage et la touchante
langueur de l'autre *Marguerite*, et si je n'avais été
un fier étudiant de troisième année, revenu de
l'amour, de ses erreurs et de ses chimères, je crois,
ma foi, que je me serais encore laissé prendre. Je
m'assurai, par un fort raisonnement des plus con-
cluants, que je ne pouvais plus, que je ne devais
plus être amoureux, et, fort de cette conviction, je
fus persuadé que je ne regardais ma voisine qu'en
philosophe et en observateur. Aujourd'hui que je
suis bien plus éloigné de l'amour et de ses sur-
prises, je dois convenir que je me trompais, et que
la douce émotion que me faisaient éprouver les
charmes de la beauté mélancolique et la touchante
tristesse de ma voisine était plus que de la philoso-
phie, puisque son souvenir m'émeut encore.

Le printemps avançait. Toulouse s'était réveillée ;
ses rues se remplissaient de promeneurs, s'em-
baumaient du parfum des violettes ; les fenêtres
s'ouvraient, des groupes se formaient sur le devant
des portes. Je voyais encore plus souvent les deux

Marguerites : l'une était toujours vive et sautillante sur le trottoir, l'autre pensive et recueillie à sa fenêtre. J'étais moi-même presque toujours à la mienne, en philosophe, bien entendu, mais suivant attentivement les épisodes intéressants de la joie ou de la mélancolie de mes deux voisines, et cherchant à deviner ce qui s'agitait, brûlait ou soupirait dans ces deux jeunes cœurs qui, au début de la vie, semblaient se révéler et battre d'une manière si différente.

Tout à coup, mes observations et mes études furent bouleversées ; la scène changea subitement. La joyeuse *Marguerite* devint pensive, rêveuse, alanguie ; elle ne chantait plus, ne sautait plus et, tristement appuyée contre la devanture de son magasin, elle semblait soupirer et rêver. Son amie, au contraire, paraissait se réveiller et se transformer. Elle s'agitait inquiète, jetait souvent dans la rue des regards ardents et passionnés, se rasseyait vivement pour se relever bientôt plus fiévreuse et plus agitée ; l'oiseau effrayé voletait dans sa cage, la fleur négligée s'étiolait, et mon expérience de vingt ans était complétement déroutée.

Intrigué, ému de ce nouveau mystère, j'en cherchais l'explication avec une curiosité anxieuse, et je ne perdais guère de vue les scènes émouvantes des rôles intervertis de mes voisines. Bientôt j'arrivai à observer que leur fiévreuse agitation redoublait aux mêmes moments, et que la *Marguerite* du second se penchait frémissante sur son accoudoir, quand la *Marguerite* d'en bas, pâle et tremblante, s'appuyait languissamment contre la devanture du magasin. Peu à peu, je remarquai aussi que ces accès d'ardentes émotions concordaient toujours avec le passage dans la rue d'un bel étudiant de dixième année, fort connu par sa profonde expérience et par ses succès amoureux ; tout me fut dès lors expliqué. Les deux amies, les deux sœurs, si unies, si tendres, si caressantes, les deux charmantes *Marguerites* étaient rivales.

Aussitôt que cette terrible vérité me fut révélée, je me sentis pris pour ces pauvres enfants d'une immense pitié ; je vis leur innocence, leur amitié, leur bonheur détruits, et, plus qu'un autre, je devais frémir devant l'abîme dans lequel elles allaient tomber, car je connaissais, de réputation du moins, l'homme dangereux qui avait fait battre leur cœur.

Mes amis se rappellent, comme moi, ce beau garçon qui fut presque le camarade de tout le monde, puisque sa jeunesse se passa à étudier en droit ; ils n'ont pas oublié sa démarche hardie, son air vainqueur, sa physionomie arrogante et cynique, quand il parcourait les rues de Toulouse, suivi de son grand lévrier noir, aussi beau, aussi insolent que lui. Se faire aimer de beaucoup de femmes, les tromper, rester insensible à leur amour, à leur désespoir, et raconter, sans pudeur, ses aventures et ses succès, était pour lui un jeu de tous les jours. Tel était l'homme qui, par une fata-

lité terrible, avait éveillé simultanément l'amour
dans le cœur de mes deux voisines.

Je connaissais donc enfin le secret des pauvres
Marguerites, et aux émotions de la curiosité avaient
succédé en moi les émotions autrement vives de la
pitié. Je suivis pendant deux grands mois les progrès effrayants de ce double amour ; j'avais presque
élu domicile à ma fenêtre ; mais, par un sentiment
de délicatesse et de timidité, je dissimulai mon insistance, et je me barricadai de manière à ne pas
être vu. Ainsi abrité, je ne perdais pas un élan,
une pulsation, un déchirement des deux malheureux cœurs, et j'assistais, ému, triste, anxieux,
au drame de la petite maisonnette. Au plus matin,
le bel étudiant passait pimpant, fier, irrésistible ;
il s'arrêtait un instant avec la *Marguerite* d'en bas,
lui disait, sans doute, quelques mots d'amour,
car elle pâlissait soudain, frémissait et s'appuyait
tremblante contre la porte d'entrée, pendant que
d'une main fiévreuse elle caressait la tête du beau
lévrier, qui semblait la connaître et vouloir aussi
lui plaire. Durant les instants rapides de ces furtifs
entretiens, la *Marguerite* du second, penchée à sa
fenêtre, l'œil en feu, la poitrine haletante, dévorait, d'un regard passionné et jaloux, le séduisant jeune homme et sa défaillante amie ; mais
bientôt la *Marguerite* d'en bas rentrait bouleversée,
heureuse... Alors l'étudiant jetait à l'autre *Marguerite* un regard rapide et brûlant et, d'un geste
habile, semblait lui dire : « C'est vous que j'aime,

et tout ceci n'est qu'un prétexte pour arriver jusqu'à vous. » La pauvre enfant enivrée retombait sur son siége, laissait rouler à terre son ouvrage, oubliait tout ce qui l'entourait, et se perdait dans une longue et amoureuse rêverie.

Cependant son amie ne tardait pas, selon son habitude, de monter auprès d'elle ; mais ce n'était plus, comme autrefois, avec la gaieté et l'agilité de l'oiseau : elle entrait égarée, tremblante, et, prenant entre les siennes les mains de son amie, elle les retenait longtemps sans parler, la considérant avec un regard indécis ; puis, par un élan subit, elle la serrait dans ses bras et la couvrait de baisers ; la *Marguerite* d'en haut lui rendait avec ardeur ses caresses, et souvent les deux amies se quittaient baignées de larmes, mais sans avoir prononcé une parole. Oh ! qu'il doit être affreux le combat que se livrent dans un cœur l'amitié et la jalousie !

Ces scènes déchirantes se renouvelaient plusieurs fois par jour, après les divers passages du perfide étudiant ; mais elles devenaient toujours plus vives et plus navrantes, et bien souvent je me surprenais à essuyer mes larmes, quand j'en avais été le témoin.

Mais ce qui m'émouvait le plus, dans les détails touchants de ce drame, c'était le changement effrayant des deux pauvres *Marguerites*. De leurs fraîches couleurs, de leur éclat, de leur beauté, il ne restait plus que le feu de leurs yeux, qui, sous leurs brunes chevelures, scintillait comme un sinistre éclair. On eût dit, en les voyant, deux fantômes mélancoliques errant et s'agitant au milieu des débris des illusions et de la joie dont la petite maisonnette était naguère si remplie. Au bonheur, aux transports qui l'animaient hier encore avaient succédé la tristesse, le désespoir. Souvent je vis les pauvres gens qui l'habitaient sortir les yeux en pleurs et s'arrêter avec leurs voisins qui leur serraient douloureusement la main.

Bientôt je revis moins souvent les deux tristes jeunes filles. La *Marguerite* d'en bas était devenue languissante et affaiblie ; elle paraissait quelquefois à l'heure du passage de l'étudiant. Si elle recueillait de lui un mot, une marque d'attention, un regard, elle paraissait revivre. La *Marguerite* du second laissait, pendant presque des journées entières, sa fenêtre fermée ; de temps à autre, elle la rouvrait d'une main défaillante et jetait dans la rue un regard effaré. Si parfois elle rencontrait celui de l'étudiant, elle se ranimait aussi et un faible sourire éclairait son pâle visage.

Huit grands jours tout entiers s'écoulèrent sans que j'aperçusse une seule fois les deux jeunes filles : la fenêtre, la porte restaient fermées. L'étudiant passait toujours à ses heures habituelles, aucune des deux *Marguerites* n'apparaissait. De sinistres rumeurs circulaient dans le quartier. Je m'informai avec anxiété ; on me répondit que les deux amies, prises subitement du même mal, donnaient les plus vives inquiétudes. Les voisins allaient, venaient, inquiets, atterrés. Plusieurs fois par jour je vis le docteur entrer et sortir, sombre, silencieux, pensif... La petite maisonnette était close du rez-de-chaussée au second ; elle avait ainsi un aspect lugubre.

Le matin du neuvième jour, en ouvrant ma fenêtre, je vis la porte de la maison des deux jeunes filles tendue de draps blancs ; une couronne de roses blanches se balançait attachée à son vieux fronton. Mon cœur se brisa ; je donnai un libre cours à mes larmes... Pendant que je pleurais sans honte et bien amèrement, et que je considérais avec une poignante douleur ces touchants emblèmes d'une mort virginale, j'aperçus une main tremblante suspendre une autre couronne blanche à côté de la première ; les cœurs des deux *Marguerites* ne battaient plus dans ce monde ! Je me sentis cloué à ma place par une force irrésistible, et je passai ma journée tout entière à regarder, à travers mes larmes, cette pauvre petite maisonnette, maintenant vide et désolée, que j'avais vue si remplie de vie et d'espérances.

De ma fenêtre, je suivis aussi, le lendemain, le convoi funèbre de mes deux pauvres voisines. Qu'elle est touchante, la cérémonie chrétienne, quand elle est dégagée de tout luxe et de tout apparat, et qu'elle se révèle dans sa sainte simplicité ! Qu'ils sont purs les emblèmes qui ornent le cercueil d'une vierge ! Qu'ils sont doux et consolants les chants qui l'accompagnent ! Mais qu'ils sont déchirants les sanglots d'un père et d'une mère qui survivent à leur unique enfant!... Je n'oublierai jamais cette navrante cérémonie et jamais aussi ne s'effacera de ma mémoire l'angoisse de mon cœur, quand, au détour de la rue, je perdis de vue les cercueils de mes deux pauvres *Marguerites*.

Cette double mort si frappante fit beaucoup de bruit à Toulouse. On ne parla pendant quelques jours que des deux pauvres victimes, de la douleur inconsolable de leurs parents; puis quelque événement nouveau les fit oublier. Seul le docteur qui avait soigné les deux *Marguerites* commenta longtemps encore les caractères du mal auquel elles avaient succombé; il prédit les ravages affreux que ce mal nouveau exercerait en France. Sa prophétie ne s'est, hélas! que trop accomplie; mais quand il affirmait que les deux jeunes filles avaient été ravies par la terrible fièvre typhoïde, moi je me permettais de ne pas le croire; car je connaissais le mal qui les avait tuées, et je savais qu'elles étaient mortes d'amour.

PAUVRE ROI

PAUVRE ROI

J'arrivai à Toulouse tout juste à temps pour prendre mon inscription le 15 du mois de novembre 183*. Aussi les chambres d'étudiant agréablement situées avaient-elles déjà été occupées par mes camarades, et je ne trouvai à ma convenance qu'un seul petit appartement, dans une rue assez triste du quartier de la place des Carmes ; il était coquet, propre, commode, et composé d'une chambre et d'un cabinet, le tout situé au premier étage donnant sur la rue. Dans les rues populeuses de la Pomme et de Lafayette, il eût été fort envié et chèrement payé ; dans la sombre rue du C... il avait été délaissé, et je l'avais loué pour une bien modique somme. Quand j'eus rangé mes livres et mes meubles, et que Mme Thomas, mon hôtesse, vrai type de la fine commère, m'eut fait de longues recommandations sur la propreté et l'honneur de sa maison, je me trouvai libre et seul. Ayant alors quelques heures devant moi, j'ouvris ma croisée, je pris cet air crâne et flâneur que tout étudiant doit avoir; j'accrochai un lorgnon anodin à mon œil fort gêné de le supporter, et je me mis à passer une revue rapide des maisons voisines de la mienne. Les fenêtres de quelques-unes étaient entièrement fermées, et annonçaient l'absence des propriétaires ou le manque des locataires; d'autres étaient ornées de vases de fleurs, traversées par des cordes supportant des linges à sécher, ou des provisions de ménage; sous plusieurs pendaient accrochées des cages d'oiseaux, de forme antique, et de grosses bouteilles pleines de ratafia et d'infusions diverses. J'étais en plein village. Bientôt apparurent, encadrées au milieu de ces éléments divers, cinq ou six têtes saugrenues d'indigènes, les unes couvertes de bonnets de coton, les autres de casquettes de loutre; les dernières, les femmes, avaient d'horribles coiffes fanées et posées de travers. Toutes ces têtes prirent un air hargneux et scandalisé, en voyant un profane étudiant installé dans leur vertueux quartier. Aussi je leur fis une horrible grimace, premier prélude des bons tours que je me préparais à leur jouer pendant tout le temps de notre bon voisinage. J'entendis en même temps, dans les étages supérieurs, de fraîches voix de grisettes entonner de gaies chansons; et si mes yeux avaient été désagréablement offusqués, mes oreilles furent délicieusement charmées et satisfaites.

Malgré cette compensation, j'étais fort mécontent de mon nouveau séjour, et je préparais déjà dans ma tête la série de mystifications, de farces et de tapages par lesquels je charmerais les loisirs de mon exil, quand une fenêtre du second étage de la maison qui faisait presque face à la mienne s'ouvrit, et un personnage bien différent de tous les êtres bizarres qui m'avaient apparu se montra et attira vivement mon attention. C'était un homme ayant un peu dépassé la cinquantaine, mais admirablement conservé ; il était d'assez haute taille, et sa pose était théâtrale. Je ne voyais de son costume qu'un vieil habit noir, assez râpé, couvert de décorations dont la plupart m'étaient inconnues. Sa tête remarquablement belle était couronnée par de longs cheveux blancs dont les boucles soyeuses retombaient presque jusque sur ses épaules ; un sourire protecteur s'épanouissait sur ses lèvres, et ses yeux avaient une expression douce et rêveuse. A peine fut-il installé contre son accoudoir qu'il jeta un regard fier et dominateur sur toute la rue ; il m'aperçut bientôt et me fixa pendant quelques instants avec attention ; puis, comme si tout d'un coup il reconnaissait en moi un ami, il m'adressa un salut de la main, noble et affectueux. Fasciné par son grand air et par la distinction de ses manières, je m'inclinai respectueusement ; il parut satisfait, et me sourit avec une bienveillante condescendance ; puis il lança des coups d'œil singuliers à tous les étages des maisons

voisines, saluant gravement tous ceux qui le regardaient. Je suivis avec curiosité les bizarres évolutions de mon voisin, et je ne quittai ma fenêtre
que quand lui-même eut abandonné la sienne. **Je**
m'empressai aussitôt d'aller demander à mon hôtesse quel était l'étrange personnage qui avait si
fort attiré mon attention.

— « Oh! » me répondit-elle, « je ne sais encore
rien sur son compte. Depuis quelques jours à peine
il est installé auprès de nous ; il ne sort jamais, et
les deux vieilles femmes qui le servent respectueusement sont, je crois, muettes... Mais rassurez-
vous ; nous saurons quelque chose ; foi d'honnête
femme, je débrouillerai l'histoire de cet homme
mystérieux. J'ai déjà parlé à Mme Jérôme, qui s'en
occupe de son côté; la fruitière est avertie, l'épicière n'a pas besoin de l'être, le facteur est des
nôtres, la marchande de lait est mon amie... et le
dizainier est le cousin de mon mari... Sous peu de
temps j'aurai des confidences à vous faire. Comptez
sur moi. »

Mme Thomas avait une figure de furet, un air
rusé et sournois qui me rassurèrent complétement
sur le résultat des démarches qu'elle allait entreprendre. Je sortis, mais je ne rentrai que fort tard
dans la soirée, ayant passé tout mon temps à fêter
ma bienvenue avec mes camarades.

Le lendemain, dès que je fus levé, je pensai à
mon voisin. J'ouvris ma croisée; il était déjà installé à la sienne. A peine m'eut-il aperçu qu'il

m'envoya du bout des doigts un salut amical, mais empreint d'une certaine hauteur ; je m'inclinai comme la veille, subjugué par l'ascendant vraiment irrésistible qu'exerçait sur moi cet étrange personnage. Au bout d'un instant il quitta son poste, et revint bientôt, apportant une énorme liasse de parchemins d'où pendaient, attachés à des rubans de diverses couleurs, des cachets de cire rouge, des sceaux antiques, de petites boîtes de fer-blanc minces et rondes. Il la déplia avec soin, sembla lire attentivement, puis prenant une plume qu'il avait déposée sur l'accoudoir, il apposa vivement quelques signatures, et se remit à lire avec recueillement, sans s'occuper de ma présence et de celle de quelques voisins malotrus, qui, de leurs fenêtres bariolées, le regardaient faire la bouche béante.

Bientôt notre mystérieux voisin recueillit avec soin tous les parchemins épars, referma sa liasse, la rapporta dans son appartement, et revint s'installer gravement à sa fenêtre. Il y resta longtemps, les bras croisés sur sa poitrine, la tête baissée, et comme plongé dans une profonde méditation ; il sortit enfin de cette rêverie, soupira douloureusement à plusieurs reprises, mit la main sur son cœur, leva les yeux au ciel, prit un air résigné, et se tournant à moitié vers moi, après avoir jeté un regard inquiet et scrutateur sur les fenêtres voisines, il mit un doigt sur ses lèvres et disparut.

J'étais plus dérouté que Mme Thomas, et je me perdais en conjectures sur mon énigmatique voisin ; l'attention particulière surtout qu'il mettait à m'adresser ses saluts et ses signes d'intelligence déjouait toutes mes suppositions ; je cherchais en vain, dans ma mémoire, si j'avais jamais vu quelque part cet homme bizarre, et mes souvenirs, qui ne remontaient pas il est vrai très-haut, ne me redisaient rien. Mon hôtesse, malgré son habileté incontestable, n'avait pu m'apporter aucun éclaircissement ; j'étais sérieusement intrigué, et le pauvre vieux quartier des Carmes, que j'avais d'abord jugé si triste et si monotone, absorbait tout'mon temps et toute ma préoccupation.

Plusieurs jours s'écoulèrent sans que la moindre lumière se fît sur le mystère qui nous occupait ; Mme Thomas, Mme Jérôme, l'épicière, le facteur, la marchande de lait et moi, nous n'en savions pas plus qu'au commencement. Plusieurs fois pendant la journée j'apercevais mon voisin à sa fenêtre ; il m'adressait, comme d'habitude, son salut sérieux et digne, mais chaque fois il y ajoutait une plus grande expression d'intimité et d'affection : souvent, quand il pensait ne pas être vu, il me faisait, mais presque imperceptiblement, de petits signes mystérieux, me montrant le ciel et l'horizon, et portait une main à sa tête, pendant que de l'autre il pressait son cœur. Un jour que nous étions seuls, il retira avec de grandes précautions une lettre en lambeaux de sous son habit, et, me la montrant avec une prudente habileté, il me fit avec trois doigts des signes incompréhensibles auxquels je ne savais que répondre. Mais pour ne pas désobliger cette honnête et bonne figure, qui semblait attendre avec anxiété un mot ou un signe de moi, je me courbai encore plus respectueusement que de coutume, en portant, à tout hasard, la main à mon cœur. A ce geste, le front de mon voisin rayonna de fierté et de joie ; ses traits prirent une expression attendrie ; il étendit vers moi sa main droite, comme pour faire un serment solennel, et il se retira avec majesté.

Tout était brouillé dans mon esprit. Je cherchais en vain un indice, un souvenir, une raison, un sens, qui pût éclaircir ma singulière position vis-à-vis de l'étrange personnage qui paraissait me connaître ou vouloir m'attirer à lui ; les plus folles suppositions me tourmentèrent, les idées les plus insensées m'assaillirent, et je finis par ne plus penser qu'à mon incompréhensible voisin et à ses mystérieuses évolutions.

Mme Thomas, aussi embarrassée que moi, ne pouvant rien découvrir, rien supposer, hélas ! et ne rien dire, me fuyait honteuse. Les autres voisins dont j'avais fait la connaissance, aussi intrigués que moi, m'attendaient sur le pas de ma porte pour m'interroger avec avidité, et pour me demander en grâce quelque éclaircissement sur l'inexplicable nouvelle du quartier, et quand mes réponses évasives cherchaient à détourner une conversation qui m'importunait, ils me regardaient avec méfiance, et semblaient croire, tantôt que

j'en savais plus que je ne voulais en dire, tantôt
que j'étais aussi stupide qu'eux.

La situation était trop tendue et ne pouvait continuer pendant longtemps ainsi, lorsque le hasard
vint me donner la clé du mystère qui empêchait,
depuis plusieurs nuits, de dormir les habitants de
la rue du C...

Je faisais partie d'une association de bienfaisance
qui m'envoyait quelquefois distribuer à domicile
des secours aux malheureux; un jour, je reçus la
mission d'aller visiter une famille rangée dans la
catégorie des pauvres honteux ; son nom était insignifiant, mais son adresse me fit tressaillir; c'était
dans ma propre rue, et à l'étage même de la maison qu'occupait mon mystérieux voisin qu'elle était
logée et que je devais me rendre. La curiosité autant que la pitié, je l'avoue, me fit hâter ma visite,
et bientôt je frappai à l'unique porte que je rencontrai, après avoir monté une cinquantaine de
marches. On tarda quelque temps à me répondre,
quoique j'entendisse du bruit à l'intérieur; enfin,
après un nouvel appel, une voix tremblante demanda qui j'étais et ce que je désirais. J'expliquai
bien doucement le motif de ma visite; aussitôt la
porte s'ouvrit, et je me trouvai dans une chambre
nue, triste et froide, en face de deux femmes, dont
l'une semblait fort âgée, tandis que l'autre, d'une
figure plus jeune, paraissait aussi cassée et aussi
faible qu'elle. Un mauvais grabat sans rideaux,
caché dans un coin, sous une couverture en lam-

beaux, une petite table, deux chaises, et un escabeau sur lequel était posée une cruche ébréchée et un morceau de pain noir imparfaitement recouvert d'une serviette déchirée, formaient tout le mobilier ; la cheminée était sans feu, et je cherchai en vain, des yeux, l'armoire qui devait contenir les effets et les provisions. Une si grande misère m'émut jusqu'aux larmes, et j'allais prendre la parole pour donner quelques consolations à ces infortunées créatures, quand toutes les deux, une main sur leurs lèvres, l'autre étendue vers une porte donnant dans leur chambre, semblèrent me supplier de me taire ou de parler à voix basse ; elles-mêmes, par quelques mots à peine accentués, me remercièrent avec effusion de ma visite.

A leur parole tremblante, à la rougeur qui couvrait leur front, je compris que c'était peut-être pour la première fois qu'elles avaient tendu la main à la charité chrétienne. J'allais me retirer après avoir déposé mon offrande, et je faisais à cette profonde misère le sacrifice de ma curiosité, quand la plus âgée des deux femmes, qui m'avait suivi jusque sur le palier de l'escalier, m'arrêta timidement par la main, pendant que je prenais respectueusement congé d'elle.

— « Monsieur, » me dit-elle en me regardant avec des yeux remplis de larmes, « c'est la Providence qui vous a envoyé vers nous pour soulager notre détresse, et mieux encore pour consoler l'infortuné qui, hélas ! la partage. Je vous connais depuis quelques jours, et comment n'aurais-je pas retenu vos traits, quand c'est vous seul dont la **vue** fait sourire mon pauvre fils ! Oh ! monsieur, vous connaissez une partie de nos misères, mais vous ne savez pas cependant jusqu'où va notre malheur... Je vous dois toute la vérité, d'abord parce qu'il est juste que vous sachiez à qui s'adressent vos bienfaits, ensuite parce que vous pouvez nous donner plus que le pain de chaque jour, en apportant par votre visite le bonheur et la joie à celui qui nous est si cher. L'aveu que je vais vous faire est bien cruel pour le cœur d'une mère, mais il est indispensable. Mon pauvre fils, que vous voyez souvent à sa fenêtre, et qui aime tant à vous voir à la vôtre, est, hélas ! insensé. De grands malheurs qui frappèrent notre famille ont brisé son cœur et altéré sa raison. Mais sa folie est douce, son rêve inoffensif. Il croit avoir été roi, et chassé par ses sujets ; il attend tous les jours l'envoyé qui doit le ramener vers eux. Par une hallucination nouvelle, votre vue a ravivé son idée fixe, et il vous prend pour cet ambassadeur désiré ; c'est pour cela qu'il vous salue avec tant de prudence et d'affection, et qu'il vous adresse parfois des signes inintelligibles. Ah ! monsieur, puisque vous avez bien voulu soulager notre misère matérielle qui n'est pas la plus dure, ne refusez pas de consoler avec nous, par un innocent mensonge, ce pauvre vieil enfant, dont la douceur est angélique, le cœur aimant, et duquel l'esprit, égaré sur un point, est droit et

charmant sur tous les autres. Depuis plusieurs années, sa sainte sœur et moi nous nous sommes
consacrées à lui, et plus notre misère s'est accrue,
plus les soins que nous lui donnons sont devenus
difficiles, plus aussi nous nous sommes attachées à
son infortune ; il nous prend pour des sujets fidèles, dévoués à sa destinée, et quoiqu'il ait pour
nous l'affection d'un fils et d'un frère, nous ne
pouvons cependant lui donner ces noms chéris.
Joignez-vous à nous, vous qui paraissez si bon ;
une mère et une sœur vous béniront. Dieu le fera
aussi après elles. »

J'avais écouté en silence, la tête baissée, la
triste confidence de la pauvre mère ; plusieurs fois,
pendant qu'elle parlait, de grosses larmes avaient
coulé de mes yeux ; quand elle se tut, l'émotion
m'empêcha quelque temps de lui répondre.

— « Madame, » lui dis-je enfin, « faites-moi
l'honneur de me considérer comme un parent,
comme un ami dévoué ; associez-moi à votre pieux
dévouement ; dites, que faut-il faire? » Alors bien
bas, la rougeur au front, elle m'initia aux folles
imaginations, aux puérils détails du rêve insensé
de son fils, et m'indiqua en tremblant les innocentes tromperies dont j'allais être le complice.
« Oh! monsieur, » me répéta-t-elle souvent, en
me baisant les mains avec effusion, « mon enfant
va sourire ; il va être heureux. »

Ma leçon était faite, j'étais prêt à paraître devant
le pauvre roi ; mais je n'osais tout de suite deman-

der cette singulière faveur, quelque envie que j'eusse de pénétrer encore plus profondément dans ce mystère qui devenait de plus en plus intéressant et respectable. La pauvre mère avait le même désir que moi, mais elle hésitait à l'exprimer ; je lui fis un signe timide vers l'appartement de son fils ; elle me comprit et, appelant sa fille : — *Marie*, lui dit-elle, *le bon monsieur consent.* Le visage de la sœur s'illumina de joie ; elle me jeta un regard d'ineffable reconnaissance ; sa taille se redressa ; elle prit un air solennel et respectueux, et, ouvrant la seconde porte, elle dit d'une voix émue : — *Sire, l'ambassadeur*, et elle se rangea pour me laisser passer.

Je venais de composer mon maintien et d'assurer ma résolution ; j'entrai à pas lents dans l'appartement de mon voisin, et la porte se referma aussitôt sur moi.

Le pauvre fou se tenait debout, devant une table chargée de papiers en désordre ; autour de lui, dans une confusion bizarre, étaient étalés les débris d'un luxe suranné, quelques fauteuils dépareillés, un grand tableau représentant un bataille, des épées, et un vieil habit brodé couvert de crachats et de rubans ; sur un petit guéridon à côté de la cheminée, dans laquelle pétillait un feu brillant, étaient encore les débris d'un pâté, et un flacon de vin d'une couleur généreuse. J'eus alors le secret de la misère et du sublime dévouement des pauvres femmes et je résolus, plus religieusement encore, de les soulager et de les consoler.

Je m'étais tenu dans un respectueux silence, devant ce singulier personnage, qui me regardait d'un air majestueux et bienveillant.

— « Monsieur, » me dit-il d'une voix grave et lente, « je vous attendais depuis longtemps; j'ai compris votre ruse : vous avez été prudent et sage, personne ne se doute du complot; quelles bonnes nouvelles m'apportez-vous de mes sujets fidèles ? »

« Sire, » lui répondis-je, en suivant la version que nous avions faite d'avance, « un grand nombre de vos amis soupire après votre retour, mais l'usurpateur est encore redoutable; sa puissance diminue cependant tous les jours, et bientôt, nous en avons l'assurance, grâce aux intelligences ménagées dans l'armée et dans la diplomatie, vous remonterez sur le trône de vos pères. Mais d'ici à ce que cet heureux événement s'accomplisse, les plus grandes précautions sont nécessaires, afin que vos ennemis ne puissent découvrir votre retraite. Fiez-vous à moi et aux nobles femmes qui vous ont consacré leur existence; nous veillons sur vous. »

— « Merci, monsieur, » me répondit le pauvre roi, « je ne vous dis pas que vous serez récompensé de votre dévouement, je croirais vous faire injure : vous en trouverez le seul prix enviable dans le témoignage de votre conscience; cependant je vois avec peine que vous n'êtes décoré d'aucun ordre; laissez-moi vous donner un des miens; ce n'est pas une faveur du souverain, c'est le souvenir d'un ami. » Aussitôt, détachant la plus brillante de ses décorations, il la suspendit à ma boutonnière, et, prenant son épée, il m'en frappa trois coups sur l'épaule, en me disant : — *Sois chevalier.*

Cet acte insensé, exécuté avec une majesté pompeuse et une dignité exagérée, attira plutôt des larmes à mes yeux qu'un sourire à mes lèvres.

Aussitôt que je fus décoré, le monarque, se plaçant sur le plus haut de ses fauteuils, qu'il prenait sans doute pour un trône, m'indiqua une chaise qui était vis-à-vis de lui et me dit avec bonté : « Asseyez-vous, je vous le permets ; laissons un peu les soucis des grandeurs, parlons du monde, de ses folies, de sa sagesse, de ses sciences, de ses arts, de ses progrès. Je suis avec un vif intérêt et une consciencieuse attention les travaux des peuples, les bienfaits des souverains, les améliorations journalières des institutions et des lois. Fortement dévoué aux grandes idées de justice et de philanthropie qui dominent l'esprit moderne, pénétré des principes libéraux et généreux que je puise dans d'excellents livres, je rendrai un jour à mes sujets en amour, en bienfaits, en bonheur, tout ce qu'ils me témoignent aujourd'hui de dévouement et de fidélité. »

Puis il parcourut avec une netteté brillante d'élocution et une profondeur étonnante d'observation et d'intelligence toutes les branches des sciences, des arts et de la littérature modernes ; chaque tirade finissait, il est vrai, par un retour fatal vers l'idée fixe de son royaume imaginaire.

Je restai pendant bien longtemps avec ce charmant insensé, ravi, fasciné par la variété de son esprit, l'agrément de sa conversation et la tendre sensibilité de son cœur; l'étiquette ne me permettait pas de lever moi-même la séance, et j'attendis sans impatience qu'il me congédiât. Au bout d'une heure il se leva, et me donnant sa main à baiser : « Allez, » me dit-il, « je vous recevrai tous les lundis. La prudence ne me permet pas de vous voir plus souvent; mais tous les jours j'aimerai à vous saluer à votre fenêtre. »

J'étais déjà sur le palier de l'escalier, quand les deux pauvres femmes, les yeux en pleurs, vinrent, chacune, prendre une de mes mains.

— Oh! monsieur, me dirent-elles, par quel sacrifice pourrons - nous jamais reconnaître votre charité?

— Il en est un, leur répondis-je, que j'exige de vous, et vous me désobligeriez fort en le refusant à ma prière. Continuez à soigner pieusement notre cher malade, réservez-lui toujours ce que vous aurez de plus précieux et de plus délicat, mais pensez à vous-mêmes, et ne ruinez plus par des privations trop cruelles vos pauvres santés, si utiles à celui que nous aimons tous trois. Des ressources modestes, mais suffisantes, vous seront apportées par moi; je serai auprès de vos nobles cœurs le représentant d'autres cœurs aussi nobles, mais plus heureux; cet échange de ce qui manque aux uns donné aux autres sera doux et honorable pour tous.

Des pleurs seuls répondirent à mes paroles. J'étais déjà dans la rue, joyeux et oppressé, heureux et triste, et ma curiosité satisfaite me donnait de bien douces émotions.

Ma visite au pauvre fou avait été remarquée par tous les voisins, et un grand nombre m'attendait dans la chambre qu'occupait, au rez-de-chaussée, ma curieuse hôtesse; tous, Mme Thomas en tête, étaient haletants d'impatience. Je passai fier et silencieux devant eux, et je gagnai mon appartement, sans faire la moindre attention aux murmures furieux qu'excitait mon étrange conduite. Je m'étais juré de garder avec fidélité et respect le secret que je venais d'apprendre ; je tins mon serment, mais je fus brouillé avec tout le quartier.

Plusieurs mois s'écoulèrent ; chaque lundi j'étais reçu en audience par mon souverain, qui me faisait de longues et savantes dissertations sur l'art de gouverner les peuples, sur les devoirs des rois, sur l'histoire des nations, les causes de leur chute, et finissait toujours par le tableau de l'avenir glorieux et prospère qu'il préparait à son royaume. En habile diplomate, et d'ailleurs afin que ma petite érudition ne fût pas mise en défaut par la prodigieuse mémoire du monarque, je gardais habituellement un silence prudent et respectueux, et je n'ouvrais la bouche que pour rendre compte de mes démarches auprès des sujets fidèles, et des progrès du complot de restauration. Que d'inventions je dus trouver pour continuer mon rôle et pour tromper la naïve crédulité de mon royal voisin! Mais j'étais bien récompensé des peines et du dérangement que me coûtaient ces étranges rapports, par le charme réellement bien grand que je trouvais dans sa conversation, et par la tendre reconnaissance des deux saintes femmes que j'admirais et que j'aimais tous les jours davantage.

J'avais été assez heureux pour intéresser au malheureux sort de mes amis un homme généreux, le marquis de L... F..., dont le soulagement de ses semblables était la seule occupation ; il les mit à l'abri du besoin, et me promit de veiller toujours sur eux. Nous étions donc tous heureux : le prince, par l'espérance d'un prochain retour dans ses Etats imaginaires ; la mère et la sœur, par la joie de leur cher malade et par le surcroît de soins dont elles pouvaient l'entourer ; moi, par le bonheur inespéré de tous ces infortunés , auxquels je m'étais attaché par une vive affection.

Mais l'homme charitable qui avait si généreusement soulagé la misère de mes voisins voulut faire encore davantage : il résolut d'essayer la guérison du pauvre fou, et je fus chargé d'annoncer cette bonne nouvelle à sa sœur et à sa mère. Elle leur fit verser d'abondantes larmes de reconnaissance d'abord, et puis de douleur ; il fallait se séparer de celui auquel elles avaient consacré leur existence ; renoncer, pour quelque temps du moins , aux soins si pénibles mais si chers qu'elles lui prodiguaient. Elles prirent cependant une héroïque résolution, et une place fut arrêtée dans la maison du docteur D... Seul, je pouvais avoir quelque influence sur notre cher prince et le décider à se rendre sans résistance là où la guérison l'attendait peut-être ; mais auparavant il fallait le faire consentir aussi à recevoir la visite d'un médecin expérimenté, qui devait l'étudier à loisir, et juger si la cure était possible ; ma mission était bien facile. Je me fis le lendemain introduire mystérieusement auprès de lui, et prenant un air solennel :

— Sire, lui dis-je, les temps sont accomplis ; réjouissez-vous, et préparez-vous à recevoir un agent diplomatique qui va vous faire les communications les plus importantes.

— Je suis prêt, me répondit-il avec dignité et sans émotion ; allez et amenez l'homme d'Etat que vous m'annoncez.

Le médecin m'attendait sur le palier de l'escalier. Pendant que j'allais le rejoindre, j'entendis le prince demander vivement son habit brodé, ses ordres, son épée ; nous lui donnâmes le temps de se préparer à nous recevoir, et au bout de quelques instants nous fûmes introduits auprès de lui.

Je n'ai jamais été admis en la présence d'un monarque, mais je doute qu'aucun d'eux ait jamais possédé un air aussi majestueux que celui avec lequel nous reçut mon royal ami ; malgré le costume bizarre dont il était revêtu, et la connaissance, hélas ! trop réelle que le docteur et moi avions de sa folie, nous ne pûmes échapper à la première

impression que sa pose princière et son grand air
firent sur nous. Après nous avoir salués noblement
de la main, il se tourna vers moi : « X..., » me
dit-il, « vous connaissez mes droits, mes secrets et
mes malheurs ; vous avez plus que mon estime : je
vous ai donné mon amitié. Vous êtes aujourd'hui
toute ma cour ; rangez-vous auprès de moi, et
représentez devant monsieur les dignitaires que je
n'ai plus. » Je me redressai sans sourire, et je me
tins debout à une distance respectueuse. Alors mon
souverain, s'adressant au docteur, lui fit en termes
de cour un compliment parfaitement tourné, et
attendit sa communication.

Le savant homme de l'art avait attentivement
examiné ce singulier personnage pendant tout le
temps qu'il avait parlé, et de temps en temps il
m'avait jeté un regard empreint d'une pitié profonde et d'un triste découragement : « *Sire*, » lui
dit-il enfin avec un vrai respect et une noble compassion, « les puissances dont je suis le délégué
sont prêtes à agir pour votre rétablissement sur le
trône de vos pères ; mais en attendant le jour décisif, elles ne peuvent consentir à ce que vous con-
tinuiez à rester caché dans une modeste retraite :
un palais somptueux a été préparé ; un carrosse
vous attend à la porte. Confiez-vous à nous ; nous
allons vous conduire dans une demeure plus digne
de vous. »

Le pauvre fou eut un moment de vive émotion ;
il sembla hésiter, et tourna tristement les yeux

vers la porte à travers laquelle on entendait les gémissements de sa mère et de sa sœur; mais, s'étant recueilli pendant quelques secondes, il sembla prendre une forte résolution :

« Je vous suis, messieurs, » nous dit-il avec énergie, « mais avant de quitter cet asile, je dois remercier les femmes fidèles qui se sont dévouées à moi. Entrez, mesdames, » cria-t-il à haute voix, « venez recevoir la seule récompense que je puisse vous donner. » Se tournant alors vers nous : « Messieurs, » dit-il, « quel que soit le sort que la Providence me réserve, je vous confie ces nobles femmes. Veillez sur elles jusqu'au jour où je pourrai leur rendre, à ma cour, l'asile et le dévouement qu'elles me donnèrent ici. En attendant, qu'elles reçoivent devant vous le témoignage de la profonde reconnaissance et de l'affection filiale de leur roi. »

Il leur tendait les mains et leur souriait à travers ses larmes. Mais la pauvre mère s'était jetée à ses genoux, et au milieu de ses sanglots elle balbutia ces mots déchirants : « Sire, une grâce, une grande grâce : avant de vous quitter permettez-nous de vous embrasser. » Vivement ému, le bon prince leur ouvrit ses bras, et les deux femmes s'y précipitèrent avec une ardeur délirante, et elles lui prodiguèrent pendant quelques instants les tendres caresses qu'une mère et qu'une sœur peuvent seules donner. Cette scène attendrissante devait finir; nous partîmes, et les deux pauvres femmes, se tenant étroitement embrassées, poussèrent de douloureux gémissements.

Le crédule monarque nous avait pris naïvement pour des ambassadeurs ; il n'hésita pas à voir dans notre modeste fiacre un carrosse d'apparat, et, y montant avec majesté, il occupa à lui seul tout le fond, suivant la prérogative royale. Nous fûmes bientôt arrivés devant l'établissement du docteur D... Celui-ci prévenu nous attendait à la porte ; il reçut notre ami avec tous les témoignages du plus profond respect, et l'introduisit dans le palais que nous lui avions promis ; l'ampleur des bâtiments, le nombreux personnel, les preuves de déférence qu'il recevait complétèrent son illusion. Il nous donna son audience de congé, et nous dit avec résolution : *A bientôt!* Comme la mère et la sœur, j'étais bien ému en quittant cet infortuné auquel je m'étais tendrement attaché, comme elles je lui demandai de l'embrasser ; il me pressa vivement contre son cœur en me remerciant avec effusion de mon dévouement et de ma conduite généreuse. Je le quittai bouleversé, et je volai auprès des pauvres femmes, que je trouvai plongées dans la plus amère douleur. Je restai longtemps, je le dis sans honte, à pleurer avec elles, et je les quittai sur le soir plus calmes et un peu consolées.

Selon les tristes pressentiments du docteur, le pauvre fou ne guérissait pas, mais il était parfaitement heureux ; sa douceur, sa grâce, la nature inoffensive de son idée fixe lui avaient gagné tous les cœurs. Il s'était intimement lié avec un autre pensionnaire dont la folie avait beaucoup d'analogie avec la sienne : c'était un agent diplomatique, à qui l'ambition avait fait perdre la raison ; les deux amis passaient leurs journées à dresser des plans politiques et à établir les bases du meilleur gouvernement.

Au bout de quelques jours, la mère et la sœur quittèrent notre quartier, et allèrent se loger dans le faubourg Saint-Cyprien, aussi près que possible de leur cher malade. Du haut du grenier qu'elles occupaient, elles l'apercevaient de loin, se promenant bien portant et gai. On leur permettait quelquefois de le voir, et c'était un jour de fête pour tous les trois. Le monarque demanda quelquefois des nouvelles de ses ambassadeurs, puis peu à peu notre souvenir s'effaça de sa mémoire, et ses espérances et ses projets prirent une autre direction, sous l'influence de son ami le diplomate.

Les saintes femmes auxquelles je m'étais si tendrement attaché sont allées depuis longtemps au ciel, recevoir la récompense de leurs vertus ; quant au pauvre roi, il vivait encore il y a peu de temps, conservant ses illusions, comme tant d'autres rois tombés. Je ne l'ai plus revu ; mais je n'ai jamais oublié nos singuliers et touchants rapports.

CHAUDRUC-DUCLOS

CHAUDRUC-DUCLOS

I

En 183... un singulier personnage errait habituellement dans les rues et sur les promenades publiques de Toulouse. C'était un homme de taille moyenne, qui approchait de la cinquantaine, et dont le costume délabré était un assemblage confus de haillons rattachés entre eux par de grossières coutures. Depuis plusieurs années il n'avait coupé ni sa chevelure, ni sa barbe, qui tombaient sur ses épaules et sur sa poitrine dans un affreux désordre. Ses traits étaient beaux, nobles, largement tracés ; ses grands yeux bleus avaient une douce langueur ; mais une expression de profond découragement mêlée à un certain air d'ironique misanthropie donnait à sa physionomie un reflet mélancolique et sauvage ; il marchait presque toujours lentement, la tête baissée, les mains entrelacées derrière le dos et laissant traîner un vieux bâton, attaché par une lanière de cuir. Souvent il s'asseyait aux extrémités des promenades publiques, et là, les yeux fixés vers la terre, il traçait sur le sable, avec sa canne, des lignes incohérentes, dont il semblait suivre les entre-croisements bizarres avec une grande attention ; quelquefois il relevait la tête et considérait, impassible et distrait, les promeneurs indifférents ou moqueurs qui passaient devant lui, puis il recommençait ses lignes et ses dessins indéchiffrables.

On était accoutumé depuis longtemps, à Toulouse, à voir circuler dans la ville ce personnage sombre et inoffensif, et nul, sauf quelque étranger curieux, quelque étudiant nouveau ou quelque gamin nargueur, ne faisait attention à lui. Il se nommait Z... Z..., mais était généralement connu sous le surnom de Chodruc-Duclos toulousain.

Dans les premiers mois de son apparition, on avait fait bien des suppositions, bien des contes sur les événements mystérieux qui avaient pu conduire un homme jeune encore, d'un extérieur distingué, de manières élégantes, à ce degré de misanthropie ou de folie : des romans, des drames furent supposés, aucun jour ne se fit ; l'imagination toulousaine elle-même se lassa, et Chodruc-Duclos, désormais à l'abri de la curiosité et des investigations, avait pris droit de cité et était devenu une des célébrités de la rue avec Mme la Misère, la Mort aux rats, l'Homme au grand vautour, et le Chevalier XX...

La première vue de cet homme mystérieux avait excité en moi un vif sentiment de compassion et de curiosité, et toutes les fois que je le rencontrais, je le regardais avec intérêt. Il dut sans doute remarquer l'impression qu'il faisait sur moi, car souvent il me considéra de ce regard vague et ironique qui lui était habituel et qui se perdait bientôt dans une distraction rêveuse.

J'avais, en vain, cherché à recueillir quelques indications sur le passé de ce singulier personnage ; les explications les plus contradictoires m'étaient toujours données : c'est un fou, disaient la plupart, que le jeu et l'amour ont conduit à la ruine, puis à la folie ; — c'est un homme, assuraient quelques-uns, qui veut faire honte à certains membres de sa famille habitant Toulouse et la forcer ainsi à lui donner de l'argent pour le faire éloigner. — C'est un orgueilleux ruiné et paresseux, ajoutaient les autres ; son orgueil et sa paresse percent à travers les trous de ses guenilles. — C'est un ivrogne abruti, hasardaient quelques-uns ; sa démarche est chancelante, son regard hébété. Les derniers affirmaient pis encore ; et de tous ces renseignements divers et malveillants il résultait pour moi une plus grande confusion ; car dans la physionomie grave et mélancolique de cet homme, je ne voyais aucun des signes dégradants du fou, du mauvais sujet ou de l'ivrogne ; mais mon embarras et ma curiosité n'en étaient que plus grands. Je ne désespérais pas cependant d'arriver à mon but, me fiant à ma providence habituelle. En effet, elle ne manqua pas et fit sortir d'un bien petit incident l'explication du mystère qui m'intriguait depuis longtemps.

Je suivais un jour, vers midi, l'allée Lafayette; j'étais seul ou à peu près, et à part quelques gens affairés qui traversaient rapidement la chaussée, pas un flâneur, pas un désœuvré, pas une bonne, pas une nourrice ne colportait ses loisirs ou ses enfants. J'avais déjà atteint la moitié de la promenade, quand j'aperçus à cent pas de moi un autre promeneur qui se dirigeait lentement vers les bords du Canal; je le reconnus aussitôt: c'était *Chodruc-Duclos*, qui, tristement, la tête baissée, poursuivait sa course journalière. Je l'eus bientôt rejoint, et j'étais presque à ses côtés, quand son vieux bâton s'échappa de ses mains. Je me précipitai aussitôt pour le ramasser et le lui remis poliment; il me regarda avec étonnement et inquiétude, puis, d'une voix claire et un peu rude, il me jeta un : *merci* court et sec, et reprit sa marche silencieuse.

Je n'avais pas obtenu grand'chose, mais enfin le sauvage m'avait dit un mot, la glace était rompue; à l'avenir nous ne serions plus étrangers l'un à l'autre. Je continuai moi-même ma promenade, discrètement et sans me retourner, mais bien résolu à ne pas manquer les nouvelles occasions qui pourraient désormais se présenter. De longtemps aucune ne s'offrit. Je rencontrais souvent, tous les jours même, le taciturne promeneur, mais j'étais ordinairement en compagnie de mes camarades, ou la foule était nombreuse autour de nous, et d'ailleurs je me sentais ému à son approche.

Pas une idée, pas un prétexte ne me venait à l'esprit pour entrer en conversation avec lui ; quand j'étais loin et seul, je formais de beaux projets ; je dressais des plans, je prenais d'héroïques résolutions ; mais tout ce grand courage s'évanouissait dès que j'apercevais les loques pendantes et la physionomie sombre du Chodruc-Duclos toulousain. Cependant, je ne manquais jamais de le saluer avec politesse, et toujours il me rendait mon salut, de la tête seulement, après avoir jeté un regard triste et distrait. Plusieurs fois il eut l'air ennuyé et mécontent de mon insistance à le reconnaître ; mais bientôt ce nuage passager se fondit dans un sourire mélancolique ou dans un geste de profonde indifférence.

Mes amis étaient fort intrigués de mes rapports, bien légers sans doute, avec cet homme bizarre ; souvent ils m'interrogèrent avec curiosité ; un soir même, après un joyeux souper, ils me racontèrent gravement une histoire fantastique, qu'ils avaient fabriquée pour la circonstance, et dans laquelle les aventures du sombre promeneur se trouvaient tragiquement détaillées. Je fus si réservé dans mes réponses, si vif en le défendant qu'ils se persuadèrent que des liens de parenté existaient entre nous et qu'il y avait là un triste secret de famille. Ils cessèrent donc leurs moqueries et je m'aperçus qu'ils étaient devenus plus respectueux et plus sympathiques vis-à-vis du Chodruc-Duclos toulousain.

Il était difficile d'aborder de nouveau un pareil personnage ; je commençais à désespérer d'arriver à mon but, quand un soir de printemps, presque à la nuit tombante, je m'en retournais du quartier Saint-Etienne vers les allées Lafayette où j'étais certain de rencontrer mes amis. Le temps était délicieux, et pour allonger ma promenade j'allais rejoindre le Canal au bout de l'allée des Soupirs, d'où je m'acheminai lentement en suivant toujours le bord de l'eau. J'étais à peine au tiers de ma course quand je vis venir à moi un autre promeneur qui semblait interroger la terre. C'était lui... l'occasion était belle. J'avais quelques minutes pour me recueillir et pour prendre ma résolution. Mais en vain je cherchais dans mon esprit une phrase, un mot convenable et à propos, rien ne me venait et déjà j'allais l'atteindre... Je portai vivement la main à mon chapeau, et je me découvris plus respectueusement encore que d'habitude. Il s'arrêta, et relevant sur moi ses grands yeux tristes et distraits :

— Pourquoi me saluez-vous ? dit-il ; je vous suis inconnu, j'ignore qui vous êtes. Vous m'avez rendu un jour, je le sais, un service insignifiant de politesse ; vous vous croyez peut-être obligé depuis de me reconnaître et de me saluer ; ne prenez plus

cette peine inutile ; on pourrait rire de **vous**, **qui**
avez bonne intention peut-être, et se souvenir de
moi, qui désire être oublié de tous.

— Monsieur, lui répondis-je en balbutiant, je
n'ai pas, il est vrai, l'honneur de vous connaître,
et si j'ai pris quelquefois la liberté de **vous saluer**,
c'est que j'ai cru que le petit incident survenu **entre**
nous m'y autorisait et m'en faisait même un **de-**
voir. D'ailleurs, ajoutai-je plus bas, vous me **pa-**
raissez malheureux ; on m'a appris à être poli surtout envers les malheureux.

— Malheureux ? reprit-il vivement, d'où tenez-
vous, s'il vous plaît, que je le suis ? Est-ce **parce**
que je ne porte pas vos modes gênantes et absur-
des ? ou parce que je ne partage pas vos plaisirs de
convention et vos usages ridicules, que **vous me**
prenez en si grande pitié ?

Pendant qu'il parlait ainsi, l'inconnu avait re-
levé la tête et me regardait fixement, non plus avec
cet air rêveur et triste qui lui était habituel, mais
avec inquiétude et hauteur ; le début n'était pas en-
courageant. Je ne me laissai pas cependant trop
intimider, et reprenant doucement la parole :

— Monsieur, lui dis-je, je suis vraiment désolé
d'avoir pu vous blesser en exprimant un sentiment
honnête et bienveillant. Excusez-moi ; mais, au
nom du ciel, ne suspectez pas mon intention. Ne
pas vous saluer après notre première entrevue
m'eût paru une impolitesse, ne pas le faire à l'avenir, après notre seconde rencontre, me rappelle-

rait toujours que j'ai pu, sans le vouloir, vous faire
de la peine.

Il parut ému de mes paroles, et, ramenant son
long bâton, il y appuya ses deux mains, puis me
regarda pendant quelque temps avec une attention
embarrassante.

— La situation est bizarre, dit-il, comme se
parlant à lui-même : que de gens qui me connaissent et qui se détournent pour ne pas me saluer,
quand un inconnu s'obstine à le faire ! Eh bien,
jeune homme, saluez-moi à votre aise : vous serez
le seul dans cette bonne ville, et par là vous ac-
querrez aussi votre brevet d'originalité.

— Merci, monsieur, lui répondis-je enhardi par
cette concession et cherchant toujours à prolonger
la conversation, vous m'obligez en me parlant
ainsi, et quand j'aurai l'honneur de vous rencontrer, je m'empresserai de profiter de votre permission, protestant ainsi contre l'ingratitude de ceux
qui vous ont oublié.

— Ah ! jeune homme, reprit-il avec son air ironique et distrait, vous êtes donc encore naïf et
nourri de chimères. Vous naquîtes, sans doute,
dans quelque lointaine montagne ; retournez-y
vite, si vous voulez conserver vos rêves et votre
innocence.

— Mon expérience est petite, répliquai-je, mais
suis-je donc si malavisé, quand je condamne l'oubli de quelques ingrats ?

— Quelques ingrats ! quelques ingrats !... murmura-t-il vaguement; tous les hommes sont ingrats et méchants... Vous êtes au début de la vie; retenez cette terrible vérité, et si elle vous sert de règle de conduite, vous pourrez peut-être échapper quelquefois à leur perfidie.

— Permettez-moi, répliquai-je vivement, de croire que quelques hommes sont bons; je serais moi-même ingrat et méchant si j'oubliais ceux qui m'aiment.

— Vous y tenez, mon ami? eh bien, laissez-vous endormir et bercer par vos illusions : vous ne retomberez que de plus haut, au jour du réveil.

Tout en discutant ainsi, nous avions fait quelques pas. Chodruc-Duclos s'arrêta tout à coup : — Eh! moi-même, s'écria-t-il, je me laisse emporter, car j'oublie mes vieilles habitudes! depuis longtemps je n'avais autant parlé et marché avec un être humain!... Allez à vos affaires, à vos plaisirs, pauvre enfant; oubliez la mauvaise rencontre que vous avez faite; elle pourrait vous porter malheur. Du geste il m'avait congédié... mais plus je voyais cet étrange personnage, plus je me sentais attiré vers lui. Au vif sentiment de curiosité qu'il avait d'abord excité en moi se joignait à présent une sympathique compassion.

— Je vous quitterai, si vous le voulez, lui dis-je, mais je ne vous oublierai pas; le hasard m'a jeté sur vos pas; pardonnez-moi de vous le répéter encore, vous me paraissez malheureux et bon; votre souvenir ne saurait dès lors s'effacer de ma mémoire.

— Eh bien, pensez à moi, si tel est votre bon plaisir; mais n'y perdez pas trop de temps; je ne suis ni malheureux ni bon, et je mérite fort peu votre tendre amitié.

Il me congédia de nouveau de la main, mais je la lui saisis pour la presser; il frissonna sous cette étreinte et soupira profondément; puis, reprenant son allure accoutumée, la tête penchée, les mains derrière le dos, il poursuivit sa marche silencieuse. Je m'éloignais de mon côté, pensif et bien plus vivement intrigué encore sur les aventures extraordinaires qui avaient pu pousser un homme paraissant intelligent et distingué à une aussi sombre misanthropie.

J'avais sans doute fait un pas, un grand pas, mais que j'étais encore loin du but! Pour faire de nouveaux progrès dans l'intimité de l'inconnu, il fallait retrouver une occasion : ce n'était pas chose facile; je le voyais bien tous les jours, parcourant avec sa tristesse habituelle les lieux que je fréquentais moi-même, mais je n'eusse jamais osé l'aborder en public. Je l'aurais certainement désobligé. Je me contentais de le saluer poliment et je m'apercevais qu'il me rendait mon salut avec plus de grâce et de gratitude; quelquefois même, il me sembla, pendant que nous passions et repassions dans nos promenades devant le banc où il s'asseyait d'ordinaire, qu'il me suivait des yeux avec attention et intérêt.

Souvent, le soir, à l'heure où avait eu lieu notre

première entrevue, je parcourais les bords du Canal, depuis l'allée des Soupirs jusqu'à la place où s'élève aujourd'hui la statue de Riquet ; c'était en vain. Enfin, après plus d'un mois de recherches, un jour où je faisais mon détour accoutumé, juste au même endroit, à la même heure, je me trouvai face à face avec mon misanthrope. Il ne parut ni surpris ni fâché de me rencontrer, et prit sans trop de répugnance la main que je m'étais empressé de lui présenter.

— Vous aimez ce lieu, lui dis-je, voilà la seconde fois que j'ai le plaisir de vous y rencontrer ; je vais me mettre à l'aimer moi-même, puisqu'il me donne l'occasion de vous voir.

— Qui n'aime pas les hommes, me répondit-il, s'intéresse peu aux lieux qu'ils habitent... et si celui-ci pouvait m'être plus agréable qu'un autre, c'est qu'il est ordinairement solitaire. Quand l'âme est fermée aux doux sentiments, croyez-vous qu'elle puisse être bien sensible à la beauté des sites, aux charmes du paysage ? Tout se ressemble dans la nature et dans les hommes, tout est mort, désert, aride et sans beauté pour un cœur flétri et dès long-temps désabusé.

Je me hasardai timidement à lui répondre :

— Vous m'affligez quand vous parlez ainsi ; mais je ne sais pourquoi dans le son de votre voix, dans votre regard, je trouve une espèce de contradiction au pessimisme que vous exprimez.

— Mon pauvre enfant, reprit-il tristement, vous

êtes encore bon et vous me connaissez bien peu ; si nous étions destinés à vivre ensemble, il nous serait difficile, je crois, de nous entendre. Vous condamnez mon dégoût des hommes et des choses ; j'ai pitié de votre enthousiasme sentimental. Un abîme nous sépare. Dieu veuille qu'un jour de douloureuses expériences ne vous le fassent pas franchir ; gardez vos illusions ; laissez-moi ma triste conviction. Poursuivez, en souriant à tout, votre insouciante promenade ; je vais continuer ma course solitaire. Vous courez après les hommes, après ce qu'ils appellent le bonheur, je les fuis et je ne crois pas en eux ; nos routes ne sont pas les mêmes.

Il me quittait, mais il fut le premier à me tendre la main ; je la retins en la serrant dans les miennes et, l'arrêtant un instant, je lui dis avec intérêt :

— Mais les hommes vous ont donc fait bien du mal pour que vous les haïssiez ainsi ?

— Oui et non... Si quelquefois ils ont été cruels pour moi, d'un autre côté ils ont ouvert mes yeux à la vérité et j'ai pu me passer pour toujours d'eux et de leur perfide société. Ai-je été heureux ?... non... car le bonheur n'est pas dans la haine et dans la méfiance ; mais du moins mon cœur, en n'aimant plus, a cessé d'être déchiré. Mais vous, vous défendez vos semblables, vous les croyez bons, vous êtes encore excusable, puisque jusqu'ici vous n'avez probablement connu que des illusions et des caresses; cependant vous sortez de sur les bancs du collége, votre mémoire est pleine des récits de l'histoire de l'humanité; pouvez-vous garder votre bienveillante opinion devant les faits qu'ils vous apprennent? Depuis Caïn, quelle longue suite de méchants se déroule à vos yeux! Les plus hauts placés, ceux qui devraient servir de modèles et de défenseurs sont les plus pervers, les plus cruels... Un déluge vengeur les détruit, ils renaissent plus méchants. Dieu choisit un peuple privilégié, ce peuple l'outrage et l'abandonne... Il vient apporter aux hommes le pardon et le salut, les hommes le clouent au gibet du Calvaire... Des conquérants, des souverains remplissent le monde du bruit de leurs actions; les nations soumises et tremblantes attendent d'eux le bonheur, elles reçoivent des chaînes. Alexandre et César furent des tyrans, Tibère et Néron, Commode, Héliogabale des monstres. Attila se glorifiait d'être appelé le fléau de Dieu. Du nord au midi, des barbares, pendant trois siècles, se sont précipités sur leurs frères plus heureux et ont couvert l'Europe de ruines et de sang. Les lumières de la religion et de la civilisation ont éclairé le monde... les hommes, dès lors, deviennent encore plus cruels. Au nom d'un Dieu de paix, sous le prétexte menteur de liberté de conscience, de charité chrétienne, d'émancipation philanthropique, ils s'entretuent, ils s'oppriment, et aujourd'hui que toute foi est éteinte, tout enthousiasme passé, que les nations, fatiguées, dés-

illusionnées ou perverties, ne se soulèvent plus
pour une religion, un nom ou un principe, c'est
froidement et diplomatiquement que les tyrans
modernes se partagent leurs dépouilles et décident
de leur destinée.

Tout en parlant ainsi, le misanthrope s'était
exalté ; de ses yeux s'échappaient des éclairs hai-
neux et sinistres ; sa voix vibrait et sa démarche
ordinairement si lente était devenue vive et saccadée. Je le suivais en silence, plein de pitié pour
ce cœur brisé par la douleur ou égaré par la folie.
Parvenus à l'extrémité des allées Lafayette, nous
nous arrêtâmes au centre de la demi-circonférence
qui les termine. La promenade et les allées qui la
bordent se déroulaient à nos yeux ; une foule nombreuse la couvrait ; les routes qui longent les maisons étaient remplies d'équipages brillants, d'élé-
gants cavaliers qui passaient rapidement devant
nous. Du point élevé sur lequel nous étions placés,
nous voyions s'agiter et tourbillonner cette masse
compacte du sein de laquelle s'échappaient des
nuages de poussière et des murmures confus. A
cette vue, mon compagnon s'était arrêté et suivait
d'un œil de pitié l'agitation joyeuse de cette multitude. Quelquefois il soulevait les épaules avec mépris, quand un carrosse luxueux, un cheval de prix,
une toilette somptueuse se faisaient remarquer dans
le défilé diapré auquel nous assistions. Tout d'un
coup il se tourna vers moi, et, d'une voix amère,
incisive, que je ne lui connaissais pas encore :

« Je viens de vous donner une leçon d'histoire ancienne, » me dit-il, « voulez-vous une leçon d'histoire actuelle ? Ecoutez.

» Je suis au fait de la vieille et de la nouvelle chronique de cette bonne ville. J'ai vécu longtemps dans ses murs, au milieu de ses joies et des acteurs de sa comédie. J'ai vu de près les nullités, les misères et les vices que traîne une partie de ces fringants coursiers ou que couvrent ces riches étoffes. Vous voyez cette superbe calèche dont le fond est si orgueilleusement rempli par ce gros homme bourgeonné, à figure basse et commune. Chacun de ses écrous, ses somptueuses garnitures, son insultante livrée sont le triste produit des sueurs et des larmes du pauvre. Tout auprès, ce léger tilbury qui le croise ; il a été payé par le prêt usuraire de la calèche. Le lion ébouriffé qui le dirige si mal était destiné à être le soutien de sa vieille mère ; mais il l'a abandonnée pour dévorer en quelques mois les débris hypothéqués de l'héritage paternel.

» Voici de bien belles dames... l'une d'elles, celle qui a le sourire le plus enfantin, la physionomie la plus innocente, a déjà assassiné sa meilleure amie. Oh ! ne frémissez pas, ce n'est pas à coups de poignards. La langue est plus sûre et ne laisse point de traces. Elle raconte, sans doute, à sa brune compagne quelque nouveau trait charmant de perfidie, ne se doutant nullement qu'elle parle à plus perfide qu'elle et que sa rêveuse interlocutrice lui a déjà volé son mari et songe à lui enlever son amant... Ces deux superbes cavaliers qui suivent leur calèche perdent peut-être leur temps auprès de ces honnêtes Phrynés, mais ils font enrager leurs femmes et leurs maîtresses, ce qui n'est pas un mince plaisir.

» Oh! le grave personnage! que de décorations à la boutonnière! quelle honnête majesté dans la pose!... avec quelle noble déférence il parle à sa vieille compagne languissamment assise auprès de lui! Gardez-vous de vous attendrir. Monsieur a frisé la cour d'assises pour de honteuses peccadilles... Madame a chassé toutes ses brus par son exécrable caractère... Leur châtiment est d'être, encore, liés l'un à l'autre et d'avoir l'air honnête... Ah! ah! voici du tapage, du clinquant, de l'*esbrouf*... Autrefois les Laïs se cachaient dans un quartier obscur, aujourd'hui elles roulent carrosse. Eh! justement je connais celles-ci! L'une fut chassée de son village pour des vols qu'elle doit aujourd'hui trouver bien innocents ; l'autre a expié par de longs mois de prison un infanticide. Les rubans, les dentelles, les bijoux qu'elles étalent si insolemment leur ont peut-être été donnés par les honnêtes jurés qui les condamnèrent...

» Mais, que vois-je! lui aussi en voiture! Est-ce bien lui? Avec cet air de probité, de calme innocent, de douce assurance. Oh! monsieur... Monsieur, » répétait-il en me serrant énergiquement la main ; « vous voyez cet or, ce luxe, cet éclat... ce sont mes guenilles qui les ont faits et ce sont eux qui ont fait mes guenilles! Vous voyez ce front serein et heureux; c'est lui qui a fait mes rides et ma douleur... ah! maudit sois-tu, fourbe. Soyez maudits, ô hommes! vous vous ressemblez tous. »

En parlant ainsi, mon sombre compagnon était arrivé au paroxysme de l'exaltation, sa voix était tremblante; je sentais sa main frémir et trembler dans la mienne. Il me donna une dernière étreinte et, me quittant sans dire adieu, il s'enfonça d'un pas précipité dans la foule qu'il venait de maudire.

J'étais resté seul, surpris de tout ce que je venais d'entendre. Cette scène avait rempli mon âme d'amertume et de tristesse; je me sentais cloué à la même place, voyant confusément passer sous mes yeux le tourbillon des bruyants promeneurs, ne distinguant rien, ne reconnaissant personne, mais sentant toujours vibrer à mes oreilles les derniers mots de haine et de désespoir de mon malheureux ami.

II

Plusieurs mois s'écoulèrent, pendant lesquels je rencontrai quelquefois l'infortuné Chodruc-Duclos, mais toujours dans le même lieu et presque à la même heure; nous semblions nous donner rendez-vous. C'était à peu près une fois par semaine qu'avaient lieu nos entrevues. Nos conversations ne variaient jamais : des emportements et des imprécations de sa part, des élans chevaleresques de la mienne pour défendre l'humanité si terriblement attaquée. Nous nous séparions cependant fort amicalement. A chaque rencontre que je faisais de mon misanthrope, je découvrais en lui de nouvelles traces de sensibilité et de regret. Il semblait s'être attaché à moi, et plus d'une fois j'eus lieu de remarquer son affection, dans la sagesse des conseils qu'il sut me donner. Sa conversation, du reste, quand elle n'avait pas pour thème sa haine contre ses semblables, était pleine de douceur et d'intérêt ; il avait beaucoup lu ; ses appréciations originales montraient les hommes et les événements sous des jours nouveaux pour moi, instructifs et tout à fait inattendus ; mais il tombait bien vite dans ses divagations, et plus il avait été raisonnable plus il devenait furieux et implacable.

Les vacances approchaient ; nous préparions notre examen avec une ardeur qui devait réparer la paresse de toute l'année. Je sortais moins, et déjà, depuis deux semaines, je n'avais pas rencontré mon sauvage ami ; je m'informai cependant de lui. — On ne le voyait plus, me répondit-on dans les lieux qu'il fréquentait habituellement ; je commençais donc à être sérieusement en peine sur son compte, quand un jour une vieille femme, d'une figure douce et honnête, frappa discrètement à la porte de notre chambre, et, après s'être informée lequel de nous deux était M. Z..., dit en se retournant vers moi :

— M. X... que vous connaissez désire vous voir :

voilà quelques jours qu'il est souffrant et ne peut sortir. Auriez-vous quelque répugnance à me suivre ?

— Aucune, madame, répondis-je en me levant ; partons à l'instant : j'ai hâte de m'assurer que l'indisposition de M. X... est passagère. Je suis d'ailleurs heureux qu'il ait pensé à moi.

— Il ne faut pas trop se faire illusion, ajouta mon interlocutrice, ni compter sur un corps aussi tourmenté que celui-là : le mal a déjà fait des progrès rapides. La maladie et les chagrins tuent ce malheureux, et j'ai pour lui de vives inquiétudes.

Nous arrivâmes enfin, après plusieurs détours, dans une rue écartée du quartier des Hauts-Murats, où je fus introduit dans une chambre, au second étage d'une maison d'assez bonne apparence. M. X... était assis dans un large fauteuil de malade ; j'eus quelque peine à le reconnaître, non que la maladie l'eût changé, mais à cause de son nouveau costume. Il était simplement vêtu ; ses cheveux et sa barbe étaient peignés avec soin, ses pieds chaussés de bonnes pantoufles, et sur un guéridon à côté de lui s'étalaient des livres et des fleurs. La chambre était confusément meublée des débris d'un luxe passé ; de nombreux portraits de famille et des armes de prix couvraient les murs. Une vieille et riche étoffe de soie pendait en rideaux au lit et aux fenêtres ; la cheminée, le secrétaire, la commode étaient couverts de livres, de bronzes, de poteries, de curiosités diverses, et cependant, au milieu de cette confusion, régnaient un ordre et une symétrie de bon goût.

A peine fus-je entré que X... me tendit la main avec vivacité.

« Eh bien ! mon jeune ami, » me dit-il, « vous êtes venu à mon appel ; excusez cette fantaisie de malade. Vous le savez, on sort de ses habitudes quand on souffre ; il doit vous paraître bien singulier de me voir appeler à moi les hommes. » — Il sourit après cette petite tirade, et, me faisant asseoir à côté de lui, il entama une conversation animée, souvent interrompue par une toux sèche et saccadée qui me parut d'un bien mauvais augure. Le fixant alors plus attentivement, je fus frappé des ravages que la maladie avait déjà faits sur lui, et qu'au premier abord je n'avais pas remarqués : ses yeux étaient plus caves et plus brillants, les couleurs de ses joues plus vives et plus fixées, sa respiration plus précipitée. Ma préoccupation ne lui échappa point, et il me dit doucement :

« J'aurai bientôt atteint le terme de ma misérable carrière ; des signes certains m'annoncent que ma vieillesse est précoce et que mon heure est arrivée. Que la volonté de Dieu soit faite ! je quitterai ce monde sans amertume et sans regret. J'y ai fait peut-être fausse route, mais je n'ai pas été méchant, et la Providence me pardonnera, je l'espère, la bizarrerie de mon existence, à cause des douloureux mécomptes et des cruels chagrins qui m'ont accablé. J'étais né pour être bon, heureux et aimant. L'ingratitude et le malheur ont tout détruit en moi, et j'ai passé ma vie à maudire ceux que j'eusse voulu chérir. Quant à vous, qui êtes le seul être auquel je me sois intéressé depuis bien des années, j'ai voulu, avant de mourir, vous serrer la main, vous dire que votre compatissante pitié, votre bienveillant intérêt, ont souvent adouci mes douleurs, et que j'emporterai de vous, en partant, un bon et reconnaissant souvenir. »

J'étais douloureusement ému de ces paroles douces et tristes, sorties de cette bouche si souvent irritée. J'essayai par quelques consolations de jeter un peu d'espérance dans le cœur de mon ami.

« Pourquoi chercher à m'abuser? » me répondit-il avec mélancolie, « je connais mon mal : il est irrémédiable. L'âme a tué le corps. On ne guérit pas de toute une existence de bonheur perdue. Seulement, comme compensation suprême, on meurt sans regret. »

Un violent accès de toux interrompit notre triste conversation. Je dus me retirer pour ne pas fatiguer le malade; mais avant de le quitter, je lui demandai la permission de revenir souvent, pour lui tenir compagnie et pour lui prodiguer mes soins. Il me sourit avec émotion et me fit de la tête un signe affectueux de consentement.

A partir de cette visite, il ne se passa guère de jours sans que j'allasse veiller pendant de longues heures auprès de mon ami. Ma présence le soulageait, mes minces services lui étaient agréables, et quelquefois, à ma sollicitation, il consentit à prendre des remèdes indispensables à son mal. Jamais cependant je ne pus obtenir de lui qu'il vît un médecin : se croyant fatalement perdu, il voulait voir venir la mort sans l'accélérer ni la combattre.

Les derniers jours de l'année scolaire approchaient, et pendant trois mois je devais quitter Toulouse. Ce n'était pas sans une vive peine que je voyais arriver le moment où j'allais me séparer peut-être pour toujours de mon malheureux ami ; je voulus passer presque toute la dernière journée avec lui. Je lui fis trois longues visites, et voyant combien il semblait joyeux et plein de courage, je me mis à espérer dans sa jeunesse et dans la force de son tempérament. Je lui en exprimai mon espoir, et comme il était déjà tard, j'allais, le cœur serré, les larmes aux yeux, lui faire mes adieux, quand il me retint vivement, et, me forçant à me rasseoir, il me parla ainsi :

« Mon enfant, nous ne nous reverrons probablement plus. Vous allez retrouver les caresses et les joies de la famille, et quand vous reviendrez dans cette ville, je reposerai enfin dans la paix et dans l'oubli du tombeau. Ecoutez et perdez avec moi quelques instants encore, qui seront les derniers. Je vous aime et je vous estime ; comme preuve de mes sentiments pour vous, je veux vous faire la confidence du secret de ma vie et des événements qui ont fait de moi l'être excentrique et malheureux dont vous avez eu pitié. Mon histoire est courte, elle est instructive ; ce n'est pas pour satisfaire votre curiosité ou pour soulager mon cœur que je vais vous la raconter, mais c'est afin que vous y trouviez des enseignements qui vous seront utiles. J'aurai ainsi reconnu et récompensé l'amitié que vous me témoignâtes.

» Vous connaissez mon nom, vous savez que ma famille est considérée dans le Midi ; vous n'ignorez pas aussi que quoiqu'elle n'habite pas Toulouse, elle y a cependant de nombreuses et agréables relations. J'étais l'enfant unique d'une branche cadette, établie depuis longtemps dans les Cévennes, et j'avais à peine dix ans, quand je perdis presque en même temps mon père et ma mère. Le souvenir de leurs caresses et de leurs baisers est encore aussi vivant au fond de mon cœur qu'au jour où je les recevais sur leurs genoux ; leur douce image, toujours présente à mes yeux, a été ma consolation dans les amertumes de la vie, et c'est avec bonheur que je retourne vers eux. Je fus confié à un de mes parents éloignés qui me servit de tuteur et qui m'emmena avec lui dans le fond de la Provence, où il résidait. Il n'avait pas d'enfants ; sa maison était triste comme son cœur, et il ne sut pas m'ouvrir les bras, à moi pauvre orphelin, qui avais tant besoin d'aimer et d'être aimé ! il était cependant bon, compatissant, et je crois qu'il me donna toute l'affection dont son âme froide et réservée était capable. J'avais heureusement une

vieille bonne qui avait nourri ma mère, et dont
j'étais le seul amour; née dans la famille, qu'elle
n'avait jamais quittée, privée de ses enfants, elle
avait reporté sur moi, surtout depuis la mort de
mes pauvres parents, toutes les affections de son
âme. C'était avec elle que je passais mes journées,
parlant sans cesse de la noble loyauté de mon père,
de la tendresse et de la beauté de ma mère, et de
toutes les traditions de ma famille dont elle avait
conservé un fidèle et respectueux souvenir. Mon
tuteur m'adressait quelquefois la parole avec une
triste gravité; c'était toujours pour me recomman-
der la sagesse, et pour m'assurer que ma fortune
augmenterait dans ses mains si j'écoutais ses conseils.

» Je passai ainsi deux ans dans la maison de
mon tuteur, et quand l'heure d'entrer au collége
fut venue, je la quittai sans regret, mais ce fut
avec une douleur déchirante que je m'arrachai des
bras de ma vieille bonne ; je lui rendais ses caresses et j'étais aussi désolé qu'elle ; nous nous quit-
tâmes en nous promettant de nous écrire, chaque
semaine, des lettres pleines du souvenir de ceux
que nous avions perdus.

» La réserve et l'isolement dans lequel j'avais été
élevé me rendaient sauvage et timide. Je fus un
élève médiocre, un camarade peu communicatif,
et je vécus assez isolé de mes maîtres et de mes
condisciples. Ne sortant jamais, ne recevant aucune visite, j'étais regardé comme un être à part,

malheureux, et parmi les enfants cet état exceptionnel excite plutôt la répugnance que la compassion ; aussi je n'avais pas d'amis. Mes seuls jours de bonheur étaient ceux où je recevais les tendres lettres de ma bonne. Que de larmes, que de baisers je leur donnais! et dans ces brûlantes caresses, il me semblait embrasser mon père et ma mère des noms desquels elles étaient pleines.

» Chaque année je passais mes vacances dans la maison de mon tuteur, et j'y menais la même vie monotone et sérieuse à laquelle j'avais été accoutumé ; ne voyant personne, étranger à tout, je m'étais replié en moi-même, et je n'avais de passion et de tendresse que pour ma chère Brigitte.

» A dix-huit ans j'eus terminé mes études, et je songeai à choisir une carrière ; celle des armes me plaisait : mon père l'avait suivie avec honneur ; je m'y préparai pendant trois ans, et mis à le faire toute mon ardeur et toute mon intelligence. J'échouai malheureusement, et je me sentis à jamais découragé ; mon cœur d'ailleurs venait d'être brisé par la mort de ma pauvre bonne, et j'atteignis ma majorité plus triste et plus désespéré que je ne l'avais encore été.

» Le jour même que j'eus accompli mes vingt et un ans, mon tuteur me fit appeler solennellement, et, me présentant de nombreux papiers, il me pria de les examiner avec soin et de vérifier l'exactitude et la clarté de sa gestion. Je repoussai avec énergie

les comptes et les baux auxquels je ne comprenais
rien, et saisissant pour la première fois de ma vie
la main de l'homme qui avait remplacé mon père,
je le remerciai avec effusion des peines et des soins
qu'il avait pris pour moi.

» — Je n'ai fait que mon devoir, me répondit-il
avec une froide gravité ; il m'en reste cependant
encore un autre à remplir, avant de vous livrer
entièrement à vous-même : c'est de vous prémunir
par quelques conseils contre les dangers du monde
dans lequel vous allez entrer.

» Vous avez dix mille francs de revenus, un
nom considéré, une parenté honorable ; avec cela
et de la sagesse, vous pouvez faire votre chemin ;
mais sans la sagesse, tous ces avantages tourneront
contre vous. Soyez donc sage et vertueux ; rappelez-vous toujours que l'homme n'est véritablement
heureux que quand il a la conscience tranquille.
Demain nous commencerons ensemble une tournée
de parents ; je vous présenterai à eux, puis vous
serez votre maître.

» Je n'avais que des cousins éloignés, qui me
reçurent avec bonté, mais sans effusion ; ils avaient
à peine connu mon père et ma mère ; ils me
voyaient pour la première fois ; la branche que je
représentais était depuis longtemps séparée de la
leur : j'étais donc pour eux presque un étranger.
En les quittant, je sentis se briser mon dernier
espoir d'affection ; mon tuteur en même temps prit
congé de moi, et je me trouvai seul au monde,

sans personne à aimer, sans un cœur auquel le mien pût s'attacher et se confier.

» Toulouse était la ville que je connaissais le plus ; elle était presque le berceau de ma famille ; mon père et ma mère y avaient séjourné long-temps ; je me rappelais encore les promenades et les jardins où Brigitte me portait joyeuse dans ses bras. J'allai donc planter ma tente à Toulouse. Ma fortune, les bons souvenirs qu'avaient laissés mes parents m'eurent bientôt procuré une position agréable. Je fus admis dans des sociétés d'élite ; et je passai pour un des jeunes gens à la mode, les plus brillants et les plus distingués. Je connus quelques jours de bonheur ; mon cœur s'ouvrit avec ardeur à tous les sentiments auxquels j'avais été jusque-là étranger ; l'amour et l'amitié me prodiguèrent leurs plus tendres protestations ; j'y répondis avec ivresse, et je partageai ma tendresse et mon argent avec tous ceux qui disaient m'aimer.

» Cette vie brillante et heureuse dura pendant quelques années. Elle ne fut pas cependant exempte d'amertume, et plus d'une fois je fus cruellement blessé par des ingratitudes et des perfidies. Ma fortune était d'ailleurs sensiblement diminuée par mes généreuses dissipations, et je commençais à revenir à des sentiments plus prudents et plus calmes, quand éclata l'événement qui devait faire le malheur de toute ma vie.

» J'avais pour ami intime un jeune homme de quelques années plus âgé que moi et rempli des qualités les plus séduisantes ; il m'avait accueilli à mon arrivée à Toulouse ; c'était surtout grâce à lui que j'y avais pris ma position. Il se nommait **X...** et appartenait à une famille victime de grands revers de fortune. Sans ressources apparentes, il menait cependant un assez grand train et donnait le ton aux modes et aux plaisirs. Chacun se demandait quelle était la source où **X...** puisait l'argent qu'il dépensait, et nul ne pouvait résoudre ce problème. Des bruits, fâcheux pour son honneur, avaient couru quelquefois ; mais ils étaient toujours tombés faute de preuves, et **X...** continuait à fréquenter sa société habituelle. Plusieurs fois il avait puisé dans ma bourse ; mais ces emprunts, légers d'ailleurs, étaient exactement rendus. J'avais pour **X...** une haute estime, beaucoup d'amitié, et à ces deux sentiments se joignait une tendre sympathie pour les malheurs de famille dont il m'avait fait la triste confidence.

» Un jour, **X...** entra dans mon appartement la figure bouleversée, l'air hagard : — Mon ami, me dit-il d'une voix déchirante, je viens vous dire adieu : ce soir j'aurai cessé d'exister. J'ai supporté l'infortune, je ne pourrai survivre au déshonneur ; demain ma honte sera publique, mais je ne serai plus. J'aurais dû disparaître sans vous importuner de mon désespoir ; je n'ai pu résister au désir de presser encore une fois la main du seul ami que j'aie en ce monde. Adieu ! conservez de moi un bon souvenir, défendez ma mémoire et soyez heureux.

» Il me pressait dans ses bras et m'arrosait de ses larmes que je n'étais pas encore revenu de la stupéfaction dans laquelle m'avait jeté cette scène étrange. Enfin, retrouvant ma présence d'esprit, je fermai ma porte à double tour, et saisissant X..., qui s'élançait vers ma fenêtre entr'ouverte :

» — Mon ami, lui dis-je, calmez-vous un instant ; écoutez-moi. Vous venez de m'appeler votre seul ami, j'accepte ce titre ; vous me devez la confidence de tous vos malheurs, de vos fautes même, si vous en avez commises ; parlez, je l'exige. Dans ce moment suprême vous me devez toute la vérité. Il me regarda avec des yeux attendris, et prenant mes deux mains dans les siennes : — X..., me dit-il, mon malheur est irrémédiable ; une catastrophe terrible m'atteint au moment où j'allais, par un heureux mariage, réaliser le rêve de toute ma vie, et relever à jamais ma famille. Pour atteindre ce but, j'ai eu, hélas ! recours au jeu, et j'ai tout perdu, non-seulement les derniers petits capitaux qui auraient pu mettre à l'abri de la misère mes vieux parents, mais encore j'ai joué sur parole pour me racquitter, et le sort me poursuivant toujours, j'ai perdu ce que je n'ai pas, ce que je n'aurai jamais peut-être. Demain, selon les lois de l'honneur, je devrai payer ; n'ayant rien, je vais donner ma vie en expiation de ma faute. Il s'arrêta, et tenant les yeux baissés, il poussa des soupirs déchirants qui me brisaient le cœur.

» — X..., lui dis-je en l'embrassant, vous

m'avez choisi pour votre dernier confident, vous m'avez appelé votre seul ami. C'est la Providence qui vous a poussé vers moi. Je reconnais sa main et je ne faiblirai pas au devoir qu'elle me trace. Séchez vos pleurs, oubliez votre fatale résolution : ma fortune est à votre disposition ; c'est ainsi que je comprends les obligations de l'amitié. Dites, que vous faut-il ? quelle est la somme qui peut vous sauver ? — Il m'écoutait haletant, éperdu, et se jetant à mes genoux qu'il tenait embrassés : — Oh ! mon Dieu ! s'écria-t-il, je crois en toi ; tu m'envoies un de tes anges pour me retirer de l'abîme...

» X... se calma enfin, et, entre ses soupirs, il laissa échapper le chiffre énorme de la somme qui pouvait le sauver. Je n'hésitai pas, et rassemblant à la hâte mon argent et mes titres, je les livrai à mon ami, qui me quitta en mêlant mille fois mon nom à celui de la Providence, et en prenant le ciel à témoin des efforts surhumains qu'il allait faire pour s'acquitter au plus tôt envers moi.

» Quand je me trouvai seul, je revins, par la réflexion, sur la scène dramatique à laquelle je venais d'assister ; je calculai la portée de l'acte que je venais de faire ; je ne me repentis point, mais je fus effrayé : j'étais ruiné moi-même si X... ne pouvait me rendre l'argent que je venais de lui prêter. J'avais de nombreuses dettes, et la valeur de mes fermes suffisait à peine pour les payer ; mes capitaux, que je n'avais plus, formaient ma seule ressource. Je ne me laissai pas cependant abattre, et, plein de confiance dans l'honneur et dans la loyauté de mon ami, je me sentis heureux de l'avoir sauvé.

» Je ne sortis point ce jour-là de mon appartement, et je fis de sérieuses réflexions sur la situation de mes affaires et sur le terrible avenir qui pouvait me menacer.

» Le lendemain je devais passer la soirée avec tous mes amis, et nous nous trouvâmes réunis dans l'élégant hôtel de l'un d'eux. — Mais où est donc X...? demandèrent plusieurs voix ; depuis deux jours personne ne l'a aperçu. — X... est un fripon, dit en se levant le plus âgé d'entre nous, qui a trop longtemps déshonoré notre société... Son nom ne doit plus être prononcé parmi nous. — Monsieur, dis-je en tremblant de colère, X... est mon ami ; il est absent, je dois le défendre. — Vous choisissez mal vos amis, monsieur, répliqua mon interlocuteur ; j'ai dit et je répète que X... est un fripon. — Vous en avez menti ! m'écriai-je... Mais à peine avais-je prononcé ce mot fatal que je me sentis frappé au visage : je venais de recevoir un de ces outrages que le sang seul peut laver.

» Quelques heures après cette scène douloureuse, j'étais en face de mon adversaire, l'épée à la main, le cœur ulcéré de rage. Je n'avais voulu écouter aucune explication, aucune tentative d'accommodement ; notre combat devait être terrible et à outrance. J'avais affaire à un tireur habile, et la colère m'enlevait mon sang-froid et mes moyens. Aussi, dès les premières passes, je reçus un coup d'épée qui me traversa de part en part, et je fus transporté mourant, sans connaissance, dans mon domicile.

» Six semaines s'écoulèrent pendant lesquelles je restai insensible à tout ce qui se passait autour de moi, plongé dans une espèce de léthargie comatique, qui était plutôt la mort que la vie. La force de la jeunesse et la vigueur de mon tempérament l'emportèrent : je revins à l'existence et je vis, assise auprès de moi, la bonne femme chez laquelle je logeais depuis mon arrivée à Toulouse... Au premier mot que je prononçai, elle parut effrayée comme à la vue d'un fantôme, et me fît, en tremblant, le signe de me taire. En vain je voulus l'interroger. A toutes mes questions elle répondait par ces seuls mots : — Ne parlez pas... ne parlez pas... le médecin le veut ainsi.

» Le docteur vint bientôt ; il parut satisfait de mon état. Au bout de quelques jours, il me permit de m'asseoir sur mon lit et de causer un instant avec ma garde-malade.

» Cependant, à mesure que les forces revenaient, l'intelligence et la mémoire reparaissaient aussi ; je me souvins de tout et je demandai avec anxiété des nouvelles de mes amis, du temps écoulé depuis ma blessure, de X..., de tous ceux que j'avais l'habitude de fréquenter. — Ne pensez plus à tout cela, me répondit mon hôtesse, vous avez été bien malade et bien malheureux. Alors, lambeau par lambeau, mot par mot, j'arrachai à la pauvre femme les douloureux détails du drame dans lequel j'étais enveloppé. X..., après avoir, dans la même journée, joué chez d'autres dupes l'infâme comédie qui m'avait tant attendri, était parti pour l'étranger, escroquant une somme énorme. Mes créanciers, effrayés par mon accident et par les pertes que je venais de faire, s'étaient saisis de mes biens. J'étais ruiné... et je devais à la charité d'une pauvre femme les soins dont j'étais entouré et la vie à laquelle je renaissais. De ma fortune passée il ne me restait que les meubles que vous voyez, derniers débris de tout ce que m'avaient laissé mon père et ma mère.

» Je m'informai de nouveau de mes camarades, de ceux qui partageaient habituellement mes plaisirs et ma dissipation : pas un n'était venu veiller à mon chevet ou demander si je vivais encore... Mon aventure, le désastre dont j'étais la victime, ma vivacité à défendre X... avaient jeté sur moi un jour confus et défavorable. Compromis, misérable, j'étais repoussé par ceux que j'avais aimés et obligés, et désormais j'étais un être que chacun fuyait dans la crainte d'avoir à le reconnaître ou à le secourir.

» Telle était l'affreuse position dans laquelle j'étais tombé, et à ma première sortie j'eus la douloureuse certitude du mépris et de la répulsion que j'inspirais. Ceux que je rencontrai détournèrent les yeux pour ne pas m'apercevoir ; plusieurs

reviurent sur leurs pas... Un seul, ne pouvant
m'éviter, vint à moi d'un air contraint et me dit à
la hâte ces mots terribles : — X..., je fus votre
ami ; croyez-moi, quittez Toulouse ; votre position
n'y est plus tenable. Vous n'avez certainement été
que malheureux ; il n'importe : cédez à la nécessité. J'allais l'interroger, le supplier de s'expliquer... il était déjà loin. De personne je ne pus
obtenir un regard de pitié, un mot d'éclaircissement, un signe de sympathie. Je rentrai dans ma
chambre fou de désespoir.

» Un instant l'idée du suicide me vint comme
un remède à mon malheur. Je la rejetai avec
énergie... et puisque je me décidais à vivre, il fallait travailler. Je m'adressai à mon tuteur, à mes
parents ; je leur exposai ma détresse et je les sup-
pliai de me venir en aide pour trouver une carrière
et des ressources. Ils me répondirent à la longue
et de manière à me décourager pour jamais d'avoir
recours à eux. J'étais donc abandonné de tous ;
j'avais passé l'âge des carrières administratives ;
l'armée seule pouvait m'accueillir, mais il fallait
quitter Toulouse, et plus cette malheureuse ville
me repoussait plus je m'attachais à elle, non par
amour et par paresse, mais pour protester contre
les injures dont j'étais la victime...

» Un immense désespoir s'était emparé de moi,
et mon cœur brisé, défaillant, rompit pour toujours
avec les hommes. Je me repliai en moi-même, et
continuellement rongé par la douleur, je me mis à

errer sans but, sans honte, sans souci des convenances et des usages, dans les lieux que je parcourais auparavant en roi de la mode ou du bon ton.
Peu à peu cette vie excentrique devint une habitude ; je trouvais du charme à braver, par ma mise
cynique et par mon mépris de leurs obligations sociales, ceux qui m'avaient si outrageusement abandonné. J'ai vécu ainsi plus de vingt ans, et aujour-
d'hui j'arrive au terme de ma déplorable carrière,
indifférent à tout, plein de mépris pour les hommes, tellement insensible même à ma misère que
je n'ai pas même cherché à me venger de l'infâme
X... qui, revenu à Toulouse depuis quelques mois,
étale scandaleusement un luxe de faussaire.

» Pendant ces longues années j'ai vécu du petit
revenu que me donne une somme provenant de la
vente des diamants de ma mère. Après ma mort,
elle sera la récompense de la pauvre femme qui
ne m'abandonna jamais et qui a soigné ma prospérité, ma maladie et ma misère ! »

Pendant ce long et douloureux récit, souvent
interrompu par des accès d'une toux convulsive,
j'avais gardé un morne silence. Quand X... eut
fini de parler, je lui pris affectueusement la main
et je lui dis : — Pauvre cœur abandonné ! que je
serais heureux si ma tendre sympathie a pu quelquefois adoucir un peu votre malheur !

— Oui, vous me fîtes souvent du bien, me répondit-il : j'aime à vous le dire et à vous en exprimer ma profonde reconnaissance ; mais il faut nous

quitter pour longtemps, pour toujours peut-être...
Soyez béni pour votre bonté à mon égard ; je vous
dirais : Soyez heureux, si je croyais au bonheur.
Ne m'oubliez pas, et pour que ma mémoire ne
vous rappelle pas toujours des souvenirs trop tristes, laissez-moi vous donner un objet riant, le seul
qui soit ainsi de mon héritage. Prenez cette minia-
ture : c'est mon portrait quand j'étais enfant, alors
que j'étais si heureux, au milieu de l'amour et des
caresses de mon père, de ma mère et de Brigitte.
Conservez ce cadeau pour l'amour de moi, et quand
vous le considérerez, dites-vous que ce pauvre enfant, devenu le plus malheureux des hommes,
vous aima et fut souvent consolé par vous !

Je m'étais jeté dans les bras de X..., fondant en
larmes, suffoqué par mon émotion. Il me pressa
avec effusion contre son cœur, m'adressa encore
quelques tendres paroles de reconnaissance et de
tendresse, et me dit adieu.

Quand je revins à Toulouse, au commencement
de l'année 183..., X... était déjà depuis longtemps
descendu dans la paix du tombeau ; son corps avait
été déposé dans un coin obscur du cimetière
Saint-Aubin. La bonne femme qui avait soigné sa
misère et recueilli son dernier soupir y fit planter
une modeste croix. J'allai visiter souvent cette
pauvre tombe, aujourd'hui disparue, pour y donner une larme au malheureux qu'elle recouvrait
et dont le souvenir est resté si profondément gravé
dans mon cœur.

ROSE D'AMOUR

ROSE D'AMOUR

Vers la fin de l'an de grâce 183..., il y a de cela déjà longtemps, Toulouse était restée de bien loin en arrière des autres grandes villes de France. Soit par paresse, soit par l'insuffisance de ses ressources, soit par l'effet de cette méfiance que le progrès, fils du siècle, inspire à ceux qui ont conservé le culte des vieilles traditions et l'amour des temps passés, elle n'avait encore adopté aucune des ingénieuses et commodes inventions de la civilisation moderne. Ses rues tortueuses et sombres étaient dérisoirement éclairées par de très-rares réverbères, qui brûlaient à peine, pendant quelques heures, au grand profit de l'entrepreneur et des chercheurs d'aventures. Mais elles étaient encore plus mal pavées qu'éclairées, et plusieurs d'entre elles se trouvaient si raboteuses, si effondrées, qu'elles n'étaient vraiment praticables que pour un Toulousain, accoutumé dès son enfance à l'exercice périlleux de les parcourir. Le trottoir était complétement inconnu, et sous le ciel orageux du Midi, il arrivait souvent, au piéton surpris, de nager plutôt que de marcher au milieu de certaines rues se changeant en vrais torrents. Les aqueducs étaient-ils insuffisants, engorgés, mal entretenus? je l'ignore; mais ce qui est certain, c'est qu'à l'époque dont je parle, la plupart des quartiers devenaient, en temps de pluie, tout à fait dangereux, et que pas un citoyen, quelque courageux ou quelque pressé qu'il fût, ne se serait hasardé à les traverser sans secours ou sans aide.

De tous ces dangereux inconvénients naissait nombre de petites spéculations, dès qu'éclatait un orage ou s'abattait une trombe... Ici c'était le ruisseau gonflé de la rue Vélane, qu'un habile industriel venait d'orner d'un pont fragile, au moyen d'une simple planche, sur laquelle, pour une modeste rétribution et quelque connaissance des lois de l'équilibre, on pouvait essayer de passer, sauf à rencontrer bientôt un nouvel obstacle à franchir et une nouvelle contribution à payer. Plus loin, c'était une troupe de portefaix avinés, auxquels vous étiez obligé de vous confier pour traverser la place Sainte-Scarbes, devenue un vrai lac. Arrivés en chancelant au milieu de l'étang improvisé, ils marchandaient, parlementaient, menaçaient; bref, ne promettaient de vous conduire à l'autre bord qu'en augmentant le prix convenu. Enfin, c'était partout quelque nouveau danger, quelque trou profond, quelque horrible guet-apens, dans lesquels vous étiez certain de tomber, dès que le beau ciel du Midi grondait et éclatait sur sa bonne ville de Toulouse.

Certes, ces inconvénients passagers eussent été de peu d'importance et faciles à éviter, si le piéton surpris eût su où se réfugier commodément pour laisser passer l'inondation ; mais, hélas ! Toulouse ne possédait pas un seul passage couvert, un seul abri contre les colères de son ciel irrité. Aussi, l'infortuné promeneur dont le domicile était éloigné ou inabordable se voyait obligé d'attendre patiemment, les pieds dans l'eau, et dérisoirement abrité par son parapluie lacéré, que le caprice de l'orage fût passé, et que les eaux, à grand'peine écoulées, eussent quitté les rues, non sans y laisser une couche glissante de boue et d'ordures.

Mais les fiacres ? les omnibus ?... providence des gens mouillés... Les fiacres ? les omnibus ?... bonne plaisanterie !... Hé ! comment Toulouse, qui n'avait encore ni trottoirs, ni gaz, ni passages, ni galeries, eût-elle pu penser à avoir des fiacres ? S'il en existait, ils ne roulaient encore que dans la cervelle de certains spéculateurs utopistes, qui attendaient avec impatience que leur patrie voulût bien se laisser conduire en voiture sur la route du progrès.

Cependant, toute idée, toute découverte a son germe existant ; il n'y a pas de création absolue, et l'homme ne fait qu'améliorer, développer, sim-

plifier quelquefois. Si Toulouse n'avait pas encore
des voitures de place de plusieurs noms et de plusieurs couleurs, elle en avait du moins l'idée mère
représentée par une trentaine de chaises à porteurs,
vénérables monuments du siècle dernier, chamar-
rées de dorures et d'ornements flétris, couvertes de
galons et de glands éraillés et décousus, et desser-
vies par de vieux laquais éreintés, dont elles étaient
devenues le dernier gagne-pain. Ces respectables
véhicules stationnaient ordinairement sur la place
Saint-Etienne, auprès du portail de la métropole,
et étaient exclusivement réservés aux malades, aux
baptêmes, et à quelques vieilles marquises presque
centenaires. Ces antiques douairières oubliaient un
instant leur âge et leur ruine, en se voyant, comme
autrefois, colportées, dans leurs anciennes chaises,
par leurs ex-laquais.

Mais si le sort de l'étranger ou du Toulousain
était des plus tristes en temps d'orage, il n'était
guère préférable quand, à la place des torrents de
pluie, le soleil dardait ses chauds rayons, brûlait
les pavés, calcinait les places publiques et les promenades. Il n'existait pas dans toute la ville un
seul café confortable. La place Royale était bien
entourée d'établissements de ce nom ; les divers
quartiers possédaient sans doute des lieux publics
où se distribuaient des décoctions ou des boissons
alcooliques pompeusement titrées ; mais presque
tous ces pauvres caravanséraïs étaient des cafés
bâtards, moitié estaminets, moitié brelans, prési-

dés par de somptueuses dames de comptoir, et dans lesquels on avait à se défendre, en entrant, contre l'asphyxie de la fumée, la saleté du parquet, la maladresse des garçons, les regards malveillants des habitués et la malignité des étudiants.

Le soir, c'était encore pis, et je n'entrerai pas dans le détail des inconvénients des rues et du tumulte scandaleux du spectacle. Je crois, ma foi, que la police dormait dans cette bonne ville, ou qu'elle faisait chorus avec les tapageurs et la claque.

Enfin, avec tous ses ennuis, ses dangers et ses désagréments, Toulouse était bien, à l'époque dont je parle, la ville la plus triste, la plus gaie, la plus maligne, la plus hospitalière, la plus noire et la plus coquette des villes de France.

J'abrége le détail de ses charmes et de ses laideurs ; j'ai hâte d'arriver à l'événement qui commence mon récit, et qui fut le réveil de l'engourdissement industriel de la capitale du Languedoc.

Une singulière nouvelle, digne certes de la fameuse période de Mme de Sévigné, circula un beau jour dans la bonne ville de Toulouse ; elle se répandit bientôt depuis Saint-Cyprien jusqu'à Matabiau, du pont des Demoiselles au quai Saint-Pierre, des Minimes à Saint-Michel. Le bourgeois, en se levant, l'apprenait de son voisin plus matineux que lui, et la répétait à qui ne la savait pas encore. Cette nouvelle trouvait partout des incrédules, peu d'approbateurs, et bon nombre de railleurs.

— Hé ! vous ne savez pas, voisin, Toulouse fait des siennes! Allons-nous voir de belles choses!... Nous serons un petit Paris, sandis! Ah! certes, si cette folie réussit, j'irai le dire à Rome! Enfin, nous en serons quittes pour voir estropier nos enfants, briser nos devantures et rester éveillés une partie de la nuit.

— Mais quoi donc? qu'y a-t-il de nouveau? parlez, voisin, je vous en prie !

— Décidément, vous n'avez ouï rien dire? mais vous plaisantez, compère; chacun sait la nouvelle. Demandez donc à tous les boiteux du quartier : c'est fait exprès pour eux; ah! bien certainement, ils prendront des actions.

— Au nom du ciel! expliquez-vous, parlez, puisque ce n'est pas un mystère.

— Un mystère, bon Dieu! mais toute la ville en jase! Enfin, puisqu'il faut vous le dire, je viens de l'apprendre, je n'y crois pas encore, vous le prendrez comme je l'ai pris. Écoutez, voici la chose. Une compagnie vient de se former pour accrocher nos portes, déchirer nos oreilles et vider nos poches. Toulouse se donne des fiacres! Eh bien, voisin, vous n'avez pas déjà envie d'en essayer?... Demain il en roulera dix, et vous pourrez vous prélasser dans leur carcasse neuve, comme l'archevêque ou le premier président dans leur carrosse de cérémonie.

La fameuse nouvelle était vraie. Un hardi spéculateur avait bravé le préjugé, heurté l'habitude, méprisé la prévention ; il allait livrer à la curiosité des habitants ébahis le spectacle inaccoutumé de quelques voitures de place. Mais pour justifier ce projet téméraire, pour mieux faire réussir son entreprise périlleuse, et, d'ailleurs, pour acquérir tout de suite à son essai le droit de cité, il donna à ses véhicules les armes, les couleurs de la ville et le nom de *Toulousaines.*

C'était, je crois, vers le milieu du mois de novembre 183... que les premières *Toulousaines* roulèrent triomphalement dans la pacifique ville de Toulouse. Grande fut l'affluence des curieux qui les suivaient, accablant de quolibets, de railleries et de huées les premiers imprudents qui les inaugurèrent. C'était aussi à la même époque que la plupart des étudiants s'empressaient d'accourir du fond de leur petite ville pour prendre leur inscription, choisir leur logement, et s'installer le plus commodément possible pour passer à ne rien faire leur année de droit. Nous avons à nous occuper de l'un d'eux, et pour faire au plus tôt sa connaissance, prenons-le au débarqué ; il descend de la diligence des Basses-Pyrénées, entouré de paquets soigneusement ficelés, religieusement cachetés : malles, bourriches, cassettes, étuis, nécessaires, rien ne manque ; et dans ces petits détails du confortable, dans ces superfluités, on reconnaît tout de suite la main d'une mère.

— A moi, monsieur ? — Où va monsieur ? —

Belle chambre à louer. — Monsieur va-t-il à l'hôtel?
— Où monsieur veut-il qu'on porte ses effets?

Notre jeune voyageur ne répondit pas à toutes
ces demandes importunes, insupportable ennui
d'une cour de messageries; et prenant l'air sérieux
et presque hautain du jeune homme qui voyage
pour la première fois, il passa gravement au milieu
des solliciteurs, se rendit au bureau, paya sa place,
et, revenant à ses paquets, les toucha légèrement
du bout de sa badine, qu'il reporta impatiemment
vers l'un des commissionnaires, en lui disant avec
un accent basque des plus prononcés : « Rue de la
Pomme, n° 102. »

A peine notre jeune voyageur eut-il franchi le
seuil de la cour des Messageries, qu'il s'arma de
cet air crâne et mauvais sujet qui convient à tout
étudiant qui débute. Il laissa bruyamment traîner
sa canne, fixa avec arrogance les passants, affecta
de regarder avec indifférence ce qu'il n'avait jamais
vu, gourmanda son commissionnaire sur sa lenteur, fit semblant de le conduire, quand, en réalité,
il le suivait, puisque c'était pour la première fois
qu'il abordait le dédale des rues de Toulouse.
A part ces petits ridicules passagers, bien pardonnables à l'enfant qui sort du collége, notre nouvel
étudiant était le type charmant de l'adolescent au
moment solennel de ses premières émotions ; grand,
bien fait, de tournure hardie et distinguée, il était
beau comme on l'est à dix-huit ans, quand on est
né sous le ciel de la généreuse Cantabrie, et de ce

noble sang que César put verser, mais jamais vaincre. Il était beau de cette beauté mâle et fière qui se reflétait sur la figure du bon Henri, type royal de cette race indomptée ; son œil noir rayonnait de finesse, de douceur et d'audace ; sa bouche insoucieuse souriait de ce sourire habituel aux habitants des montagnes, et qui n'exprime absolument ni la joie ni la pitié, mais qui tient un milieu mélancolique entre ces deux sentiments. Ses traits, larges et réguliers, respiraient l'insouciance, la loyauté, l'ardeur juvénile, et cette joie communicative et sympathique, fleur bientôt fanée de l'adolescence. Tous ces avantages extérieurs étaient coquettement rehaussés par le béret pittoresque et la ceinture écarlate que le Basque, à quelque condition qu'il appartienne, n'abandonne jamais, surtout en pays étranger, où il est fier de sa nationalité.

Plusieurs jolis yeux toulousains se détournèrent pour voir passer le nouvel étudiant, et semblèrent lui dire : Au revoir. Il resta insensible aux œillades tendres, aux douces provocations, comme un homme qui a du temps devant lui, et qui d'ailleurs a bien autre chose à faire. Il arrive enfin et est installé au second dans sa chambre d'étudiant, par son propriétaire, honorable épicier qui lui recommande, avant de le laisser seul, de vouloir bien maintenir sans tache ses meubles, sa tapisserie et l'honneur de sa maison.

Qu'il est doux le moment où, après dix ans d'ennui, de privations, de punitions, de collége enfin, on se trouve pour la première fois libre, indépendant, chez soi, *étudiant*, car ce mot renferme à lui seul ce premier et charmant état de liberté par lequel commence la vie de jeune homme!

Yriart (1), — tel était le nom de notre héros, — quand il se trouva seul, resta quelque temps comme accablé par son bonheur. Il pouvait à peine croire à la réalité de son affranchissement. Délivré de l'air de représentation grave qu'il avait cru devoir prendre dans la rue, il s'abandonna, dans sa chambrette, à une joie enfantine; il essayait, déplaçait, rangeait ses meubles, étalait ses habits, déployait ses livres, et puis, quand il fut lassé de cet exercice, il s'installa commodément sur le moins dur de ses fauteuils, et se mit à réfléchir profondément à l'emploi de sa première journée d'étudiant.

Il était déjà plongé depuis quelques minutes dans l'embarras de sa méditation, quand soudain un grand tumulte s'éleva dans la rue; des cris, des huées montèrent jusqu'à lui. Yriart se précipita à sa fenêtre et ne tarda pas à connaître la cause de tout ce tapage : une des pauvres *Toulousaines*, le n° 4, la plus coquette et la plus légère, remplie,

<hr>

(1) Les noms propres employés dans cette nouvelle ne sont nullement ceux des jeunes Basques qui en furent les héros : je les ai pris au hasard parmi les noms les plus répandus dans la Navarre.

jusque sur son impériale, d'étudiants en gaieté, avait la plus grande peine à traverser au petit pas les flots de ses compatriotes, qui l'accablaient des plus malins quolibets, des plus ingrates plaisanteries. En vain se balançait-elle reluisante et gracieuse sur ses quatre ressorts allongés et souples; en vain son cocher, pompeusement revêtu d'une livrée éclatante, avait-il orné son chapeau et la tête de ses chevaux de magnifiques bouquets, de superbes rubans, rien ne pouvait attendrir le populaire moqueur, et l'infortuné véhicule, secoué au dedans par ses turbulents voyageurs, poussé au dehors par ses impitoyables persécuteurs, risquait plus d'une fois d'inaugurer sa première sortie par une honteuse chute. Il avança cependant à grand'peine, entraînant après lui la foule toujours grossissante, et finit par disparaître aux yeux ébahis de l'étudiant.

Après cette scène de la rue, qui l'avait plus d'une fois égayé par ses incidents grotesques, Yriart allait quitter sa fenêtre, quand, en relevant les yeux, il aperçut en face de lui, à la croisée correspondant à la sienne, et sous la forme agaçante d'une charmante grisette, la plus gracieuse apparition qui, certes, se fût jamais présentée à lui. La grisette toulousaine, est, chacun le sait, séduisante et mignonne, alerte, vive, coquette, sémillante, et celle qui se présentait en ce moment aux regards surpris de l'étudiant était bien la plus fraîche et la plus gentille de ses compagnes. Attirée par le bruit de la rue, elle s'était précipitée à sa fenêtre ; et, son ouvrage à la main, le corps penché, elle avait suivi avec une curiosité enfantine les péripéties du premier voyage de l'infortunée *Toulousaine*. Prête à se retirer, elle avait aussi levé les yeux et rencontré ceux d'Yriart qui, fasciné dans une douce extase, restait immobile devant elle. Il devait être beau dans cette muette admiration, car la jolie grisette ne put s'empêcher de le fixer un instant avec un étonnement naïf. Mais, craignant d'en avoir trop fait, elle referma au plus vite, et en rougissant, ses jalousies, sauf à regarder encore, sans être vue, à travers leurs discrets barreaux.

Juliette était la plus ravissante grisette qui eût jamais foulé le pavé toulousain. Elle avait alors seize ans ; les plus doux yeux, les plus noirs cheveux, le teint le plus frais, le plus velouté, les plus blanches dents, enfin le minois le plus coquettement chiffonné qu'un étudiant pût rêver. Elle n'avait pas cette beauté régulière et froide qui provoque l'admiration et presque le respect, mais cette grâce agaçante et fine qui enflamme les cœurs, trouble l'esprit, et fait faire bien des folies. Ajoutons à ces traits la taille souple, la démarche à la fois vive et nonchalante, la voix douce et pure, et nous aurons le portrait de Juliette, que nous avions surnommée *Rose-d'Amour*.

Depuis longtemps déjà les croisées de Juliette

étaient refermées, et cependant Yriart semblait encore cloué à la même place, les yeux ardem ment fixés sur la bienheureuse fenêtre, où venait de lui apparaître sa séduisante voisine. « *Débrouya bichaïa !* » s'écria-t-il enfin revenant à lui. « Quel ange ! quelle houri ! Béni soit le heureux hasard qui m'a jeté sur ses pas ! Oh ! que la vie doit être douce, quand on est aimé par une aussi belle créature. Adieu pour ce soir aux plaisirs, aux promenades, aux amis ; je veux revoir cette ravissante apparition. Charmant n° 4, cause de notre première entrevue, c'est toi que je prendrai toujours pour mes folles courses, ou pour mes voyages de cérémonie, quand j'irai passer mes examens ! » Et tout en tenant ce monologue, Yriart marchait vivement dans sa chambrette, ouvrait ses malles, et se précipitait à chaque instant vers la croisée entr'ouverte. Mais, hélas ! la fenêtre voisine restait immobile et fermée... Le jour baissa, la nuit vint. Le jeune étudiant vit alors les jalousies de la grisette, légèrement écartées, se refermer entièrement ; puis il entendit grincer la croisée, tirer les rideaux, et bientôt l'obscurité lui cacha presque la maison de sa voisine.

Alors un sentiment amer de tristesse et de dépit s'empara de lui. Il s'accouda, en enfant boudeur, sur l'appui de sa fenêtre, et se mit à rêver à son pays, qu'il avait quitté si joyeux la veille. Il se prit à regretter ses montagnes sauvages, ses fraîches vallées, ses gaves bruyants, la maison blanche et ombragée qui l'avait vu naître, les baisers de **sa** mère, les caresses de ses sœurs, les amis de **son** enfance, et, éprouvant le besoin de traduire **et** d'exprimer les sentiments tumultueux qui l'agitaient, il se mit à chanter d'une voix triste et pure un de ces ranz mélancoliques des pasteurs des Pyrénées, chants d'une harmonie suave et sauvage, tendre et hardie, pittoresque et grave, qui portent à l'âme et au cœur, et plongent dans une douce rêverie. Mais bientôt la fatigue du voyage, l'ennui de la solitude appesantirent ses paupières; il se jeta sur son petit lit d'étudiant, et rêva toute la nuit de sa mère, de ses sœurs, de son pays et de Juliette.

Aux premières lueurs du jour, à peine commençait-on à entendre dans la rue de la Pomme la clochette monotone des marchands de lait qu'Yriart était déjà installé à sa fenêtre, épiant l'heureux moment où celle de sa voisine s'ouvrirait, et où la douce apparition de la veille s'offrirait encore à lui. La grisette toulousaine est matineuse et active; aussi l'attente de l'étudiant ne fut pas longue. Il était depuis bien peu d'instants à son observatoire, quand les volets de Juliette préludèrent par un grincement significatif, et commencèrent à s'agiter; mais, à ce moment décisif, par un sentiment de timide émotion, sentiment juvénile et délicat, bien vite, hélas! passé dans l'âme des jeunes gens, Yriart sentit tout à coup sa résolution l'abandonner; il se retira vivement derrière ses volets, **son** cœur battit avec violence, et ce fut en tremblant et par la plus petite fente qu'il osa s'enivrer de la vue de Juliette. Le cœur est ainsi fait à dix-huit ans. Heureuse timidité! pudique effroi! douce épouvante! vous ne durez qu'un jour, et vous vous envolez avec l'innocence pour ne plus revenir!

Yriart secoua cependant au bout d'un instant son involontaire timidité; il s'arma d'une résolution terrible, et, prenant un air moitié sérieux, moitié indifférent, il ouvrit sa croisée et s'installa crânement sur son accoudoir. La fenêtre voisine était toute grand'ouverte, et Juliette, dans le plus frais négligé du matin, la tête coiffée d'un foulard, les bras nus, était appuyée, elle aussi, sur sa fenêtre, et semblait curieusement attentive aux premières scènes de la rue. Tout intéresse, après une nuit de sommeil; les objets paraissent neufs et plus beaux; ce qui fatiguait et agaçait la veille au soir amuse et distrait au réveil, et d'ailleurs, avant de reprendre le cours monotone des travaux d'une journée, l'esprit a besoin de s'approvisionner de tableaux et de nouvelles qui puissent lui servir de distractions et de délassement. Juliette resta quelque temps dans cette pose contemplative, puis, se relevant vivement, comme si elle se reprochait de s'être laissée trop longtemps aller à sa paresse, elle allait se retirer, quand elle aperçut Yriart debout, mélancoliquement appuyé contre le montant de sa fenêtre et la regardant avec ivresse; il se hasarda même, mais presque imperceptiblement, à lui adresser un léger salut et un gracieux sourire. Juliette fit un geste d'impatience et d'ennui ; elle prit un petit air boudeur et mutin, comme si elle était fatiguée et choquée de la persistance importune de son indiscret voisin, et, refermant impatiemment et avec bruit ses jalousies, elle se retrancha comme la veille derrière leur mystérieux abri. De son côté, Yriart, désappointé et blessé par l'affection de sa jolie voisine, referma lui aussi, encore plus brusquement et avec plus de bruit, ses contrevents, et se mit à bouder et à soupirer comme la veille ; mais sa résolution ne fut pas de longue durée : à chaque instant il quittait ses occupations illusoires, et revenait, sur la pointe des pieds, appuyer son œil curieux aux trous nombreux de sa croisée. La mystérieuse fenêtre de Juliette restait toujours obstinément fermée ; un instant seulement, il vit une main blanche s'appuyer à l'espagnolette, puis il entendit une douce voix appeler dans la rue une marchande de fleurs et la prier de monter. A peine l'heureuse bouquetière fut-elle descendue qu'Yriart l'appela à son tour, prit tout sans marchander, et se mit à disposer avec une joie enfantine, dans sa petite chambrette, les fleurs que sans doute venait de toucher, de sentir peut-être, sa charmante voisine.

Cependant les jalousies de Juliette gardaient leur désespérante immobilité ; le jeune étudiant, prenant alors à grand'peine son parti, s'habilla lentement, et, jetant un dernier regard sur la cruelle fenêtre, il alla, le chagrin et le dépit dans l'âme, faire, en compagnie de ses camarades, la connaissance de la ville qu'il devait habiter pendant quelques années.

Yriart visita en indifférent les rues, les édifices, les promenades et les très-rares curiosités que possédait alors la ville de Toulouse ; il resta froid et réservé au milieu de la folle joie de ses amis , et appelait de tous ses vœux l'heure à laquelle il pourrait convenablement se retirer, pour revoir, ne serait-ce qu'un instant, sa cruelle voisine. Que le cœur humain est bizarre , surtout quand il bat pour la première fois ! les obstacles l'enflamment, les refus augmentent son ardeur, et Yriart, qui peut-être eût regardé Juliette en indifférent, si elle se fût laissée voir sans affectation et sans humeur , ne pouvait déjà plus se passer de ses caprices ; il était épris, amoureux , exalté, et le pauvre enfant, si boudeur et si impatient le matin, brûlait de voir recommencer les charmantes brusqueries et la moue si mutine de la jolie grisette. Il avait suivi ses camarades dans une course lointaine, et dîné avec eux dans un gai restaurant de l'Embouchure. Après le repas, la joyeuse société proposa une promenade nocturne sur les bords du canal ; mais Yriart, prétextant un malaise, s'orienta de son mieux, et se dirigea en toute hâte vers la ville. La nuit commençait déjà à tomber , et le pauvre amoureux désespérait d'arriver avant qu'elle fût complétement étendue sur Toulouse, quand une voix inconnue vint tout à coup le tirer d'embarras.

— Etrennez-moi, mon bourgeois, lui criait la voix, vous serez content de moi; célérité et prudence : un franc cinquante la course. Où faut-il vous conduire? place Royale? place Lafayette? Commandez : Guillaume est bon et discret cocher.

Yriart releva la tête et reconnut, arrêtée devant lui, la jolie *Toulousaine* n° 4, qui, par l'organe de son automédon, lui tenait un si consolant langage. — Ah! voilà deux fois que tu m'obliges, charmante voiture! s'écria-t-il; allons, cocher, je paie double ; que j'aille aussi deux fois plus vite, rue de la Pomme, n° 102, et par le plus court chemin.

— Suffit, bourgeois. Et la légère voiture fut enlevée de toute la vitesse de ses deux bons chevaux ariégeois.

Le jour avait encore quelques minutes à éclairer quand la *Toulousaine* arriva au bout de la rue des Arts. Du plus loin qu'Yriart put apercevoir la bienheureuse maison de Juliette, il se pencha vivement à la portière. Oh! bonheur! la fenêtre de la grisette était ouverte, et elle-même, curieusement penchée, semblait attendre la voiture dont le bruit l'avait distraite. Elle parut étonnée quand elle la vit s'arrêter devant sa propre maison, et sourit avec une joie enfantine en voyant descendre l'étudiant son voisin. Yriart, ivre de joie, paya généreusement le cocher, bénit de nouveau la *Toulousaine*, et, sautant de quatre en quatre les marches de son escalier, il arriva à la porte de son appartement. Arrivé là, une pensée sage et habile surgit dans son esprit. Au lieu de céder à son premier mouvement et de se précipiter, comme il l'avait déjà fait, à sa fenêtre, il résolut d'affecter de la réserve et même de l'indifférence. Dans son dépit du matin, il avait laissé ses volets à demi fermés; se cachant aussitôt derrière leur discret abri, il se mit à considérer, dans une douce extase, sa charmante voisine. Juliette, appuyée sur sa fenêtre, semblait en proie à une mélancolique rêverie; plus d'une fois elle releva les yeux vers l'appartement de l'étudiant, et un petit froncement d'impatience plissa ses lèvres et son front; puis elle portait à sa bouche ses fleurs à demi fanées et les rejetait avec un geste d'humeur; enfin, après avoir plusieurs fois fixé la fenêtre de son invisible voisin, elle se laissa aller sur une chaise, appuya nonchalamment la tête sur ses petites mains, et se mit à fredonner des airs sans suite, parmi lesquels Yriart reconnut avec ivresse ce refrain du ranz de son pays qu'il avait chanté la veille. Transporté d'amour et de bonheur, il pouvait à peine croire à ce qu'il entendait; retenant son souffle, comprimant les battements de son cœur, il s'abandonna tendrement au charme délicieux de ce moment enchanteur; mais bientôt le chant de son pays, redit par la bouche qu'il aimait, le ranz de ses montagnes mélodieusement répété par la voix de Juliette, fit vibrer dans son cœur le sentiment irrésistible de la nostalgie. Comme le Suisse qui pleure et tremble

en entendant à l'étranger le refrain de la patrie,
lui aussi il frémit et s'attendrit ; son cœur battit,
ses yeux se remplirent de larmes ; il se laissa gagner et troubler par la douce émotion qui l'agitait,
et, oubliant ses résolutions de prudence, il méla sa
voix tremblante à celle de Juliette, et lui redit,
comme la veille, les notes pures et mélancoliques
du chant pyrénéen. A ces accents passionnés,
Juliette tressaillit, se leva en sursaut, rougit, et,
jetant un regard de reproche et de tendresse vers
la fenêtre de l'étudiant, elle referma avec précipitation la sienne, et ne la rouvrit plus.

Pénétrons maintenant dans le modeste appartement de la jeune grisette, et faisons plus ample
connaissance avec elle. Douce, gracieuse, séduisante, Juliette a seize ans et toute son innocence ;
elle vit avec sa mère, pauvre femme d'aide et de
ménage, qui passe ses journées et souvent ses nuits
au dehors, laissant au logis, seule avec son ouvrage, ses fleurs, et de bien bons conseils, sa
chère et douce enfant. Juliette est ouvrière en broderie ; l'ambition de sa mère lui a choisi ce gracieux métier. Avec le produit de son travail, la
gentille brodeuse fait aller la maison et achète
ses rubans et ses bouquets. Les bénéfices de sa
mère ont une destination plus sérieuse ; stricte-
ment économisés, ils doivent servir à la dot de sa
fille. Juliette a peu d'amis et ne voit presque personne ; ses voisins même la connaissent à peine,

et elle passe à broder, à chanter et à sourire à ses fleurs, les longues heures de l'absence de sa mère. Un seul personnage fait exception à cette exclusion sévère, et vient tous les jours, avec l'exactitude d'un chronomètre, passer deux heures avec la jeune ouvrière. C'est un vieux chevalier de Saint-Louis, connu sous le nom de chevalier de *La Fougère*, vrai type du gentilhomme ruiné, sec, maigre, grand, râpé, propre et sérieux.

Le vieil ami de Juliette devenait cependant, aussitôt qu'il entrait chez elle, gai, empressé, affectueux, et se laissait aller à tous les écarts malins de sa verve gasconne ; son plus grand bonheur semblait être de voir sourire la jeune fille au récit des folles histoires qu'il se plaisait à lui raconter.

Comment se faisait-il qu'une société aussi disparate fût la seule que reçût Juliette ? Personne ne le comprenait ; mais chacun savait que sa mère connaissait depuis longtemps le chevalier, le traitait en vieil ami, et tenait beaucoup à ce qu'il vît souvent sa fille. La sage mère avait-elle voulu lui donner un gardien expérimenté ? un autre motif plus mystérieux était-il la cause de cette assiduité ? C'est ce que les voisins curieux auraient bien voulu savoir et redire ; mais jamais le plus petit jour ne s'était fait sur cette indéchiffrable énigme.

Tous les jours le chevalier, à deux heures précises, frappait à la porte de la gentille ouvrière, restait avec elle à bavarder et à rire jusqu'à quatre heures sonnées, puis, lui tapant familièrement sur la joue, il se retirait pour revenir exactement à la même heure le lendemain. Les mauvaises langues du quartier avaient fait courir quelques bruits fâcheux sur les assiduités du chevalier; mais il était si vieux et si flétri, Juliette était si jeune et si sage, que tous ces vilains commérages tombèrent bientôt d'eux-mêmes et ne se renouvelèrent plus.

Laissons le chevalier, que nous retrouverons bientôt, pour nous occuper de la jeune fille et de ses plus intimes pensées.

Depuis quelque temps Juliette avait senti s'élever en elle des sentiments nouveaux, d'étranges désirs ; elle se surprenait à rêver, mettait plus de coquetterie dans sa toilette, et passait quelquefois de longs moments à sa fenêtre, regardant d'un œil curieux les beaux cavaliers et les nombreux étudiants qui parcourent à toute heure la rue de la Pomme ; mais leur air fat et insolent l'intimidait, leurs regards impertinents la faisaient rougir. La jeune fille se rasseyait en soupirant et prêtait une oreille distraite aux contes et aux conseils du chevalier. Elle était dans ces inquiètes dispositions, quand l'apparition d'Yriart vint la jeter dans un trouble nouveau. Lorsqu'elle vit aussi près d'elle le bel étudiant au regard si sympathique, à la physionomie si douce, son cœur battit avec plus de violence; un bien-être encore inconnu remplit son âme ; elle se sentit si délicieusement troublée, si tendrement émue, qu'elle referma aussitôt ses jalousies, et s'assit, tremblante, jetant à chaque instant, à la dérobée, un regard timide vers la fenêtre de son voisin. — « Qu'as-tu donc, Juliette? » lui dit le chevalier inquiet de cette émotion; « serait-ce le cortége tapageur de cette infortunée voiture qui t'aurait effrayée? Rassure-toi, mon enfant : les préventions injustes contre les nouveaux véhicules passeront bientôt, et ceux qui les poursuivent aujourd'hui de leurs sottes injures seront forcés de convenir, sous peu, qu'ils leur sont indispensables. Du reste, le populaire tapageur n'est pas dangereux, pas même par son nombre; et de mon temps un seul gentilhomme, son épée à la main, eût mis facilement en fuite les cent brouillons que tu viens de voir passer. Il faut, à cette occasion, que je te raconte une aventure qui m'arriva quand j'étais en garnison à Saint-Y..., au commencement de notre horrible révolution. Les premiers symptômes de révolte et d'impiété s'étaient déjà manifestés; l'orage grondait sourdement, et nous nous attendions tous les jours à avoir à soutenir, aux dépens de notre vie, le trône chancelant. La fête du roi arriva; elle fut célébrée avec une froideur ironique par la population. Mon camarade de chambre et moi, nous crûmes ne pas devoir, surtout en raison des circonstances critiques, abandonner les vieux usages; nous déployâmes à notre fenêtre le drapeau blanc, et nous préparâmes pour le soir notre modeste illumination. Pendant que nous devisions tranquillement, nous entendîmes un horrible tumulte sous nos fenêtres ; quelques pierres lancées violemment vinrent tomber à nos pieds. Nous nous précipitâmes, et nous vîmes quelques centaines de manants injurier grossièrement notre drapeau, et nous provoquer par de dégoûtantes apostrophes. Décrocher nos épées fut l'affaire d'un moment. Mon ami s'élance dans l'escalier, descend, rapide comme l'éclair, les deux étages qui nous séparaient de la rue, ouvre la porte furieux et l'épée haute.

» Quel est son étonnement en ne voyant sur le champ de bataille que moi un peu contusionné, il est vrai, mais vainqueur de toute cette canaille. J'avais sauté par la fenêtre ; et mon apparition au milieu de ces misérables jointe à quelques coups d'épée vigoureusement appliqués suffirent pour les mettre en fuite... Mais il est quatre heures ; je me retire. Adieu, mon enfant ; sois demain moins triste que tu l'es depuis quelque temps, aujourd'hui surtout, ou je ne saurai comment trouver, dans mes souvenirs, une histoire qui puisse te distraire. »

Le chevalier donna une petite tape affectueuse sur la joue brûlante de Juliette, prit une dernière prise de tabac et sortit, plus soucieux qu'à l'ordinaire.

Restée seule, la jeune ouvrière respira à l'aise et s'abandonna sans contrainte aux douces émotions qui l'agitaient. Pendant toute la soirée, elle suivit avec une attention fébrile toutes les évolutions que le dépit et le même tendre sentiment qui la troublait elle-même faisaient faire à Yriart. Le soir venu, quand elle eut entièrement fermé ses jalousies, elle ne se coucha pas et resta debout et attentive contre leurs complaisants barreaux. C'est de là qu'elle entendit, le cœur palpitant, les yeux noyés de larmes, le ranz mélancolique qu'avait chanté le jeune Basque, et qu'elle s'était enivrée des accents pénétrants de sa voix mélodieuse. Depuis longtemps déjà l'étudiant avait fini de chanter, et cherchait dans le sommeil une diversion à son dépit, que Juliette, encore sous le charme qui la maîtrisait, restait immobile à la même place, sentant vibrer au fond de son cœur les notes si pures et si tendres du chant pyrénéen. Ce fut en vain qu'elle chercha sur sa couchette quelques instants de repos ; mille douces illusions voltigeaient autour d'elle, et toutes finissaient par la gracieuse apparition de l'heureux étudiant.

Le jour parut, et Juliette s'empressa de voler à sa fenêtre, pour dissiper, se disait-elle, par la fraîcheur du matin, les douleurs aiguës dont l'insomnie de la nuit avait brisé son front brûlant. Un autre motif, sans doute, avait déterminé ce matineux empressement ; la pauvre fille n'osait se l'avouer, et cependant elle tressaillit, et sentit battre bien fort son cœur, quand Yriart, aussi ému qu'elle, parut à sa croisée. Mais, par le même sentiment de timidité juvénile qui avait déterminé le premier mouvement de l'étudiant, elle aussi ferma ses volets, et, mécontente d'elle-même, et ne sachant trop d'ailleurs ce qu'elle voulait ni ce qu'elle faisait, elle accompagna sa retraite précipitée de cette moue si mutine qui avait désespéré Yriart. Mais à peine installée derrière sa croisée vit-elle son voisin, dépité, fermer lui aussi violemment la sienne, qu'elle sentit son cœur se briser et se mit à pleurer amèrement. Vingt fois elle voulut ouvrir ses volets et sourire; retenue par un pudique sentiment, elle ne put qu'observer en tremblant. Mais, hélas! nous le savons, Yriart froissé, triste, désappointé, se décida à sortir. Juliette le vit franchir le seuil de sa maison, puis s'en aller pensif et à pas lents... puis enfin disparaître. Alors la pauvre enfant sentit ses forces l'abandonner; jamais elle ne s'était trouvée si seule et si découragée; sa chambrette, si proprette et si gaie, lui parut pour la première fois triste et sombre; ses fleurs lui semblèrent fanées. En vain le vieux chevalier vint-il, comme à son ordinaire, lui conter ses plus incroyables histoires, Juliette resta maussade, distraite, rêveuse. A chaque roulement de voiture qui ébranlait le pavé de la rue, elle se précipitait vivement à sa croisée. De bien beaux équipages et presque toutes les *Toulousaines* passèrent successivement sous ses fenêtres, et les volets de l'étudiant restèrent fermés et immobiles. Sur le soir, la pauvre fille avait entièrement ouvert sa fenêtre, et s'abandonnait rêveuse à ses douces et tristes émotions, quand un roulement lointain se fit entendre. Juliette se pencha et reconnut la jolie *Toulousaine*, le brillant n° 4, occasion de sa première entrevue avec Yriart. A sa vue, un tendre espoir s'éleva dans son cœur; elle suivit avec un avide intérêt la marche de la chère voiture, et ne fut pas peu étonnée de la voir s'arrêter devant sa propre maison. Mais son émotion et sa joie furent à leur comble, quand elle en vit descendre l'étudiant empressé, et qu'elle remarqua le regard passionné qu'il osa lui adresser.

Comme le matin, Juliette voulut fuir; un sentiment plus fort que la timidité la retint. Clouée à sa fenêtre, elle attendit le cœur palpitant. Mais, hélas ! les volets d'Yriart restèrent obstinément fermés. Depuis longtemps déjà, l'étudiant devait avoir cependant regagné sa chambrette. Un vif sentiment de dépit et de désespoir s'empara alors, à son tour, du cœur de la pauvre fille. Ne pouvant lutter contre son amertume, elle s'accouda sur sa croisée, et pour dissiper sa tristesse, elle se mit à fredonner des airs sans suite, auxquels se trouva mêlé le ranz d'Yriart. Nous savons l'effet qu'il produisit sur l'étudiant, et la fuite de Juliette, quand il mêla sa voix émue à la sienne.

Après cette scène si tendrement significative, la pauvre enfant, effrayée de tout ce qu'elle éprouvait, revint sur ce long passé de deux jours, et... compulsant les phases si orageuses et si nouvelles pour elle de ces quelques heures, elle vit clair au

12

fond de son sœur, et s'avoua en tremblant qu'elle aimait son voisin.

Plusieurs jours se passèrent ainsi délicieusement pour les deux enfants, dans les charmants préludes d'un innocent amour ; sans s'être jamais parlé, ils savaient qu'ils s'aimaient... et à défaut de paroles, leurs yeux se faisaient de doux reproches, d'enivrantes agaceries. Tous deux brûlaient cependant du désir de se connaître ; mais tout à fait inexpérimentés dans l'art habile de nouer une intrigue, et trop novices pour connaître la déplorable facilité d'un rendez-vous, ils attendaient du hasard, qui les avait si bien servis déjà, en les jetant sur la route l'un de l'autre, l'occasion tant désirée de se rencontrer et de s'avouer leur amour. Elle ne tarda pas à se présenter ; voici dans quelles circonstances.

Il est un vieil usage en France, usage moitié religieux, moitié profane, puisque à la prière et au recueillement succèdent ordinairement la joie, le bruit, l'excès et souvent le désordre : je veux parler des cérémonies et du *réveillon* de la nuit de Noël. Toulouse, ville sainte, et folle en ses plaisirs, célébrait avec sa ferveur et avec sa gaieté habituelles, les fêtes de ce jour sacré, et jamais ses rues n'offraient un spectacle plus animé. Qui ne se souvient de ce tumulte si bruyant, si original, de ces épisodes tantôt édifiants, tantôt grotesques ? Ici c'était une respectable famille bourgeoise, se rendant gravement et au grand complet aux trois messes de rigueur ; le chef marche un peu en avant, précédé par une servante à moitié endormie, et portant une antique lanterne, pour suppléer à la dangereuse insuffisance des réverbères ; derrière se pressent tous les membres de la famille, plus ou moins armés, suivant leur âge, de paroissiens, de gâteaux et de parapluies. La mère, horriblement endimanchée, ferme la marche, veillant avec anxiété et récitant des prières. Tout à côté, ce sont trois gentilles grisettes, la tête prudemment enveloppée de bonnets et de foulards ; elles trottinent en se tenant serrées l'un contre l'autre, rasant timidement les murailles, gazouillant et riant toutes à la fois. Bien certainement elles ont trompé la surveillance maternelle, et font ce soir-là leur premier coup de tête. Mais, hélas ! en vain ont-elles cru pouvoir se confier aux ombres de la nuit, en vain espèrent-elles que l'épais fichu qui emmitoufle leur joli minois les préservera de fâcheuses rencontres ; tout à coup, au premier détour de rue, elles sont arrêtées, heurtées et bien vite reconnues par un groupe joyeux de trois étudiants, en quête d'aventures. — « Ah ! mes belles, » dit l'un d'eux, «vous nous agacez ; vous êtes des démons tentateurs qui en voulez à notre recueillement ! Hé quoi ! pendant que mes amis et moi, nous nous rendons gravement aux cérémonies de la fête, vous vous jetez dans nos bras ! Eh bien, rassurez-vous, nous succombons... et sandis ! cadédis ! vous avez le flair bon. Nous venons précisément de commander pour six le plus gentil réveillon qu'une fille d'Eve puisse convoiter. Allons, mes amis, à chacun son vis-à-vis ; laissez-vous enlever, mes poulettes. » Pendant que les pauvres grisettes se débattent au milieu du guet-apens dans lequel elles sont tombées, retournons aux autres scènes de la rue. Quelle bizarre confusion ! quelle originale cohue !... Voyez ce long ruban d'enfants roses et joufflus, ridiculement masqués d'une soutane qu'ils traînent dans le ruisseau et d'un tricorne qu'ils portent de travers ; c'est le petit séminaire de l'Esquille. Chacun des minuscules abbés porte son paroissien d'une main et un énorme gâteau de l'autre, et il est plus porté à mordre qu'à lire. Puis voici des pensions bruyantes de garçons, des pensions plus modestes, mais tout aussi peu silencieuses de demoiselles ; des corps de métier, oriflamme en tête ; d'horribles pénitents gris, d'affreux pénitents noirs, des pénitents de toutes les couleurs, plus horribles et plus affreux les uns que les autres ; et au milieu de tous ces groupes si variés, si empressés, circulent, s'agitent, roulent, caquettent, nobles, bourgeois, artistes, grisettes, étudiants, ouvriers, graves personnages, étourdis, dévots, profanes, tous se heurtant, se dépassant, s'agaçant et se hâtant de visiter un grand nombre d'églises, en attendant, le plus dévotement et le plus gaiement possible, l'heure folle du réveillon.

Yriart, lui aussi, avait quitté sa chambrette et

s'était mêlé, seul, rêveur et presque indifférent, aux groupes animés qui remplissaient les rues. Au milieu de cette foule tumultueuse, de ces bandes joyeuses et de tout ce peuple éveillé pour prier, rire et réveillonner, il restait froid et même triste : une horrible pensée, un affreux soupçon torturaient son cœur ; dans ses longues et amoureuses séances à sa chère fenêtre, il avait remarqué que la croisée de sa voisine se refermait régulièrement pendant quelques heures du jour... Juliette cependant n'abandonnait pas sa chambrette. Yriart l'entendait souvent rire, fredonner, puis une autre voix, mais une voix masculine, se mêlait à la sienne, riait, fredonnait comme elle. En vain avait-il ouvert à grand bruit et avec affectation sa fenêtre ; en vain avait-il témoigné son dépit par des signes jaloux et de tapageuses brusqueries, Juliette semblait n'y avoir fait attention que pour fermer encore plus hermétiquement ses volets. Une déchirante pensée traversa alors le cerveau d'Yriart; il se crut le jouet de la jeune fille, et se mit à surveiller avec une ardeur fébrile la porte de sa perfide voisine. Il ne tarda pas à remarquer les visites régulières du chevalier; avec le temps de ces fatales visites concordait aussi l'immobilité des jalousies de Juliette. Il ne douta plus de son malheur; il maudit la jeune fille, il maudit son suranné visiteur, il se maudit lui-même, et quand il n'eut plus rien à maudire, il se mit à prendre une résolution désespérée; il s'arma d'un air dédaigneux et attendit, penché sur sa croisée, la fin de la visite de son rival. Quatre heures sonnèrent, le chevalier sortit, et soudain la fenêtre de la brodeuse s'ouvrit gaiement, et Juliette apparut, plus fraîche, plus séduisante, plus gracieuse encore que de coutume, et envoya à Yriart son plus caressant sourire; mais l'étudiant resta froid et indifférent, et d'un geste indigné il montra à la jeune fille le vieux chevalier qui, leste encore et pimpant, franchissait en se retournant le seuil de sa maison. Un instant Juliette sembla hésiter et frémir, et puis, comme si elle comprenait enfin, tout d'un coup, le geste magnifique de son voisin, elle se livra à un éclat de rire si franc, si moqueur, si joyeux, qu'Yriart ne put résister à son entraînement sympathique; il rit aussi, mais d'un rire forcé et convulsif. Peu à peu cependant son humeur se calma, et Juliette se montra si avenante et si gentille, que, le soir venu, il avait presque oublié ses soupçons. Mais voyant, les jours suivants, les mêmes visites se répéter, il retomba dans sa brûlante jalousie et dans sa noire tristesse.

Yriart était sous l'influence de ce sombre désespoir, quand il se mêla, pensif et abattu, aux groupes joyeux de la nuit de Noël; il cheminait ainsi, la tête basse, le cœur déchiré, quand tout à coup, non loin de lui, des cris de détresse se firent entendre. Yriart s'arrête; il cherche des yeux la cause du tumulte, et aperçoit bientôt une pauvre femme qu'une voiture de place, lancée à toute vitesse, vient de renverser sur le pavé. Il s'élance, la relève, l'encourage, veut l'emporter au plus vite vers la première maison ouverte ; mais il comprend bientôt qu'elle est saine et sauve, et seulement effrayée. Cependant une autre femme, que le désordre causé par l'accident avait séparée de sa compagne, redemandait en pleurant sa mère. Yriart tressaillit et reconnut aussitôt Juliette qui, à moitié évanouie, tomba dans les bras de la pauvre femme en l'arrosant de ses larmes.

Cependant la foule ameutée arrêtait la *Toulousaine*, cause de ce petit accident, s'emportait en invectives contre le malheureux cocher, et changeait en injures et en menaces les épigrammes dont elle l'accablait naguère : l'infortuné se confondait en explications et excuses, et, plus peiné lui-même que personne de son involontaire imprudence, il s'informait anxieusement de l'état de sa victime. Soudain, au milieu de ces groupes irrités, il reconnut notre étudiant qui prodiguait à Juliette et à sa mère les plus tendres soins : — « Oh ! M. Yriart, » s'écria-t-il, « c'est la Providence qui vous envoie ! dites donc à tous ces gens que je ne suis ni un imprudent ni un ivrogne, et que je n'ai été ce soir que malheureux ; le bruit de la rue a effrayé mes pauvres chevaux, et je n'ai pu arrêter leur emportement. — Hé quoi ! c'est vous, Guillaume ! Approchez, ouvrez votre portière. Amis, rangez-vous : Guillaume est un brave et honnête cocher, et s'il lui est arrivé un accident ce soir, prenez-vous-en à vos mauvais pavés, à vos tristes réverbères et à l'encombrement tumultueux de la ville. » En disant ces mots, il avait fait monter Juliette et sa mère dans sa chère *Toulousaine* et donnait l'ordre d'aller au petit pas dans la rue de la Pomme.

Les premiers moments se passèrent, entre ces trois personnages que le hasard venait de réunir d'une manière si imprévue, dans un complet silence. La mère de Juliette le rompit la première. — « Oh! monsieur, » dit-elle, « quelles actions de grâces ne vous dois-je pas pour le secours que vous m'avez porté, et pour les soins dont vous m'entourez encore ! -- Madame , répondait Yriart tremblant plus que personne, je vous devais assistance et intérêt, puisque, sans que vous me connaissiez, je suis votre voisin. Aussi ai-je pris sur moi de vous enlever au tumulte de la multitude , et de profiter de l'émotion bien naturelle qui vous agitait, vous et votre fille, pour vous arracher aux inconvénients de la cohue que votre chute a occasionnée. Vous êtes saine et sauve, votre fille est rassurée... Dieu soit béni ! Je suis heureux, bien heureux, de vous avoir obligée ; mais prouvez-moi que mon empressement et mes soins vous sont agréables, en me permettant de ne vous abandonner que quand vous serez en sûreté dans votre domicile. — Oh ! recevez de nouveau l'expression de toute ma reconnaissance, répondait la mère de Juliette, dans le désordre de mon accident je me suis confiée à vous qui m'avez le premier secourue; mais ce serait abuser de votre générosité que de vous détourner plus longtemps de vos plaisirs et de vos camarades dans cette joyeuse nuit : ma fille et moi nous sommes près de notre domicile; grâce à Dieu, nous voilà rassurées et remises; nous vous rendons votre liberté, et nous vous renouvelons notre bien sincère gratitude. — Oh! madame, répliquait Yriart, si je vous ai rendu service, ne m'en enlevez pas aussi vite la récompense... Je n'ai ni plaisirs à poursuivre ni camarades à rejoindre : la plus grande joie de cette nuit est pour moi dans votre charmante compagnie; en bon voisin, laissez-moi vous ramener à votre porte; et puisque notre connaissance s'est faite d'une manière si inattendue, permettez-moi d'espérer que vous m'autoriserez à la cultiver et à me mettre à vos ordres, dans toutes les occasions où vous aurez besoin de mes services et de l'aide d'un voisin dévoué. » — C'étaient alors des remercîments affectueux de la part de la mère de Juliette, et des protestations chaleureuses de celle d'Yriart.

Cependant la jeune ouvrière, assise tremblante à côté de sa mère, s'enivrait, le cœur palpitant, de la vue et des paroles de son généreux voisin ; elle avait voulu essayer de parler, mais ses dents s'entrechoquaient, la voix lui manquait, et le trouble charmant où la jetait la présence si inespérée de l'étudiant la rendait plus belle et plus séduisante encore.

Quelque lente qu'eût été la marche des chevaux

de Guillaume, la *Toulousaine* arriva, hélas ! et s'arrêta. Le cœur d'Yriart se brisa, celui de Juliette battit plus fort encore. L'étudiant, soutenant sa voisine, l'aida bien lentement à descendre, leurs lèvres murmurèrent quelques mots confus et tremblants, et leurs mains, se pressant pour la première fois, se firent, par une douce étreinte, le charmant aveu d'un premier et innocent amour.

A l'époque où se passait cette histoire, il existait, au coin de la rue B... et de la place R..., un restaurant demi-commun, demi-confortable, rendez-vous favori d'un grand nombre d'étudiants de tous les pays. La salle était au rez-de-chaussée, et d'une jolie grandeur sinon d'un grand luxe d'ornements. Le service était diligent et pas trop impoli, la chère modeste, mais saine et abondante. Enfin, pour la somme de cinquante francs par mois, on y trouvait deux honnêtes repas, un bon poêle en hiver, pas trop de mouches en été, et le droit de faire un horrible tapage.

Chaque contrée du midi de la France avait, dans le restaurant, sa table, ses usages et son règlement, et toutes ces tables, différentes de langage, d'habitudes, de mœurs, vivaient, pendant toute la durée du repas, dans le plus joyeux accord ; ce n'étaient que gais propos, bruyantes plaisanteries, jetés de l'une à l'autre ; et quand chacun s'était levé, Basques et Bordelais, Rouergats et Languedociens, Gascons et Provençaux, se mêlaient avec cordialité, formaient des groupes , et , bras dessus bras dessous, se hâtaient de gagner en chantant les portes du théâtre ou les modestes cafés de la place Royale.

Six heures venaient de sonner à l'horloge de Saint-Etienne ; le cadran enfumé du restaurant les avait fidèlement répétées. — « Table de Messieurs les Basques ! » cria un garçon chargé d'assiettes et de plats depuis le bout des doigts jusqu'au menton ; et tout aussitôt sept à huit beaux garçons, qui piétinaient, riaient et se taquinaient autour du poêle, se précipitèrent bruyamment vers le casier des serviettes, et prirent place, en se poussant et en se taquinant encore, autour de leur table réservée. Une place restait vide... « — Constatez l'heure, greffier, dit le plus âgé des jeunes gens, que les autres appelaient M. le Président... La séance est ouverte, les absents payeront l'amende. — Six heures cinq, nasilla le greffier... — Et mais qui manque donc ce soir ? dit un des convives. — Hé ! qui peut donc manquer, répondit son voisin, si ce n'est celui qui manque partout et toujours ! Yriart, l'introuvable Yriart, l'homme-mystère, l'étudiant misanthrope... — En voilà un, s'écria un troisième, qui n'a guère tenu ce qu'il promettait. Valait-il bien la peine d'être aussi malin et aussi joyeux écolier, pour débuter si tristement dans la belle carrière d'étudiant ! — Mais enfin , ajouta un quatrième convive, qui de vous me dira, — et je le tiendrai pour un madré devin, — qui de vous m'expliquera les sataniques, mystiques et très-peu publiques occupations de notre mystérieux camarade? — Je parie qu'il travaille pour le théâtre. — Bah! il mange tout seul les confitures de madame sa mère. — Ou bien il dévide les écheveaux et charme les loisirs des horribles filles de son horrible épicier. — Étudierait-il son droit? — Ne calomniez pas les absents, dit gravement le président. — Que chacun se taise et ouvre ses ouïes, dit lentement un convive à l'air sournois et malin qui jusque-là s'était dandiné en souriant... Basques, recueillez-vous... Il est juste que vous connaissiez enfin les écarts de notre infortuné camarade, et que vous vous coalisiez tous avec moi pour le retirer de l'abîme où il est tombé. Or, voici le fait... Mais avant de commencer, je constate qu'il est six heures vingt, et qu'aux termes du règlement, Yriart est redevable d'une bouteille de blanquette de Limoux par chaque dix minutes de retard... Garçon, deux bouteilles de blanquette au compte de M. Yriart... Maintenant, oyez tous. Yriart est amoureux!!... Mais amoureux, non pas comme un aventureux et fier étudiant doit l'être, comme nous le sommes tous, mais comme Némorin l'était d'Estelle, Paul de Virginie, et avec cette différence encore, que la beauté qui l'enchante, très-peu semblable à ces naïves héroïnes, est bien la plus madrée coquette, la plus rouée péronnelle, mais il faut l'avouer aussi, la plus jolie grisette que possède Toulouse. Ce n'est pas sur les glacis du Canal, sous les ombrages complaisants de la Grande-Allée, ou dans le parc mystérieux de Blagnac, que le malheureux Yriart donne à sa Dulcinée d'amoureux rendez-vous. Non. C'est de sa fenêtre, placée vis-à-vis de la sienne, qu'il lui parle l'attendrissant langage des fleurs et le torticolisant langage des yeux, et tout cela accompagné de gros soupirs, de baisers sur la pointe des doigts et d'un nombre infini d'heures d'admiration et d'extase. Mais ce n'est pas tout. Pendant que notre sentimental ami use ses yeux, sa poitrine et son accoudoir à soupirer à sa fenêtre, que fait sa perfide voisine? Elle ferme à peu près ses volets, montre de temps en temps le bout de son joli nez, pour remonter la machine d'Yriart qui se lasse... et puis... et puis elle cause, rit, batifole avec le plus vieux, le plus sec, le plus râpé des émigrés encore vivants, qui vient passer avec elle presque toute la journée!!!! On raconte sur ce vieux céladon à figure de faune, au regard diabolique, d'horribles et scandaleuses histoires. On le dit chevalier, riche à millions, avare comme Harpagon, jaloux comme Othello, impur comme don Juan. Depuis longues années, il passe une grande partie de son temps auprès de la voisine d'Yriart, qu'il a formée à son exemple. La mère, à moitié idiote, sort le jour, et laisse faire. Sur ce, est arrivé notre tendre ami, et la perfide grisette, s'ennuyant avec son étique et vieux chevalier, passe malignement son temps à le faire sentimentalement poser, et tous deux rient et s'amusent de la sensible crédulité de l'innocent Yriart. — Assez!... assez!... s'écria un des convives... je vote la mort du chevalier. — Et moi la réhabilitation d'Yriart. — Et moi le procès de la belle. — Et moi quatre bouteilles de blanquette, car il est six heures quarante. — Mais, attendez... attendez donc ! Je n'ai pas encore fini, et vous ne savez guère que la moitié de l'attendrissante histoire de notre naïf camarade. Sachez donc que pour mieux endormir sa tendre simplicité, la madrée commère et son vieux complice l'admettent quelquefois dans leur horrible société, et là, le malin chevalier, qui est un infatigable conteur, amuse la fillette en débitant à Yriart les plus ridicules sornettes et les plus incroyables folies du temps passé. La petite rit et minaude, notre ami s'ébahit et soupire, et le sournois vieillard, en humant sa prise de tabac, ricane et frotte ses mains décharnées. Quelquefois il permet d'innocentes promenades en *Toulousaine*, dans lesquelles il se trouve toujours en tiers, et qu'il autorise Yriart à payer ; et pour donner une apparence honnête à leurs courses joyeuses, ils prennent le numéro 4, de ce vieux Guillaume, qui se fâche toujours, quand on fume ou quand on fait du tapage dans sa voiture... Mais, allez-vous me demander, comment as-tu pu connaître tous ces affreux détails? D'abord je vous répondrai que j'en connais la première partie par mon honnête blanchisseuse, la plus fine commère de Tounis. Une fois sur la voie, j'ai observé moi-méme, et j'ai vu la confirmation et la suite de l'aventure. Accroché un soir derrière le vertueux n° 4, j'ai aperçu l'intéressant trio rouler, soupirer, conter et minauder sur le pavé de la rue de la Pomme... Et voilà ! ! ! »

Le groupe des étudiants avait écouté, frémissant et indigné, le récit d'Erouï ; mais à peine l'eut-il terminé que chacun, prenant confusément et bruyamment la parole, jeta aux échos de la salle les plus énergiques protestations : — « Il faut venger le pays. — Il faut délivrer Yriart. — Mort au chevalier ! — Nous bernerons la brodeuse. — Nous... » — Mais au même instant la porte s'ouvrit, et Yriart, la figure bouleversée, l'air sombre, entra et porta brusquement la main à son béret ; il s'assit silencieusement, et attaqua avec distraction le premier plat qui lui tomba sous la main : — « Tu as quarante minutes de retard, et quatre bouteilles de blanquette à ton compte, » lui dit le greffier. — « C'est bien, » répondit-il ; « du moment où j'ai signé le règlement, je dois en subir les conséquences ; vous y trouvez votre avantage, et moi aussi le mien... Mais il me vient une idée, et je vous en propose dès à présent la mise à exécution. Tous les jours, je suis en retard ; vous constatez exactement mon absence ; voulez-vous me donner huit jours de liberté ? je les achète par vingt bouteilles à boire immédiatement. — Adopté à l'unanimité ! » s'écria la folle assemblée.

Le dessert était déjà étalé ; les bouteilles furent apportées. Il allait évidemment se passer une horrible orgie. Les têtes des convives étaient déjà exaltées par le récit d'Erouï, et Yriart paraissait impatient de noyer dans les fumées du vin le chagrin qui l'absorbait. Cependant les jeunes gens s'observaient avec inquiétude ; aucune allusion pénible n'était encore sortie de leur bouche ; les premières bouteilles étaient épuisées , et le seul effet qu'elles eussent produit avait été de redoubler leur fiévreuse anxiété. Yriart , toujours sombre et silencieux, buvait plus que les autres : — « A la santé de nos belles ! » s'écria tout à coup Ménéye. « Aux fleurs de Toulouse, aux reines du bal de la Folie ! » Chaque étudiant , l'œil en feu, le bras étendu , s'était levé en brandissant son verre. Yriart seul restait assis , et, jouant machinalement avec son couteau , demeurait étranger à la joie de ses compagnons ; qui, chancelants déjà , formaient autour de lui une ronde fantastique. — « Eh ! donc, Yriart , » balbutia Ménéye, « tu nous entends, tu nous regardes et tu te tais ! A ta Dulcinée, mon brave ! » Ce fut le signal de l'explosion : — « *Aux beaux yeux qui te charment !* » ricana Alcua. — « A celle qui t'accapare corps et esprit ! » exclama Casarey. — « A celle qui te retarde tous les soirs ! » vociféra Zartéguy. — « A Juliette la brodeuse ! à ses fleurs, à ses jalousies, à son chevalier ! »

Yriart , à ces sarcasmes brusquement lancés, s'était renversé frémissant sur sa chaise ; la bouche contractée, l'œil fixe, il semblait attendre un geste, un mot de plus pour laisser éclater sa rage. Au nom de Juliette il bondit, hors de lui, et, frappant violemment la table des tronçons de son couteau brisé : — « *Arayoua débrouya bichaya!* » hurla-t-il. « Tas d'ivrognes, buvez à vos honteuses amours ; mais que le nom d'une honnête fille ne se trouve pas mêlé à vos toasts impurs ! »

Un immense éclat de rire accueillit cette sortie furieuse, et la troupe chancelante entoura de nouveau en ricanant l'infortuné Yriart qui, pâle, tremblant, serrant convulsivement les poings, cherchait d'un œil égaré celui de ses amis sur lequel il pourrait faire tomber sa fureur... Et la ronde infernale tournait, tournait toujours autour de lui.... et chaque étudiant lui décochait en passant une nouvelle épigramme : — A l'amour platonique ! — Aux rosières ! — Aux fleurs sur les fenêtres ! — Au télégraphe amoureux ! — A la vertu chevaleresque de Rose-d'Amour !

A ce dernier sarcasme, sorti de la bouche avinée d'Erouï, Yriart, poussé comme par un ressort électrique, bondit et s'élança vers son insulteur chancelant, et, l'étreignant à la gorge avec une fureur affolée, il le frappa au visage et le jeta, à moitié inanimé, sur les débris de la table et des bouteilles renversées.

Un horrible tumulte suivit cette scène de confusion et de rage ; quelques convives voisins s'interposèrent vivement, et séparèrent à grand'peine les combattants, et toute la troupe des Basques, agitée, frémissante, mais complétement dégrisée, quitta la salle bouleversée du restaurant, et s'éloi-

gna en emmenant dans des directions différentes
les pauvres enfants que la matinée avait vus camarades et amis d'enfance , et que cette triste soirée
venait de rendre implacables ennemis.

Au bout de la Grande-Allée, si nue et si dévastée
aujourd'hui , mais alors touffue et sombre, existaient de nombreuses pépinières, dont les épais
massifs formaient des abris presque impénétrables ;
ils furent souvent les témoins de tendres rendez-
vous , de joyeuses parties , et , hélas ! aussi de tristes drames.

A l'aurore du lendemain de la soirée tumultueuse qui avait bouleversé le restaurant de la place
R..., tous les Basques qui y avaient assisté se
trouvaient réunis dans une clairière solitaire de ces
épais fourrés. Au milieu d'eux , un seul étranger ,
et la trousse volumineuse qu'il s'efforçait de cacher
sous son pardessus indiquait assez en vue de quelles
douloureuses éventualités il s'était joint à ce groupe
d'étudiants. Pas un mot n'était prononcé ; mais sur
tous les visages pâles , effarés , se lisaient le repentir et la douleur. Des larmes coulaient des
yeux de la plupart, et au moindre bruit, au plus
petit tressaillement du feuillage, ils se tournaient
avec anxiété vers un sentier obscur venant de la
grand'route. Un roulement de voiture se fit bientôt entendre, et quelques instants après , Yriart,
accompagné du chevalier , déboucha de la sombre
avenue et se trouva en face de ses amis. Tous aus-

sitôt s'avançant, lui serrèrent silencieusement la main. Seul, Erouï se tenait à l'écart, maîtrisant avec peine son émotion et sa douleur.

« Mes amis, » dit alors Yriart d'une voix triste et ferme, « M. le chevalier de La Fougère veut bien m'assister dans la douloureuse circonstance où nous a jeté notre fatale destinée. Jamais homme plus loyal et plus honorable ne mérita votre estime et votre respect. »

Tous les fronts se découvrirent, et le chevalier, s'avançant à son tour, salua d'une noble et grande façon. Sa figure portait une expression indéfinissable de grave austérité et d'abattement profond. Sa mise, plus soignée qu'à l'ordinaire, et sa croix de Saint-Louis étalée sur sa poitrine, rehaussaient encore la distinction de sa tournure et le prestige de son grand air : — « Jeunes gens, » dit-il d'une voix attendrie, « une horrible fatalité amène aujourd'hui sur le même terrain que vous, un vieillard déjà arrivé aux portes du tombeau, et dont le premier acte, en arrivant au milieu de votre bouillante jeunesse, doit être de prêcher la paix et l'oubli du passé. L'injure faite à votre ami, dont j'ai l'honneur d'être le second, a été grave, terrible ; elle m'a atteint plus cruellement encore moi-même, si c'est possible, car, mieux que personne, je connais la pureté et la vertu de l'innocente fille qu'après de bien grands malheurs la Providence a confiée à mon bras chancelant. Je donnerais toutes les gouttes de mon vieux sang pour la défendre ou pour la venger, et cependant, en présence de vous tous, amis, frères, fils de cette noble Cantabrie, si chevaleresque, si généreuse, je sens ma colère s'éteindre, mon cœur s'attendrir. Croyez-moi, jeunes gens, ayez confiance dans la longue et triste expérience d'un vieillard qui a passé par de bien terribles aventures, qui a vu souvent, hélas! des jeunes hommes bons, braves comme vous, venir, follement et au hasard, laver dans leur sang une offense arrachée à l'exaltation factice du moment; qui lui-même s'est laissé emporter quelquefois par la rage insensée de son orgueil froissé. Quand il en est temps encore, tendez-vous une main amie, épargnez-vous le désespoir et le remords qui déchireront votre âme, quand la vue du sang de votre ami dessillera vos yeux, éteindra votre colère. Croyez-moi, je vous le répète, oublier, pardonner est plus beau que se venger. »

A ces nobles paroles, tous les yeux s'étaient remplis de larmes, et chaque étudiant ému regardait avec admiration ce vénérable vieillard, si fier, si solennel, si digne. Ménéye, le plus âgé, se détacha gravement du groupe et se dirigeant vers Erouï : « Ami, » dit-il, « c'est toi qui as le premier tort; tend la main à Yriart... expie ainsi ta faute. » Erouï soupira, un violent combat se livrait dans son âme; mais reprenant convulsivement sa résolution : — « Non, » répondit-il, « il m'a frappé; le fils de mon père ne supportera pas cette injure

sans la venger... Que notre destinée s'accomplisse!»
Ménéye leva tristement les yeux au ciel ; il savait
qu'un Basque n'a qu'une parole; mais, prenant soudain une autre résolution, il s'avança vers Yriart :
« Frère, tu as violemment outragé Erouï... quelque
coupable qu'il fût, ton injure dépasse sa faute.
Tends-lui la main... oublie. » Comme dans l'âme
d'Erouï, un terrible combat se livrait dans celle
d'Yriart. Il leva vers son adversaire ses yeux noyés
de larmes, et voyant qu'il tenait les siens obstinément baissés vers la terre : « Non ! » répondit-il
aussi, « il a outragé Juliette... Juliette est mon
honneur , Juliette est ma vie. »

Tout espoir de conciliation était perdu ; il fallait
procéder aux lugubres apprêts. Le chevalier , dans
ce moment solennel, sembla transformé, rajeuni,
vivifié. Après avoir examiné et comparé les armes
et réglé de concert avec Ménéye les conditions du
combat, il entraîna Yriart quelques pas à l'écart,
et, prenant affectueusement ses deux mains :« Jeune
homme, » lui dit-il, « la fatalité l'emporte. Je suis
encore destiné, sur la fin de ma vie, à voir un de
ces affreux combats que la religion , la nature,
l'honneur même repoussent, et que cependant tant
d'hommes généreux affrontent... C'était à moi à
venger l'offense faite à la pauvre fille ; vous m'avez
enlevé ce sanglant privilége. Allez... que Dieu vous
aide! Défendez votre vie ; ménagez celle de votre
adversaire; soyez humain, soyez généreux... Allez,
mon enfant. »

Alors, conduits par leurs témoins, les deux jeunes gens furent placés l'un vis-à-vis de l'autre; deux épées égales en poids et en longueur leur furent tristement remises, et le chevalier, comme le plus âgé des témoins, éleva la voix, et poussant un profond soupir, prononça ces solennelles paroles : « Allez... que le ciel vous protége ! »

Les fers furent aussitôt croisés; mais chacun des adversaires se tenait sur la défensive; aucun n'attaquait... et plusieurs instants se passèrent dans cette anxieuse observation. Yriart cependant paraissait bien inférieur à Erouï dans le maniement des armes, et plusieurs fois les yeux du chevalier s'attachèrent avec une inquiétude fiévreuse sur son épée mal engagée ou vacillante. Enfin Erouï sembla vouloir attaquer le premier; mais avant de se fendre sur son adversaire, il prononça bien bas, mais assez distinctement cependant pour qu'Yriart les entendît, ces mots touchants et généreux :« Romps d'un pas, pare en tierce, » — et le coup qui certainement eût atteint Yriart, s'il n'avait été averti, fut paré et détourné. A ce chevaleresque avis, Yriart ému, hésita, murmura quelques mots confus, sentit ses yeux se remplir de larmes; mais, hélas! au milieu de cette tumultueuse émotion, son pied glissa sur l'herbe encore humide, il trébucha et tomba fatalement sur la pointe de l'épée que son adversaire, le voyant chanceler, retirait vivement à lui... Des flots de sang s'échappèrent aussitôt de sa poitrine, et il s'affaissa inanimé dans les bras du chevalier.

A cet affreux dénouement un cri d'effroi partit de toutes les poitrines... Tous les bras se levèrent vers le ciel, et Erouï effaré, fou de désespoir, jetant au loin son épée ensanglantée, s'écriait avec des sanglots déchirants : « Malheur à moi! malheur à moi!... J'ai tué mon ami!... j'ai tué mon ami! »

Le docteur s'était précipité, et, dégageant vivement les habits d'Yriart, il sondait avec anxiété sa blessure. Erouï était entraîné au loin par deux de ses amis, qui pouvaient à peine maîtriser les effrayantes convulsions de son désespoir. Le chevalier, morne, anéanti, se penchait avec terreur vers son jeune ami, et les Basques, rangés silencieux et atterrés autour d'eux, interrogeaient avec effroi la figure grave du docteur et le pâle visage de leur infortuné camarade.

Enfin, après un premier pansement fait à la hâte, Yriart, toujours inanimé, fut porté par ses amis dans la voiture du bon Guillaume, qui avait attendu en pleurant sur son siége l'issue du fatal combat. Seuls le chevalier et le docteur prirent place auprès d'Yriart ; et la lugubre voiture, escortée par les Basques abîmés dans leur douleur, prit au petit pas le chemin de la rue de la Pomme. Quelques minutes avant d'arriver, le chevalier descendit, et prit prudemment les devants, pour détourner l'attention de Juliette, et Yriart put, sans qu'elle s'en aperçût, être transporté dans sa petite chambrette. Il fut doucement étendu sur cette couchette où il avait tant rêvé, et alors seulement le docteur put mieux à l'aise et sûrement étudier et sonder sa blessure. Autour de lui, les jeunes Basques, les yeux ardemment fixés sur son visage, gardaient un anxieux silence. L'examen fut long. Enfin le docteur poussa un soupir de joie : « Dieu soit béni ! » dit-il, « je réponds de la vie de votre ami. Une ligne de plus, la blessure était mortelle. Nous pouvons, en toute assurance maintenant, la panser et la guérir. » La porte s'ouvrit à l'instant, et le chevalier, dont les inutiles efforts et les pieux mensonges n'avaient pu tromper Juliette, entra en soutenant la pauvre jeune fille. A sa vue, tous les jeunes gens se découvrirent respectueusement, et, reculant de quelques pas, dégagèrent la couchette de leur ami.

A l'aspect de son bien-aimé pâle, sanglant, inanimé, Rose-d'Amour ne jeta pas des cris affectés de douleur et de désespoir; mais se précipitant à genoux et saisissant entre les siennes une des mains pendantes d'Yriart, elle la couvrit de baisers et de larmes… A ce contact fiévreux, le jeune Basque ouvrit les yeux, et de sa poitrine oppressée s'échappa douloureusement le nom chéri de *Juliette*.

Plusieurs jours s'écoulèrent avant qu'Yriart entrât en convalescence. Juliette, douce, tendre, attentive, ne quitta pas le chevet du lit du malade. Le chevalier était toujours auprès d'elle, partageant avec joie ses soins affectueux. Tous les Basques venaient tour à tour passer de longues heures autour du lit de leur ami, et toujours ils s'en retournaient plus pénétrés de respect et d'admiration pour la modestie et les grâces de la jeune fille et pour la noble dignité du vieillard. Erouï fut aussi amené, et son entrevue avec son ami, sa douleur, son repentir, le généreux pardon qu'il demanda noblement à Juliette, au chevalier et à Yriart effacèrent pour toujours sa fatale étourderie.

Ces jours de douleur furent cependant les plus heureux qu'Yriart coula à Toulouse, et son âme, doucement émue par les plus tendres sentiments de l'amitié, de l'amour et de la reconnaissance, vécut pendant ce temps de cette vie délicieuse que donnent la joie et l'enivrement du cœur.

Yriart allait quitter sa couchette; sa blessure était fermée; la place de Juliette n'était plus auprès de l'étudiant; elle le comprit avec un exquis sentiment de pudeur, et, abandonnant, le cœur brisé, la petite chambrette d'Yriart, où elle avait tant pleuré, tant soupiré, elle revint à sa chère fenêtre, de laquelle à tous les instants du jour, elle voyait son ami revivre, l'aimer et lui sourire.

Les jours, les mois se succédèrent, et l'amour d'Yriart et de Juliette devenait toujours plus vif et plus tendre. Le temps si désiré des vacances approchait; le jeune étudiant le voyait arriver avec effroi. Il fallut cependant partir. Ses parents, auxquels on avait caché avec soin son aventure et sa maladie, avaient conçu quelques vagues soupçons sur la santé de leur enfant chéri; ils le pressaient de revenir auprès d'eux. Enfin, après les adieux les plus touchants, les plus tendres, après les protestations les plus ardentes, Yriart s'arracha des bras de Juliette, et la pauvre jeune fille, malgré les baisers de sa mère et les caresses du chevalier, se trouva si triste, si seule, si malheureuse, qu'elle fondit amèrement en larmes, et se laissa aller au désespoir touchant qui suit d'ordinaire une première séparation.

Il y avait déjà deux mois qu'Yriart était loin de Juliette ; quinze jours le séparaient à peine du moment heureux où il pourrait la revoir ; il comptait les heures, les minutes, et appelait de tous ses désirs l'instant fortuné de la rentrée des étudiants. En vain depuis son arrivée, ses parents avaient redoublé de tendresse, ses sœurs de caresses, ses amis d'invitations et de gaieté : au milieu des douces réunions de famille, des folles assemblées de ses camarades, rêveur et distrait, il semblait toujours en proie à une pensée fixe, à un souvenir unique. Dès qu'il pouvait quitter convenablement ceux qui cherchaient à l'égayer, il courait s'enfoncer dans l'épaisseur des bois, recherchait les lieux les plus solitaires, les bords escarpés des gaves, et là, seul avec la pensée de son amour, il s'oubliait à rêver délicieusement. La nuit le surprenait quelquefois dans ces douces rêveries, et souvent sa tendre famille, alarmée de ses longues absences au milieu d'un pays sauvage, envoyait au loin de

vieux pasteurs, des serviteurs fidèles, pour le ramener, s'il était égaré, ou pour le protéger si
quelque danger le menaçait.

Il était en proie à cette tendre mélancolie, quand
un matin il reçut une lettre au timbre de Toulouse; il bondit de joie en reconnaissant l'écriture
de Juliette, et, serrant contre son cœur la pré-
cieuse missive, il s'enfuit dans la retraite la plus
profonde. Mais, hélas! en la décachetant, un sinistre pressentiment vint l'effrayer : le cachet était
noir, les caractères de l'adresse tremblants...
Yriart s'empressa de l'ouvrir, et y lut ce qui suit :

« Mon pauvre cœur est cruellement brisé, cher
» Yriart, et l'affreux malheur qui vient de me
» frapper est tombé sur moi avec tant de force et
» de rapidité, que je me demande si je ne sors
» pas d'un horrible rêve... Mais, hélas! il n'est
» que trop certain! Je cherche en vain autour de
» moi, je n'ai plus de mère... Ah! puisses-tu ne
» jamais connaître l'affreuse douleur qui déchire
» l'âme quand on se sent séparé pour toujours de
» ceux qu'on aime! Il y a quelques jours à peine,
» ma pauvre mère, pleine d'espoir et de santé,
» me prodiguait ses plus tendres caresses, quand
» tout à coup un mal horrible, irrémédiable, l'a
» saisie entre mes bras, et, dans quelques heures
» à peine, l'a ravie à mon amour... Je ne pouvais
» croire à mon malheur, et, m'attachant à ses
» restes chéris, je l'appelais des plus doux noms,
» je cherchais à la ranimer par mes baisers. On

» m'arracha évanouie de ses bras déjà glacés, et
» depuis, dit-on, je suis restée longtemps mou-
» rante. Le bon chevalier ne m'a jamais quittée, et
» aujourd'hui que j'ai un instant de calme, je pro-
» fite de son absence pour venir pleurer avec toi.
» Il me semble que mon cœur est soulagé quand
» il dit sa tristesse au tien... et je calcule déjà les
» instants que ma lettre mettra à t'arriver... Tu
» pleureras certainement sur ces lignes que j'ai
» moi-même arrosées de mes larmes... Mais que
» de fois tu m'as dit : — Juliette, je veux tout ton
» cœur, ta joie, tes pleurs, je veux tout partager...
» Oh! je t'ai tout donné, et à présent que je n'ai
» plus que toi à aimer sur cette terre, il me semble
» que mon amour s'est accru, si cela est possible...
» Reviens, reviens bien vite ; toi seul pourras
» adoucir un peu ma douleur; ce n'est que sur ton
» cœur que je retrouverai un peu de calme, un
» peu d'espoir... Reviens auprès de ta pauvre Ju-
» liette... Je vais compter les heures, les minutes,
» les secondes. Je suis bien exigeante, je le sens ;
» mais tu es si bon, je t'aime tant! Encore ce sa-
» crifice à la triste orpheline; son cœur t'en récom-
» pensera. »

Pendant la lecture de cette lettre, Yriart, le
cœur gonflé, les yeux baignés de larmes, l'avait
plusieurs fois portée à ses lèvres. Quand il l'eut
achevée, il la couvrit encore de baisers. « Noble
cœur! » s'écria-t-il; « pauvre Juliette, douce et
tendre amie, tu as bien jugé ton Yriart! Oh! non,

mille fois non, je ne t'abandonnerai pas dans ton malheur, toi qui fus mon ange gardien pendant mes souffrances!... J'accours auprès de toi; tu pleureras sur mon cœur; j'essuierai tes larmes par mes caresses, et peut-être, à force de dévouement et d'amour, adoucirai-je un peu ta douleur! »

Sa résolution prise, Yriart revint auprès des siens, et leur annonça, en le couvrant d'un spécieux prétexte, son voyage immédiat. En vain, sa famille alarmée employa-t-elle les prières les plus tendres pour le retenir; sa détermination était inébranlable, et il s'arracha bien ému des bras de tous ses parents désolés.

Que de fois, pendant la route, il accusa de lenteur la rapide voiture! Le cœur rempli de l'image de Juliette, il eût voulu déjà être auprès d'elle. Chaque instant passé loin de son amie, pendant qu'elle était plongée dans la douleur, lui semblait un siècle. Il arrive enfin, il vole auprès d'elle. Juliette, convalescente, était levée, mais faible et pâle; elle se tenait, comme autrefois, accoudée à sa petite fenêtre; ses vêtements de deuil et la tristesse répandue sur ses traits ajoutaient un nouveau charme mélancolique à sa beauté. En voyant Yriart entrer dans sa chambrette, elle s'élança vers lui en jetant un cri d'ineffable tendresse, mais trop faible pour résister à son émotion, elle tomba évanouie dans les bras de son ami. Et ce fut bien longtemps après que, ranimée par les caresses et les douces paroles d'Yriart, elle revint à elle :

« Merci! merci! » s'écria-t-elle; « merci d'être venu : mon cœur t'attendait et ne pouvait vivre sans toi! Merci, mon Yriart, tu es le dernier, le seul amour de la pauvre orpheline! »

Je ne chercherai pas à dépeindre les délicieux instants de cette entrevue. Que ceux qui ont aimé se rappellent combien il est doux de consoler le cœur qu'on aime. Ce ne fut jusqu'au soir que doux propos, tendres protestations, charmante ivresse... De temps en temps des pleurs venaient mouiller les yeux de Juliette, des soupirs étouffaient sa voix, le nom de sa mère échappait à ses lèvres tremblantes... Yriart la pressait alors contre son cœur, et essuyait ses larmes par les plus tendres caresses. — « Viens, mon amie, » disait-il, « sur le cœur qui n'aime, qui n'a aimé, et qui n'aimera jamais que toi. Je le sais, rien ne peut remplacer ni faire oublier l'amour d'une mère; mais nous pleurerons ensemble. Je suis triste de ta douleur, inconsolable de ta peine, et le bonheur ne reviendra pour moi que quand je te verrai sourire. » — « Bon Yriart, » répondait en sanglotant Juliette; « bien souvent, quand vivait ma mère, je l'oubliais pour toi. Je fus coupable; le ciel m'a punie... Maintenant nous oublierons notre amour pour elle. Son nom viendra tous les jours se mêler à nos entretiens; nous visiterons souvent sa tombe; nous la couvrirons de fleurs ; tu t'associeras à moi dans ces devoirs pieux et je t'en aimerai, s'il se peut, davantage. »

Tous ces tendres propos étaient interrompus par des sanglots entremêlés de baisers, par de doux serments, de charmantes caresses, et déjà, sur le front de Juliette, renaissaient le calme et la sérénité; ses joues se coloraient, ses yeux se ranimaient : l'amour a des secrets si puissants pour opérer de tels miracles !

Sur le soir, le bon chevalier arriva. Il serra affectueusement la main d'Yriart; mais ce dernier fut péniblement affecté en le trouvant pâle, affaibli, horriblement changé; il n'avait plus son ancienne vivacité, sa verve juvénile, et son entrain d'autrefois... « Nous avons éprouvé un bien grand malheur, » dit-il à Yriart, en regardant Juliette avec une tendre sollicitude; « de ses deux soutiens il n'en reste plus qu'un à la pauvre orpheline; et, comme vous le voyez, il est devenu faible et chancelant. Que le ciel veuille cependant le lui conserver encore! » Il attira en soupirant Juliette contre sa poitrine, l'embrassa avec émotion, et, se tournant vers Yriart, il lui dit : — « Dans votre noble empressement à venir consoler ma triste pupille, j'aime à reconnaître la bonté de votre cœur et la pureté de vos intentions. Votre présence a déjà produit de salutaires effets, et, mieux que mes consolations et que ma tendresse, elle a ramené sur les traits de Juliette un peu de vie et de gaieté; continuez votre œuvre, et, puisque je n'ai pu détourner la pauvre enfant de vous connaître et de vous aimer, faites que je n'aie jamais à me repentir de mon imprudente faiblesse... Ah! que le ciel ne me demande jamais compte du bonheur de Juliette! »

Le ton du chevalier était solennel, sa voix grave, ses traits sérieux et tristes. Yriart ne l'avait jamais vu ainsi depuis la scène dramatique de son duel ; ses paroles firent sur son âme un effet religieux. — « Monsieur, » répondit-il, « je serais le plus misérable des hommes si j'oubliais mes devoirs envers Juliette, et les promesses que je lui fis : être aimé d'elle, l'aimer, faire son bonheur, est le but sacré que je me propose dans ma vie ; ses malheurs lui donnent de nouveaux droits à mon amour. Vous disiez tout à l'heure qu'il ne lui restait plus qu'un soutien, vous me faisiez injure, Monsieur le chevalier ; par l'ardeur de mon attachement, la loyauté de mes intentions, je me sens digne de m'associer à vous, dans l'œuvre pieuse d'aimer et de protéger Juliette. » — « Bien, bien, jeune homme, » repartit le vieillard ; « votre âme est belle, votre cœur est noble ; peut-être serez-vous un de ces hommes d'élite que les préjugés de ce bas-monde n'arrêtent pas dans l'accomplissement de leurs devoirs ; que de misérables considérations de vanité et d'argent ne rendent pas parjures, et qui ne comprennent le bonheur qu'autant que l'honneur l'accompagne ! Conservez ces beaux et rares sentiments. Adieu, mon enfant, » ajouta le vieillard en se tournant vers Juliette, « sèche tes pleurs, reprends tes belles couleurs, si tu veux que ton vieil ami puisse sourire encore. » — A ces mots il embrassa la jeune fille, salua Yriart et sortit péniblement et à pas lents.

Un coup bien cruel encore était réservé à la pauvre Juliette, et il vint la frapper au moment où la triste enfant était à peine remise de la commotion de son dernier malheur. Son vieil ami, le bon chevalier, s'affaiblissait sensiblement, sa gaieté était finie, son bavardage éteint, son imagination glacée. Il semblait s'appesantir et s'endormir, et s'il venait, selon sa religieuse coutume, chez la jeune brodeuse, il n'y apportait plus sa grâce et son entrain d'autrefois.

Un soir, l'heure de sa visite était depuis longtemps passée, et il n'avait pas paru... C'était la première fois depuis quinze ans! Juliette se sentit tout à coup saisie d'un sombre pressentiment ; elle sortit à la hâte, et s'achemina, le cœur oppressé, vers la demeure de son vieil ami. Ses tristes prévisions ne l'avaient pas trompée : le pauvre chevalier avait été pris, au moment de partir pour sa visite quotidienne, d'une si grande faiblesse, qu'au premier pas il s'était laissé choir, et était resté quelque temps étendu sur les marches de son escalier. Transporté, par quelques voisins charitables, sur son modeste grabat, il avait été bientôt saisi par une grosse fièvre, et dans son délire il demandait Juliette. Quand celle-ci entra, le malade reposait. A la vue de son vieil ami, pâle, défait, oppressé, la pauvre fille sentit son cœur défaillir. Elle se mit silencieusement à genoux auprès de son lit, et, prenant entre les siennes une de ses mains, comme elle l'avait fait pour Yriart, elle l'arrosa de ses larmes. « Mon Dieu! mon Dieu! » soupirait-elle en sanglotant, « vous m'enlevez tous ceux qui m'aiment. Que vais-je devenir, seule, désolée, sur cette triste terre? » A ces pleurs le chevalier s'était réveillé de son sommeil fiévreux; quand il vit auprès de lui sa pupille chérie, sa figure se ranima; il la fixa d'abord avec tendresse, puis, lui prenant les mains, il lui dit : « Juliette, mon enfant, oh! que j'avais besoin de te voir! Une pensée horrible, incessante, obsédait mon sommeil; il me semblait que je mourais loin de toi, qu'on t'avait arrachée de mes bras, et que j'entendais tes cris déchirants. Nous avons, je le crains, ma fille, bien peu de temps à nous voir encore en ce bas-monde, où je n'ai plus que toi à aimer et à regretter. Au moment de mourir, la seule peine que j'emporte est le souci de ton bonheur, et la crainte que ta belle âme, ton noble cœur ne rendent ton existence malheureuse. Mais hâtons-nous; je sens que la vie va bientôt me quitter, et avant d'abandonner cette terre, j'ai deux grands devoirs à remplir : le premier, je le dois à Dieu, que j'ai toujours aimé et servi; le second, je te le dois... Puisse le ciel me donner le temps de les accomplir tous les deux! Va, mon enfant; va trouver le saint prêtre qui consola ta mère à son heure dernière;

va ; dis-lui que je l'attends. Mon âme, réconciliée avec son Créateur, verra venir avec calme la mort, que je n'ai d'ailleurs jamais redoutée. Mais vas aussi vers un autre, dis à Yriart qu'avant de mourir j'ai aussi à le voir. Il a à m'entendre... J'ai reconnu en lui une belle âme, un cœur généreux ; il t'aime sincèrement, je le crois ; il est jeune, il est droit ; la vue de la mort d'un honnête homme ne peut que lui être d'un salutaire exemple. Va, ma fille bien-aimée ; rends ce dernier service à ton vieil ami, qui mourra en te bénissant. »

Pendant que le chevalier parlait ainsi, Juliette n'avait pas cessé de pleurer amèrement ; quand il eut cessé, elle voulut lui donner quelques espérances : — « Mon enfant, » lui répondit-il, « ne te laisse pas aller à de vaines illusions ; je comprends mon état : Dieu m'avertit qu'il m'appelle à lui ; je lui demande quelques heures encore pour remplir toutes mes obligations. » Juliette sortit l'âme déchirée, et bientôt la cérémonie solennelle des mourants s'accomplissait dans la modeste chambre du chevalier. A peine finissait-elle qu'Yriart, prévenu par Juliette, entra, douloureusement ému ; il aimait et honorait le vieillard, et, le voyant presque à son agonie, il sentit son cœur s'attendrir, et de grosses larmes tombèrent de ses yeux. Le chevalier lui tendit la main, et, ayant fait retirer la pieuse assemblée, en ne gardant auprès de lui qu'Yriart et Juliette, il leur parla ainsi : — « Mes enfants, Dieu m'a prodigué ses consolations ; mon âme est prête à quitter la terre ; il ne me reste plus qu'un devoir sacré à remplir. Recueillez-vous... il vous regarde. Toi, Juliette, ma pupille, mon enfant chérie, écoute avec respect ce que j'ai à te dire... Vous, monsieur, que la main de Dieu a jeté sur le chemin de la pauvre orpheline, écoutez aussi... les paroles d'un mourant sont sincères et sacrées ; les promesses qu'on leur fait doivent l'être aussi. » Puis se tournant tendrement vers Juliette : « Ta pauvre mère, mon enfant, quand elle fut frappée par le mal terrible qui nous l'enleva, n'eut ni la force, ni le temps de te faire ses dernières confidences ; c'est moi qu'elle a chargé de remplir ce devoir suprême. Tu n'as jamais connu ton père, Juliette, et jamais son nom n'est venu se mêler aux caresses de ta mère. Souvent, dans tes questions enfantines, tu demandais le nom de l'auteur de tes jours ; ta mère se taisait. Plus tard, en avançant en âge, tu compris qu'il y avait là un mystère, et tu gardas le silence par respect et par amour pour ta mère, et la pauvre et honnête femme n'osa jamais t'avouer le secret de ta naissance... Ton père, Juliette, était un noble et vaillant officier, mon meilleur ami d'enfance, mon compagnon, mon frère d'armes. Il était plus riche en honneur qu'en argent. Il aima ta mère avec l'ardeur d'un cœur jeune et généreux, avec la loyauté d'un honnête homme... Il venait de la rendre mère quand la guerre éclata ; il dut partir. Nous partîmes ensemble... Oh ! que la scène de ses adieux fut déchirante! Il s'arrachait des bras de ta mère pour venir te couvrir de baisers et de larmes, et il te quittait bientôt pour presser encore ta mère sur son cœur. — Oh! Dieu, dit-il, en s'arrachant de vos bras, faites qu'elles soient heureuses! et que sur moi seul tombe la part de malheur qui pourrait leur être réservée! Nous eûmes dans peu de jours rejoint notre corps, et nous suivîmes avec ardeur les opérations de la guerre. Que de fois, dans nos longs bivouacs, ton père, en me faisant ses plus secrètes confidences, me parlait de vous uniquement, toujours de vous! — Chevalier, me disait-il, le bonheur est possible; je l'ai trouvé avec Louise; il sera complet pour moi quand, bravant les préjugés, et foulant aux pieds une coupable vanité, j'aurai donné mon nom à la jeune fille qui m'aime et à notre cher enfant... Oh! que ne suis-je riche et puissant pour entourer ces deux êtres chéris des douceurs de l'opulence!... mais, tu le sais, la Révolution a englouti tous mes biens, et mes parents fortunés me fuient et me renient même, parce que je suis obscur et pauvre...

» Ainsi parlait ton noble père, quand un coup mortel vint le frapper sur le champ d'honneur... Il tomba expirant dans mes bras; transporté dans ma tente, il vécut seulement quelques heures, et c'est là que penché sur lui, l'inondant de mes larmes, je reçus ses dernières recommandations et je lui jurai d'y être fidèle... — Chevalier, me dit-il, je meurs, et je meurs sans avoir pu accomplir la promesse que je fis à Louise... J'abandonne mon enfant sans nom, et sa mère sans soutien ; cette horrible pensée empoisonnerait mes derniers moments, si je ne te laissais après moi. Ce n'est pas à mes orgueilleux parents que je lègue ces deux êtres chéris qui vont me survivre. C'est à toi, chevalier, c'est à ton noble cœur que je confie ces trésors sacrés ; je connais ton âme, la sainteté de tes promesses ; je n'hésite pas à te les remettre comme à un frère. Jure à ton ami mourant que tu veilleras sur son enfant et sur sa malheureuse mère ; jure à ton compagnon d'armes qu'elles trouveront en toi un soutien dans leurs peines, un ami dans leurs malheurs ; jure-moi d'être pour elles ce que j'aurais été moi-même, et tu verras ton ami d'enfance, ton pauvre camarade, mourir tranquille et consolé.

» J'étais trop brisé par la douleur pour répondre aussitôt ; mais peu à peu, maîtrisant mon émotion, je pressai les mains de ton pauvre père. Puis, d'une voix entrecoupée par les sanglots : — Ami, lui dis-je, je jure devant Dieu, sur l'honneur, sur mon épée, d'aimer ton enfant et sa mère comme tu les aurais aimées toi-même, et de leur consacrer toute ma vie. — Le visage de mon ami prit à l'instant une expression calme et sereine ; il me serra convulsivement la main, me jeta un regard d'ineffable reconnaissance, baisa pieusement la croix de son épée, prononça quelquefois encore les noms de Juliette et de Louise, et expira... Je lui fermai les yeux ; je l'ensevelis sur le champ d'honneur, à côté de ses frères d'armes ; je plaçai sur sa tombe une modeste croix de bois , au-dessous une inscription indiquant son nom et son grade , et puis je lui dis en pleurant un tendre et éternel adieu. »

Ici le chevalier , vaincu par l'émotion , s'arrêta un instant ; mais reprenant bientôt son triste récit, il ajouta : « Ton père n'était pas riche, mon enfant : il était plus que pauvre ; car il était pauvre et généreux. Une épée , une croix de Saint-Louis composaient toute sa succession... Elles sont là, ces deux honorables reliques, que je n'osai jamais remettre à ta mère ; je te les réservais, et tu les trouveras réunies au mince héritage de ton vieil ami, de ton second père. Voilà le secret de ta naissance. Orpheline chérie , sois-en fière : ton père fut brave entre les braves , ta mère fut honnête et malheureuse. Il me reste, à moi qui les ai remplacés auprès de toi, un regret amer : c'est de n'avoir pu encore mieux remplir la promesse sacrée que je fis à ton père. Oh ! si quelquefois j'ai désiré la fortune, si j'ai sollicité une faveur, réclamé un droit, ce n'était pas pour moi ; j'aurais voulu donner l'aisance à la fille de mon ami. Il m'eût semblé que du fond de son glorieux cercueil ton noble père m'eût béni... Hélas ! mes désirs n'ont pas été exaucés ; bien loin de devenir riche, j'ai vu mes faibles ressources diminuer, et avec moi va finir la modeste pension que j'étais si heureux de partager avec ta mère. Mais si je ne te laisse pas la richesse, je crois du moins t'avoir aimée et protégée ; ce devoir m'a été doux... Oh ! dis-moi, Juliette, dis-moi, à mes derniers moments, que ton vieux chevalier n'a pas manqué à son serment, et tu le verras mourir heureux et consolé, comme il vit lui-même mourir ton noble père. »

Pendant ces attendrissantes paroles, Juliette, la poitrine gonflée de sanglots et à genoux au pied du lit du chevalier, avait à grand'peine retenu ses larmes prêtes à s'échapper à chaque instant ; mais à ces derniers mots, saisissant ardemment les mains du vieillard, elle s'écria avec un accent déchirant : « Oh ! mon second père, mon généreux protecteur, pourquoi n'est-ce qu'à présent que je connais tout ce que vous fîtes pour moi et tout ce que je vous dois !... Vivez... vivez encore pour être aimé de Juliette comme vous le méritez ! — Assez, assez, mon enfant, » dit le chevalier, « je m'attendris moi aussi, et j'ai cependant besoin de toutes mes forces pour achever ma mission. Tu m'as toujours assez aimé ; tes grâces, tes caresses enfantines m'ont assez récompensé de mes soins et de mon amour. Calme-toi, recueille-toi, et écoute encore. » Puis, se tournant vers Yriart, le chevalier lui parla en ces termes : « J'ai voulu, monsieur, que vous assistiez à mes dernières révélations, et peut-être à mes derniers moments ; une pareille confiance est justifiée par l'estime que j'ai pour votre cœur et par l'espoir que vous répondrez à l'appel que j'ai à vous faire. Une triste fatalité, un malheureux hasard vous a jeté sur les pas de ma douce pupille. Vous étiez bon, séduisant; elle était timide, innocente et tendre ; elle vous aima... vous l'aimiez déjà... Je ne pus empêcher ce dangereux amour et prévenir le cœur de Juliette contre cette inclination naissante. C'est la seule fois que la pauvre enfant n'écouta pas la voix de son vieil ami. Dieu veuille qu'elle n'ait jamais à s'en repentir !... Oh ! bien souvent, alors que pour la distraire de ses inquiètes rêveries, je cherchais, dans les souvenirs de mon passé, les folies les plus gaies, les plus plaisantes aventures, je remarquais les cruels ravages que l'amour faisait dans son cœur. Je pleurai plus d'une fois avec sa pauvre mère, et, moitié par faiblesse, moitié par impuissance, nous la laissâmes vous aimer. Quand Louise mourut et que je me trouvai seul chargé de protéger l'orpheline, je cherchai encore à l'arracher à vos séductions; je ne l'ai pu, hélas ! Mais en ce moment suprême, où je l'abandonne sans ressources, sans défense aux orages de la vie, aux misères de ce monde, j'ai besoin d'emporter au delà de la tombe une dernière et sainte consolation. La pauvre orpheline, sans nom, sans fortune, qui n'avait que son cœur, et qui l'a donné, va-t-elle demeurer sans soutien ?... Celle pour qui son noble père expirant sur son dernier champ de bataille, pour qui sa mère mourante tremblaient, va-t-elle aussi rester isolée et malheureuse? Oh ! non, il n'en peut être ainsi , et j'ai voulu, avant de mourir, vous appeler auprès de moi et recevoir de vous le serment solennel que je prêtai sur la couche funèbre de mon ami. Vous êtes honnête, loyal et généreux , je le crois, j'ai besoin de le croire, et l'amour de Juliette n'a pu être pour vous une fantaisie passagère, une passion d'un moment , une coupable aventure... Oh ! croyez-moi , monsieur, croyez la parole d'un honnête homme mourant... Celui qui aime une orpheline pure et innocente, qui lui ravit son cœur et sa tranquillité, a de saints devoirs à remplir, et assume sur lui une grande responsabilité : il est tout pour la pauvre fille isolée, et dans l'amour qu'elle lui donne, elle lui prodigue tous les trésors de tendresse qu'elle eût répartis sur ceux qu'elle perdit. Aussi, bien coupable est celui qui trahit un pareil amour ! Il n'en sera pas ainsi de vous, je l'espère , monsieur ; et puisque , malgré mes obstacles et mes sages conseils, vous avez aimé Juliette et qu'elle vous a aimé, vous ne l'abandonnerez pas en lui brisant le cœur. A sa dernière heure, son père me la confia ; c'est à vous qu'au moment de mourir moi-même je la confie à mon tour. Je connais la gravité de la charge que je vous impose ; mais je sais que c'est vous qui l'avez voulue et désirée. Je sais que si vous êtes fidèle au serment que je vous demande, vous aurez dans la vie bien des luttes, bien des peines ; mais je sais aussi que la satisfaction d'avoir accompli un devoir sacré peut faire oublier à l'homme d'honneur les amertumes les plus cruelles. Avancez, j'ai besoin de votre serment pour mourir heureux et tranquille, comme mon pauvre ami. »

Bien souvent Yriart avait voulu interrompre le chevalier, mais un geste impérieux de celui-ci l'avait toujours retenu. A peine eut-il fini de parler, et à son appel solennel, il prit d'une main celle du mourant, de l'autre celle de Juliette, et d'une voix entrecoupée de sanglots, il dit : — « Merci, monsieur, de m'avoir jugé digne de vous remplacer auprès de votre pupille. Recevez mon serment, il sera sacré, je le jure. Aimer, protéger Juliette, vivre pour elle, auprès d'elle est ma seule ambition, l'unique désir de mon cœur. Je comprends la gravité et la sainteté de ma promesse ; je n'y faillirai pas ; et si jamais, dans la vie, ma résolution faiblissait, le souvenir des malheurs de Juliette, celui de son père infortuné, le vôtre et celui de sa malheureuse mère, m'apparaîtraient pour me soutenir dans l'accomplissement de ma tâche sacrée. »

A ces paroles la figure du chevalier se ranima et rayonna d'une joie touchante : « Bien, jeune homme, » dit-il, « je n'avais trop présumé de vous, et maintenant je meurs tranquille. » Puis, se tournant vers Juliette et portant péniblement ses mains à ses lèvres tremblantes : « Adieu, mon enfant chérie, sois plus heureuse que ton père, que ta mère et que ton vieil ami ! Adieu, ma douce pupille, seule joie de ma vie ; pense quelquefois à ton pauvre chevalier, et si sa modeste tombe échappe aux ravages du temps, viens y prier... Fais-la placer auprès de celle ta mère... Dans tes jours de bonheur, dépose quelques fleurs sur ces deux tombes amies... Dans tes jours de tristesse, viens y verser des larmes : ton cœur sera soulagé... Adieu, adieu, mon enfant. »

Le pauvre chevalier, s'affaiblissant de plus en plus, ne pouvait déjà parler que par mots entre-coupés... Yriart et Juliette s'étaient précipités à genoux et baignaient ses mains de leurs pleurs : « Oh! mon père! » s'écriait Juliette, « répondez-moi encore ; regardez votre enfant... bénissez-moi!... bénissez-moi! »

Ces paroles touchantes, ces accents déchirants avaient un instant retiré le mourant de son engourdissement ; il étendit avec peine un de ses bras sur la tête de Juliette : « Oh! ma fille, » dit-il dans un suprême effort, « sois bénie, sois heureuse, » et il expira.

Le modeste convoi du chevalier fut suivi avec émotion et respect par tous les jeunes Basques, qui, depuis le duel d'Yriart et les jours de sa convalescence passés dans sa société, avaient conservé pour la noblesse de son âme et l'élévation de son caractère une estime vive et sympathique. Juliette aussi accompagna son second père jusqu'à sa dernière demeure ; sa douleur touchante attendrit tous les cœurs. Selon le désir du chevalier, son modeste cercueil fut placé à côté de celui de

Louise ; la même pierre les recouvrit tous deux.

La pieuse assistance était depuis longtemps retirée, que Juliette et Yriart, agenouillés sur ces tombes chéries, versaient des larmes amères et répétaient de douloureux adieux... Les ombres de la nuit les surprirent dans ce lieu funèbre ; mais avant de le quitter, Yriart, la main étendue sur la pierre funéraire, redit solennellement à Juliette ses promesses et son serment.

Alors commencèrent pour l'étudiant des jours remplis de la félicité la plus pure. Trouvant dans son amour les charmes délicieux d'une passion romanesque et d'un devoir accompli, il passait ses jours entiers auprès de la jeune brodeuse, s'efforçant sans cesse d'égayer sa douleur et de ramener sur ses lèvres son gai sourire d'autrefois. On ne le voyait jamais au milieu des joyeuses réunions de ses camarades ou des plaisirs bruyants de la ville ; il passait indifférent et calme à côté des fêtes séduisantes, des spectacles les plus recherchés. Tous les jours, pour distraire Juliette, il faisait avec elle de longues promenades ; et quand, dans les rues de Toulouse, on voyait passer ce beau et noble jeune homme et cette triste jeune fille, penchés tendrement l'un vers l'autre, au lieu de rires moqueurs, de malignes plaisanteries, c'était du respect et de la sympathie que leur passage excitait. Leur histoire touchante était connue, et les cœurs méridionaux battaient d'une douce émotion à la vue de tant de modestie, de tant de grâce et de tant de loyauté. Les dimanches et les jours de fête, le bon Guillaume venait prendre dans sa modeste voiture Yriart et Juliette, et ils allaient au loin, dans un lieu solitaire, passer une heureuse journée... Mais leur promenade était toujours commencée par une pieuse visite aux tombes de Louise et du chevalier.

Ce bonheur si doux, si parfait, si innocent, ne pouvait, hélas! durer longtemps. Comme toutes les belles choses de ce monde, il devait tristement finir. Malgré les précautions prises par Yriart, malgré ses naïves ruses, ses pieux mensonges, sa famille fut enfin avertie de son amour et de ses aventures; son père irrité lui écrivit des lettres sévères, dans lesquelles, au nom de la morale et de l'honneur, il lui adressait les plus sérieuses remontrances. Yriart atterré, et se réveillant de son rêve, frémit d'effroi devant le danger qui menaçait son amour; il connaissait l'affection que lui portait son père, mais il savait aussi combien ses résolutions étaient rigides et inébranlables. Dans cette fiévreuse anxiété, il voulut encore s'étourdir et espérer; et s'inspirant de tout ce que son respect pour sa famille et sa tendresse pour Juliette jetaient de feu et d'ardeur dans son âme, il écrivit courageusement à son père une lettre touchante, dans laquelle, avec une exaltation passionnée, il faisait le récit sincère et honnête de son innocent amour. Il disait, en termes attendrissants, l'histoire de Juliette, son attachement éternel pour elle, ses serments au chevalier, et il finissait en demandant respectueusement à ses parents, au nom de l'affection qu'ils lui avaient toujours si tendrement prodiguée, au nom de son bonheur, qu'il ne pouvait trouver qu'auprès de son amie la permission de lui donner son nom et de lui consacrer sa vie.

Pendant quelques jours, Yriart, la tête en feu, l'âme agitée, attendit la réponse à sa lettre... Elle arriva enfin, terrible, hélas!... Son père, dans des termes affectueux d'abord, puis sévères, condamnait sa folle passion. Il lui rappelait l'honneur de son nom, ses projets d'avenir, les espérances que sa famille avait le droit de fonder sur lui. Enfin, flétrissant avec indignation le scandale de ces amours faciles que les villes prodiguent, il appelait sottise coupable sa passion pour Juliette, et duperie romanesque ses serments au chevalier. Il terminait en faisant parler bien haut l'autorité paternelle, et ordonnait à son fils de rompre immédiatement une intrigue pleine pour lui de honte et de dangers.

Alors s'éleva dans l'âme d'Yriart un combat cruel entre l'affection qu'il portait à ses parents et l'amour dont son cœur était plein pour Juliette. Cette lutte terrible, dans laquelle la piété filiale avait toujours le dessous, le jeta dans une morne stupeur; il prononçait des mots entrecoupés, ou gardait un silence effrayant. Tantôt il regardait la jeune fille avec des yeux enflammés; tantôt son regard était rempli d'effroi. Et *Rose-d'Amour*, attristée, tremblante, et ne pouvant deviner la **cause** mystérieuse de cet état étrange, redoublait **de grâce** et de tendresse, et prodiguait à son **amant** les soins et les caresses les plus passionnés.

Bientôt Yriart reçut une nouvelle lettre, plus sévère, plus terrible que toutes les autres; son père, dans des termes absolus et rigoureux, lui donnait à peine quelques jours, quelques heures, pour se décider entre sa passion insensée et son respect pour sa famille. Le pauvre étudiant, fou de désespoir, la tête perdue, jeta au loin cette lettre froissée, et comme un avare effrayé à qui on va enlever son trésor, il se réfugia avec une ardeur désespérée dans le délire de son amour. Pendant plusieurs journées, toujours aux pieds de Juliette, il lui répétait passionnément ses tendres protesta- tions, ses généreux serments. La nuit venue, il s'accoudait à la fenêtre, et en passait presque toute la durée à contempler celle de la jeune fille. Ju- liette, attendrie, effrayée, semblait elle-même rece- voir avec une ardente tristesse les caresses d'Yriart, et souvent son regard voilé de pleurs s'attachait avec une expression indéfinissable de désespoir et d'amour sur ses traits amaigris et bouleversés. Dans ses yeux comme dans ceux de son ami rou- laient des larmes amères... Une mystérieuse et profonde douleur semblait aussi dévorer son âme... Quelquefois, surmontant brusquement sa réserve habituelle, elle étreignait Yriart, et ne pouvait dé- tacher ses lèvres des siennes... et ces scènes d'amour les jetaient tous deux dans un état de prostration extatique pendant lequel ils passaient de longues heures à se regarder avec une triste et ardente ivresse.

Un matin, Yriart, qui voyait arriver avec effroi le terme fatal que lui avait assigné la volonté inflexible de son père, entra plus bouleversé, plus désespéré que de coutume dans la chambrette de *Rose-d'Amour*. Ses traits fatigués par l'insomnie, ses yeux hagards, son air égaré, effrayèrent la jeune fille. Elle était déjà levée et prête depuis longtemps, et l'expression de sa figure paraissait plus énergique et plus résolue que de coutume. Elle accourut vers Yriart, qui, d'une main tremblante, lui offrait un bouquet de fleurs qu'elle aimait, et le pressant avec une tendresse passionnée sur son cœur : — « Oh ! mon ami ! » dit-elle, « tu souffres et tu ne me dis pas la cause de ta douleur ? Penses-tu que Juliette ne pourrait la comprendre et la partager ? Penses-tu que son cœur ne soit pas capable pour toi de tous les dévouements et de tous les sacrifices ?... Il est à la hauteur du tien, et tous les deux étaient, hélas ! bien faits pour s'aimer et pour se comprendre... Mais ta tristesse me tue ; elle réagit sur mon âme et la brise... Oh ! que j'ai besoin d'un instant de calme et de recueillement ! et toi-même, crois-moi, secoue ton chagrin. Un peu de mouvement, d'air et de distraction rafraîchira ta tête brûlante... Prends une partie de ces fleurs que tu viens de m'apporter, et va les répandre sur la tombe de ma mère et du chevalier ; redis à ces ombres chères combien ton noble cœur a aimé la pauvre orpheline... et puis va revoir les lieux où nous allâmes si souvent ensemble ; retrouve dans leurs sites aimés tout ce que ton cœur me disait, tout ce que le mien aimait tant à lui répondre... Cette course pieuse et tendre calmera ta douleur. Va, va... Mais avant d'entreprendre ce doux pèlerinage redis-moi encore que tu n'as jamais aimé que moi, que seule j'occupe ton cœur, que tu m'avais jugée digne de toi. Oh! redis, redis à ta pauvre Juliette que tout l'amour qu'elle t'a donné remplit ton âme et console ta vie. Adieu... va. » De ses deux mains elle saisit avec ardeur le front d'Yriart et y déposa un long et fiévreux baiser. Puis, par un mouvement énergique et désespéré, elle se dégagea vivement de ses bras, et s'éloignant de lui avec une espèce de terreur : « Va... va, » lui dit-elle encore, « adieu... adieu!... Oh! que je t'aime! »

Yriart avait reçu les caresses de Juliette avec une morne stupeur ; il les lui avait rendues avec une sombre ardeur, et, subissant, sans la comprendre, l'influence de son exaltation passionnée, il descendit à pas lents, et se dirigea tristement, ses fleurs à la main, vers les tombes de Louise et du chevalier ; il y fit une longue et pieuse station, et épancha auprès d'elles la douleur qui dévorait son âme... et puis, prenant machinalement les sentiers préférés où il aimait tant à s'égarer avec Juliette,

il passa de longues heures à s'arrêter et à pleurer
dans leurs sites mystérieux. La nuit allait tomber
quand son âme se réveilla de sa rêveuse léthargie.
Il se hâta. Comme le jour de sa première entrevue
avec Juliette, le crépuscule finissait, quand il
entra dans la rue de la Pomme ; comme ce jour-là
aussi, il leva ardemment les yeux vers la fenêtre
de la jeune fille. Elle était fermée... Un affreux
pressentiment traversa le cœur d'Yriart ; il monta
précipitamment à sa chambrette, courut à sa fenêtre, d'une voix tremblante appela *Rose-d'Amour.*
Hélas ! pour la première fois sa voix chérie ne répondit pas à la sienne... et la fenêtre de la jeune
fille resta silencieuse. Atterré, plein d'effroi, le jeune
étudiant allait voler à l'appartement de Juliette,
quand, en se retournant rapidement, il aperçut
sur sa petite table une lettre, maintenue par quelques fleurs, que dans la précipitation de son entrée
il n'avait pas eu le temps de voir. Il s'en empara
vivement, et, en reconnaissant sur l'adresse l'écriture de Juliette, il fut frappé de terreur : un lugubre pressentiment traversa encore son cerveau ;
son cœur battit à soulever sa poitrine ; ses mains
tremblaient, et ses yeux troublés ne pouvaient dis-
tinguer les caractères. Enfin, après un effort
suprême, il reprit un peu d'énergie, et à travers
ses larmes, frémissant d'effroi et de désespoir, il
lut les lignes suivantes :

« C'est le cœur déchiré, les yeux en pleurs,
» mais l'âme calme et satisfaite, que je t'écris ces

» derniers mots, cher Yriart. Je serai déjà bien
» loin de toi quand tu recevras ma lettre ; ne cher-
» che pas à découvrir ma retraite... la résolution
» qui m'éloigne de toi est inflexible, immuable...
» elle est l'accomplissement d'un devoir loyal et
» sacré... En prenant cette terrible décision, j'ai
» bien pleuré ; mais je me suis inspirée de la noble
» ardeur qui t'inspirait au lit de mort du cheva-
» lier, et, comme toi, j'ai voulu être honnête et
» dévouée... Reçois les derniers adieux de ta pau-
» vre Juliette... Relis bien souvent sa triste lettre.
» Verse des larmes... Oh ! que je suis égoïste en-
» core ! J'ai besoin de ta douleur ; tes pleurs et tes
» regrets sont le seul bonheur qui me reste.

» Quand, il y a bientôt deux ans, je te vis, je
» n'avais jamais aimé ; j'ignorais même ce qu'était
» l'amour, et si mon cœur avait quelquefois res-
» senti de vagues élans, des mouvements nou-
» veaux, il ne les avait jamais définis... Ta vue
» m'apprit tout ; je t'aimai sans réserve, avec l'ar-
» deur et la foi de l'innocence. Tu m'aimas ; oui,
» tu m'aimas... j'aime à redire ce mot, et ton noble
» cœur, ta belle âme ont donné à la pauvre orphe-
» line le plus pur des bonheurs... Merci, mon
» Yriart, merci ; c'était déjà trop pour celle qui
» dès sa naissance semblait vouée au malheur.
» Merci de ton amour, merci de tes nobles inten-
» tions, merci du généreux sacrifice que tu voulais
» me faire... mais je serais bien coupable si je le
» laissais s'accomplir... Non, non, Yriart, Juliette

» ne sera jamais un obstacle dans ta vie, et son
» souvenir ne te rappellera que dévouement et
» tendresse. Je sais tout à présent... Quelques mi-
» nutes ont suffi pour m'apprendre la grandeur de
» ton amour et la sublimité du sacrifice où il
» t'entraînait pour moi.

» J'avais depuis longtemps remarqué tes som-
» bres préoccupations, ta tristesse, ton dépit,
» l'exaltation enfin qui s'emparait de toi, surtout
» quand tu recevais une lettre. Certains mots en-
» trecoupés t'échappèrent même devant moi, et
» jetèrent dans mon esprit de pénibles soupçons.
» C'était le premier secret que tu me cachais. Un
» sentiment mêlé de jalousie et de curiosité s'em-
» para de moi; je résolus d'éclaircir mes doutes;
» pardonne-moi, cher Yriart... dans un moment
» d'emportement douloureux, tu rejetas au loin
» dans ta chambre une lettre qui venait de t'être
» remise; je cherchai à te distraire, et pendant
» que pour me complaire tu t'absentais un instant,
» je parcourus rapidement ce fatal écrit. Oh !
» comme mon cœur fut brisé et mon âme éclairée!..
» Ton père, irrité, te menaçait de sa colère; il te
» sommait d'abandonner au plus tôt celle qui, trop
» longtemps, t'avait séduit et fasciné... Il appelait
» sottise, niaiserie ce que tu nommais amour éter-
» nel; duperie ce qui pour toi était la foi jurée;
» comédie ridicule tes serments au chevalier; et
» aventurière, intrigante ta pauvre Juliette!... Il
» finissait en te disant que si tu continuais à mé-

» connaître ses ordres, il t'abandonnerait à ton
» malheureux sort, et qu'il ne souffrirait pas que
» le seuil de sa maison fût souillé par la présence
» d'un fils désobéissant et déshonoré par celle d'une
» fille perdue... Oh! oui, tous ces mots affreux
» étaient écrits en terribles caractères... Je compris
» alors ce qui m'était inconnu : la distance fatale
» qui existe entre une orpheline pauvre et sans
» nom et le fils d'une vieille famille. Au delà de
» l'amour je vis des exigences sociales, des pré-
» jugés, de cruelles convenances et l'abîme in-
» franchissable qui nous sépare à jamais. C'est
» alors aussi que je compris la sublimité de ton
» sacrifice, l'héroïsme de tes serments au cheva-
» lier, et la grandeur de ton amour; et c'est au
» moment où je découvrais tous ces trésors que
» mon cœur honnête et fier m'ordonna d'y renon-
» cer. Non, Yriart, je ne veux pas être moins gé-
» néreuse que toi; je ne veux pas te ravir l'amour
» d'un père, les caresses d'une mère; je sais trop
» combien il est affreux de ne pas les avoir: Je ne
» veux pas être un obstacle fatal à la paix de ta
» vie, à l'éclat de ton avenir... et si mon sacrifice
» est immense, je ressens une douce satisfaction à
» te prouver encore mon amour, en te rendant au
» bonheur des tiens et aux avantages de ta position.

» J'ai manqué défaillir; ma résolution a chan-
» celé quand tu es entré ce matin dans ma chambre
» et que tu m'as remis si tristement les dernières
» fleurs que je tiendrai de ta main chérie. J'ai

» brusqué ton départ; j'ai recueilli avidement ces
» baisers brûlants, ces caresses, ces serments gé-
» néreux que je ne dois plus ni recevoir ni enten-
» dre... Tu es parti... oh! alors mon cœur s'est
» anéanti; ma tête s'est égarée; un instant j'ai
» espéré mourir... et cependant je me suis traînée
» à ma pauvre fenêtre, et pour la dernière fois je
» t'ai vu me regarder et me sourire. Tout mon cou-
» rage s'est alors évanoui, et si ma voix n'eût été
» éteinte et ma force disparue, je t'aurais rappelé.
» J'ai dû rester longtemps inanimée ; mais quand
» je suis revenue à moi, j'ai retrouvé dans mon
» cœur la résolution que ta présence m'avait un
» instant enlevée ; je me suis relevée retrempée et
» énergique, et, prenant la moitié des fleurs que
» tu m'avais données, je me suis dirigée vers nos
» tombes chéries ; j'y ai retrouvé l'empreinte de
» ton passage, les traces de tes larmes. J'ai bien
» pleuré, moi aussi... mais auprès de ces nobles
» ombres, ma résolution est devenue inébranlable :
» il me semblait les entendre m'approuver et me
» bénir. Au sortir du cimetière, un humble cer-
» cueil, peu entouré d'éclat et de pompe, mais ac-
» compagné de sanglots, m'arrêta un instant :
» c'était une jeune fille dans son linceul virginal
» couvert de couronnes blanches, qui revenait pure
» et joyeuse à Dieu. Combien j'enviais son sort !
» et dans ce touchant et modeste convoi, je vis
» l'emblème, hélas ! trop vrai, de notre amour si
» jeune, si pur et sitôt brisé...

» Je sais que tu ne pourras m'oublier, et que ton
» cœur honnête et droit ne se croira pas dégagé de
» ses serments. Aussi je te mets dans l'impossi-
» bilité de jamais me retrouver. Je te rends ta foi ;
» je te délie de tes promesses. Ne pense jamais à
» Juliette que comme à un doux songe trop tôt
» évanoui.

» Et maintenant, adieu... adieu pour toujours ;
» mon cœur se déchire quand ma main écrit ces
» mots, et il me faut toute la force de ma résolu-
» tion pour ne pas les effacer... Adieu... adieu,
» mon Yriart bien-aimé. Je vais passer ma triste
» vie à me rappeler *ton amour, notre bonheur de*
» *quelques jours,* et mon rêve si vite passé...
» Adieu... adieu, sois heureux, et que le ciel
» ajoute à ton bonheur la part qu'il a refusée à la
» pauvre Juliette. »

Yriart avait souvent interrompu la lecture de
cette lettre par des exclamations de désespoir ; mais
à peine l'eut-il achevée qu'il fut pendant un instant
comme frappé de la foudre. Son œil restait sec ; ses
traits étaient contractés ; un tremblement nerveux
agitait tous ses membres ; une respiration courte
et haletante s'échappait de sa poitrine oppressée...
enfin il éclata en sanglots déchirants. « Juliette !
Juliette ! » s'écria-t-il, « ange de ma vie ; non,
non ; il ne dépend pas de toi de briser mon existence, à laquelle tu es liée. Sans toi, il n'est pour
moi dans la vie ni honneur ni bonheur. Mes serments restent les mêmes ; mon amour est plus

grand encore, si c'est possible !... reviens... reviens. Pour toi, je braverai tout ! Que m'importe tout le reste !... toi seule es ma vie ; loin de toi je ne puis que mourir. » Et à ces mots attendrissants succédaient des larmes amères, des soupirs étouffés, des spasmes douloureux.

Aussitôt qu'un peu de calme se fut fait en lui, Yriart vola à l'appartement de Juliette ; il était vide, désert ; le propriétaire s'apprêtait déjà à placer son froid cartel de louage. En vain Yriart le pressa-t-il de questions ; le pauvre homme ne savait rien, et se contentait de lui répondre : « Ah ! monsieur, tout comme vous, je regrette bien cette pauvre Mlle Juliette. Quelle sage jeune fille ! quelle excellente locataire ! propre, silencieuse, exacte ; jamais je ne retrouverai la chance de si bien confier ma chambrette. Hier au soir elle régla son petit compte ; aujourd'hui, elle m'a remercié et fait ses adieux... Oh ! elle avait l'air bien triste, elle aussi. Sa voix tremblait ; ses yeux étaient pleins de larmes. Elle est partie vers la mi-journée sans dire où elle allait. Un commissionnaire inconnu emportait son petit bagage. Elle est cependant remontée un instant après être partie, et d'un cabinet voisin où je m'étais retiré, je l'ai vue revenir dans sa chambrette, en ouvrir un instant la fenêtre, regarder la vôtre ; puis elle s'est mise à genoux, a pleuré bien fort, je vous le jure, et s'est enfuie avant que j'aie pu lui dire encore une fois adieu. »

Ce fut en vain qu'Yriart, fou de douleur, parcourut avec une activité fiévreuse les rues, les places, les hôtels, les bureaux de messageries et les rares maisons où allait quelquefois Juliette ; personne n'avait vu sa pauvre amie. Ceux qui la connaissaient s'étonnaient de son absence ; les étrangers s'apitoyaient sur la douleur d'Yriart, et nul ne pouvait lui donner ni un indice, ni une espérance. La nuit était déjà avancée que le malheureux étudiant courait encore l'œil hagard, la tête perdue, dans les quartiers les plus obscurs de Toulouse. Ses amis, inquiets et attristés, durent le rechercher et le ramener presque fou dans sa petite chambrette.

Bien des jours, bien des nuits s'écoulèrent ainsi. Yriart, sans repos, sans relâche, cherchait, cherchait toujours... Jamais une lueur d'espoir ne vint adoucir sa douleur. Un jour cependant une idée consolante le ranima un instant : il pensa aux tombes sacrées de Louise et du chevalier. Ah ! bien certainement, si elle n'était déjà loin, Juliette devait venir s'agenouiller auprès d'elles. Il y court... Hélas ! l'herbe poussait déjà autour de leur croix chancelante... Alors un soupçon lugubre s'enfonça dans l'âme d'Yriart ; le désespoir, l'affreux désespoir s'empara de son cœur. En proie à l'idée fixe et torturante de sa douleur, il passait une partie de ses journées mélancoliquement accoudé à sa petite fenêtre, et, en regardant celle de Juliette, il murmurait des mots confus et passionnés. Puis, recommençant avec une douloureuse frénésie ses courses inutiles, il parcourait sans ordre les rues les plus fréquentées, les quartiers les plus solitaires, frémissant à la vue d'un visage inconnu ou en entendant une voix étrangère. Il faisait toujours partie du groupe des badauds qui assistent régulièrement aux arrivées et aux départs des diligences, et son œil effaré interrogeait avidement la foule indifférente des voyageurs. Quelquefois il longeait lentement les quais du canal et de la Garonne, et il semblait vouloir sonder les flots mystérieux. Les consolations de ses amis, leur dévouement, leurs soins lui étaient à charge, et il répondait à leurs bonnes paroles et à leurs caresses, par ces seuls mots, plusieurs fois répétés : « Oh ! rendez-moi Juliette ! » et tous, pour ne pas aigrir et enflammer davantage cette âme blessée et ce cerveau souffrant, se contentaient de l'épier de loin, et de surveiller prudemment ses courses solitaires.

L'année scolaire était terminée, plusieurs camarades d'Yriart étaient déjà partis ; seul il semblait ne pas se douter qu'au loin une famille tendrement alarmée soupirait après son retour ; et de plus en plus absorbé dans sa douleur, il continuait machinalement ses vaines recherches.

Un jour son père, averti, arriva à Toulouse. Yriart était dans sa chambre, abîmé dans son désespoir. A sa vue, son cœur s'attendrit, ses larmes coulèrent ; mais aux baisers, aux caresses qu'il recevait, il répondait toujours par ces mots déchi-

rants : « Oh! rendez-moi Juliette! » Il se laissa
emmener sans résistance, et depuis cette époque
nous ne l'avons plus revu parmi nous à Toulouse.

Voilà déjà bien des années que cette touchante
histoire s'est passée et qu'Yriart et Juliette ont
disparu de Toulouse; j'avais perdu leurs traces,
mais non leur souvenir; et souvent, en reportant
ma pensée vers les heureuses années de mon cours
de droit, j'aimais à me rappeler avec attendrissement le noble cœur de mon camarade et le sublime
sacrifice de Juliette. Mais les Pyrénées sont éloignées des plaines du Languedoc, et le nom d'Yriart
ne s'étant jamais trouvé mêlé aux événements publics de son pays, le hasard n'ayant jamais renoué
nos relations, je désespérais de revoir mon ancien
ami, quand je fus obligé, il y a quelques mois, de
faire un voyage dans une ville de la Navarre. Ma
première pensée, en arrivant dans ce beau pays,
fut pour Yriart. Je m'informai de lui : il habitait
à quelques heures à peine du lieu où je me trouvais; je n'hésitai pas à franchir cette légère distance, et j'arrivai bientôt dans le village habité
par mon ami... A peine l'eus-je nommé que cinq
à six gamins, criant et se poussant, se disputèrent
l'honneur de me servir de guides et de tenir mon
cheval. J'arrivai, au bout de quelques instants,
devant une maison de coquette apparence, blanche,
aux contrevents verts; elle occupait à elle seule

tout un côté de l'unique place du bourg. « C'est là... c'est là! » crièrent en chœur mes bruyants conducteurs. Je frappai, et aussitôt un homme au front chauve, à l'air grave, au maintien sérieux et triste vint poliment m'ouvrir.

— M. Yriart? dis-je en me découvrant.

— C'est moi-même, monsieur ; en quoi puis-je avoir l'honneur de vous obliger?

— Ah! d'abord le premier service que tu vas me rendre, c'est de me reconnaître ; puis nous verrons : je te demanderai peut-être à dîner.

Un sourire mélancolique plissa la lèvre de mon vieil ami. — Voyons, me dit-il, vous ne m'avez pas reconnu, je vous le rends ; nous sommes quittes... Vous savez mon nom... il paraît que j'ai su le vôtre. — Ah! tu l'as si bien su que tu le sais encore, mais tu l'appliquais autrefois aux traits que je n'ai plus aujourd'hui, et si sous ce front dénudé, sous ce maintien austère, je n'ai pu deviner l'élégant Yriart, il n'est pas étonnant qu'à travers ma taille épaissie et ma barbe touffue tu n'aies pu retrouver le svelte et imberbe X...

— X..., X..., attends, je te reconnais... c'est ta voix, ce sont tes yeux! Oh! le temps, le temps!...

Et Yriart me serrait dans ses bras.

— Mais vite, vite, entre chez ton ami... oh! sois le bienvenu dans nos montagnes dont tu aimais tant à m'entendre parler autrefois. Et en disant ces mots mon ami m'introduisait dans un coquet et confortable salon. — Gracieuse, dit-il à une femme assez jolie mais froide et guindée, je te présente avec bonheur mon ancien camarade X..., dont je t'ai si souvent parlé, que je suis si heureux de revoir. X... ! ajouta-t-il en poussant devant moi deux gros garçons du plus beau type béarnais, tiens voilà ce qui nous vieillit et nous empêche de nous reconnaître.

Je voulus en vain objecter le peu de temps dont j'avais à disposer ; je dus consacrer la journée entière à mon ami. Elle se passa dans les douces expansions de cette bonne amitié de collége, qui ne s'altère jamais parce qu'elle fut formée par le cœur et non par les froids calculs de l'intérêt et de l'égoïsme. Après souper, — on soupe encore dans les montagnes, — la nuit était belle, le ciel pur, Yriart me proposa une promenade au bord du gave de la vallée ; nous avions affectueusement, sinon joyeusement, fêté notre réunion imprévue, et le vin de Jurançon avait excité ma verve et délié ma langue. Quand nous eûmes épuisé l'heureux sujet des belles années de notre enfance, je saisis mon ami par la main, et, bien bas, bien bas, je lui dis étourdiment : — Et Juliette? et *Rose-d'Amour?*... — Juliette!... Juliette! s'écria Yriart, comme blessé par une arme aiguë, Juliette... oh! c'est la première fois depuis bien des années que ce nom sacré retentit à mes oreilles!... Juliette!... oh! X..., tu m'as transpercé le cœur en réveillant ce souvenir... Pauvre Juliette ! Pauvre Juliette !... Mais, viens, viens, viens. Oh! il y a longtemps que j'ai besoin de parler de cet ange de mes jeunes années, de cette sainte victime qui a sacrifié à mon bonheur son cœur, son repos, et peut-être sa vie... Viens, viens, mon vieil ami, ton cœur comprendra le mien...

Et il m'entraîna avec rapidité vers un sombre rocher loin des chaumières et des bois. Quand il m'eut fait asseoir, il se pencha tristement vers moi, et me prenant les mains : « X..., » me dit-il, « sous ce front chauve, sous cette honnête et calme figure, que tu as eu tant de peine à reconnaître, sous ce corps qui a vieilli prématurément, sous cette enveloppe enfin si grave et si placide, souffre et gémit le plus malheureux des hommes. Une pensée horrible, implacable, un remords affreux, que je ne puis ni ne veux éteindre, me brûlent et me déchirent. Aux travaux de ma vie active, à l'amour qui m'entoure, au bonheur qui me lasse, un souvenir amer, vengeur, vient toujours se mêler : ce souvenir est celui de Juliette. Oh ! si elle ne m'eût abandonné, pour elle j'aurais tout bravé... mais quand elle s'enfuit me laissant seul et désolé ; quand, après avoir épuisé en vaines recherches toutes les ressources que mon cœur déchiré et ma tête perdue me suggérèrent, je dus regagner nos montagnes, j'y revins le désespoir dans l'âme, l'esprit bouleversé. Et cependant, quelquefois, une douce espérance me souriait : il me semblait que Dieu, qui m'avait donné Juliette, devait me la rendre. Je pleurais et j'espérais encore... mais depuis que, vaincu par la douleur, anéanti par le désespoir, j'ai cédé lâchement aux obsessions des miens et donné mon nom à une autre femme, oh ! depuis ce moment, mon ami, le repos a fui mon âme, la pensée de Juliette pèse toujours sur mon cœur. Cette pensée, si douce autrefois, empoisonne maintenant ma vie ; j'appellerais la mort, je la verrais venir avec joie, si des devoirs sacrés ne réclamaient tout ce que je puis donner encore de dévouement. Mes affaires, le soin de mes enfants occupent toute mon existence. Je n'ai plus revu Toulouse ; je vis seul, retiré, sans amis, sans plaisirs. Aussi suis-je devenu vieux avant l'âge, et personne ne peut reconnaître en moi le joyeux Yriart qui fut ton camarade. »

Il se tut, et sa physionomie, qui un instant avait subi les reflets de son exaltation, redevint sombre et sinistre. Nous regagnâmes silencieusement le chemin de sa demeure.

Quand, bien tard dans la nuit, je m'apprêtai à quitter mon malheureux ami, il me serra tendrement dans ses bras. — « Oh ! que ta visite m'a fait du bien ! » me dit-il, « que n'habites-tu nos montagnes !... Ne pourrais-tu y revenir ? Tu aimes le mouvement, les voyages... Ah ! si jamais dans tes courses, dans tes recherches, si jamais tu voyais, tu rencontrais... oh ! alors, si tu es mon ami, si tu crois à ma vieille amitié, oh ! alors... Mais que dis-je, malheureux !... Je suis devenu incapable et indigne de tenir mes serments... Oh ! Juliette ! Juliette ! je t'avais promis le bonheur, et je n'ai plus même le droit de t'aimer ! »

Il éclata en sanglots, m'embrassa encore avec transport, et je le quittai ayant moi-même le cœur navré et l'âme douloureusement émue.

Mon voyage fut triste, et tout le long de la route je repassai péniblement dans mon esprit les phases dramatiques de l'amour d'Yriart et de Juliette. Ramené par le hasard sur les traces mélancoliques de cette touchante infortune, je me disais que j'étais destiné peut-être à retrouver cette angélique fille, dont la douce image était un des plus purs souvenirs de mes jeunes années, et m'identifiant à cet étrange pressentiment, je formais déjà de généreux projets pour consoler, sans le compromettre, le cœur de mon ami. Le sort, si bizarre dans ses coups, devait réaliser la moitié de mon rêve.

J'arrivais à peine à Toulouse, sur le portail de l'*hôtel du Midi*, qu'un vieux portefaix me remit une de ces adresses banales, qu'on prend par distraction et qu'on perd de même. En fixant la figure de cet homme, je crus le reconnaître ; il me reconnut aussi, et se mit à sourire. — « Eh ! mais c'est vous, Guillaume ! » lui dis-je, « depuis quand avez-vous quitté vos chevaux ? » — « Ah ! » me répondit-il, « on devient vieux, et les jeunes disent comme ça au Directeur que les vieux n'y voient plus, et puis d'ailleurs... Mais je vous importune de mes plaintes... Bref, ils m'ont forcé de quitter mes pauvres vieilles bêtes, et me voici, comme vous voyez, bien misérable et bien honteux. » — « Mon bon Guillaume, » m'empressai-je de lui répliquer, « je suis bien touché de votre malheur... et j'ai beaucoup de plaisir à vous revoir ; montez dans ma chambre, nous causerons du bon vieux temps, et peut-être, en y réfléchissant, pourrai-je faire quelque chose pour vous... »

Il me suivit, son vieux bonnet à la main, et puis quand, avec beaucoup de peine, je l'eus fait asseoir vis-à-vis de moi, nous nous mîmes à parler de nos anciens souvenirs. — Et *Rose-d'Amour*, ne l'avez-vous jamais revue ? lui dis-je après avoir épuisé d'autres sujets.

Cette même question avait terrifié Yriart ; elle effraya Guillaume ; il me regarda un instant d'un air scrutateur, et puis il se mit à branler la tête en disant : — Oh ! celle-là, M. X..., était un ange du bon Dieu. — Vous n'avez jamais donc su ce qu'elle était devenue ?

Il me regarda encore fixement, et puis me dit avec émotion : — Tenez, M. X..., vous êtes un brave homme, vous... et d'ailleurs j'ai besoin de décharger mon cœur. Oh ! oui, je sais ce qu'elle est devenue, cette bonne Mlle Juliette, puisque c'est moi qui l'avais cachée lors de sa disparition. Je ne l'ai jamais perdue de vue depuis. Ah ! celle-là est bien changée et bien malheureuse aussi... Vous ne la reconnaîtriez pas, bien certainement, tant elle est amaigrie et pâle. Elle s'est gâté les yeux à force de pleurer... et puis, tous les malheurs sont tombés sur elle : son notaire lui a enlevé sa petite fortune ; longtemps elle a été malade ; ses pratiques l'ont alors abandonnée, et quand enfin elle a voulu de nouveau essayer de travailler, elle s'est trouvée si faible, ses mains étaient si tremblantes, qu'elle n'a pu finir les ouvrages qu'on lui avait confiés. Oh! elle est bien seule et bien pauvre!... Elle a changé son joli nom, et elle fait un petit commerce de ces fleurs qu'elle aimait tant ; elle s'est installée au coin de la place Royale, et dernièrement, quand ma pauvre voiture a été mise à la réforme, elle en a acheté la vieille carcasse, qui lui sert d'abri. Elle me dit quelquefois, comme ça, en me mettant dans la main quelques sous de monnaie qu'elle me force d'accepter : « Eh! mon bon Guillaume, nous sommes bien changés, ta voiture, toi et moi ! Qui sait si tout le monde a changé comme nous? » Puis elle soupire et pleure ; et moi qui sais tout, je pleure comme elle... Brave fille, va!! Oh ! M. X..., il faut croire que sous les haillons du pauvre il y a souvent du bon et du triste... Mais j'ai trop bavardé, et j'aurais dû me taire, car Juliette m'a bien souvent fait jurer de ne pas trahir son secret, vous savez bien pourquoi ; aussi j'espère que vous n'abuserez pas de ma triste confidence.

J'étais si ému que je ne pus que serrer la main du brave Guillaume, en y glissant un petit secours ; je pleurais comme lui. Il me rendit mon étreinte, et nous nous séparâmes sans prononcer une parole.

A peine le vieux cocher m'eut-il quitté que, m'habillant à la hâte, je m'empressai de sortir après lui. Je voulais revoir Juliette... A la faveur d'un large pardessus qui m'enveloppait et d'un foulard par lequel j'abritais le bas de mon visage, elle ne me reconnut pas. De ma voix la plus douce je lui demandai quelques fleurs ; en les prenant j'attachai sur elle un regard attendri ; mon insistance à la regarder sembla l'inquiéter. Je voulus respecter le pieux secret de la pauvre fille. Avant de la quitter, je la considérai cependant encore avec émotion. J'avais reconnu sa voix suave, son sourire mélancolique ; mais dans ses traits amaigris, dans sa physionomie attristée, je ne retrouvai plus rien du séduisant visage de celle que nous avions surnommée *Rose-d'Amour*.

FIN.

TABLE.